Parleremo Languages
Presents

Basic Vocabulary Quizzes
Norwegian - Volume 1

Compiled by Erik Zidowecki

For more language learning materials visit
https://www.scriveremo.com

Copyright © 2015. All Rights Reserved

ISBN: 978-1522979197

Published by Scriveremo Publishing, a division of Parleremo Languages.

Welcome to this Vocabulary Quizzes book!

This puzzle book contains 180 quizzes in 12 categories of words:

Airport	**Clothing**	**Hotel**
Animals	**Family**	**Parts of the Body**
Around the House	**Food**	**Restaurant**
Birds	**Fruit**	**Vegetables**

This book is divided into three main sections:

Word lists. These are the words for the different categories, listed in alphabetical order with parts of speech and the closest English translations. Parts of speech are given in []. The words are presented so you know what words are being used for the quizzes.

Quizzes. This section contains the quizzes themselves. For each category, there are 15 quizzes, and each quiz has 24 questions. You must choose the best match for the word given.

Solutions. If you are stumped or want to see if you got the correct answers, this section contains the answers for each quiz.

Note: In some cases, the common word for something may be used instead of the formal word, so as to help provide you with a more natural vocabulary.

We hope you learn some new vocabulary and have fun doing it!

Airport

ankomst *[m]* - arrival
avgang *[m]* - departure
bagasje *[m]* - luggage
billett *[m]* - ticket
billettinspektør *[m]* - ticket agent
brett *[n]* - tray
destinasjon *[m]* - destination
direkte *[adj]* - direct
do *[n]* - toilet
enkeltbillett *[m]* - single ticket
fly *[n]* - airplane
flygning *[m]* - flight
flyplass *[m]* - airport
flyvertinne *[f]* - air hostess
forbindelse *[m]* - connection
første klasse *[m]* - first class
gate *[m]* - gate
hangar *[m]* - hangar
helikopter *[n]* - helicopter
hjul *[n]* - wheel
høyde *[m]* - altitude
informasjon *[m]* - information
innenlands *[adj]* - domestic
innsjekking *[m]* - check-in
internasjonal *[adj]* - international
kabin *[m]* - cabin
koffert *[m]* - suitcase
kopilot *[m]* - copilot
lande *[v]* - land
landgang *[m]* - gangway
mannskap *[n]* - crew
metalldetektor *[m]* - metal detector
nødsituasjon *[m]* - emergency
offiser *[m]* - officer
oksygen *[n]* - oxygen
ombordstigning *[v]* - to board
ombordstigningskort *[n]* - boarding pass
pass *[n]* - passport
passasjer *[m]* - passenger
pilot *[m]* - pilot
redningsvest *[m]* - life preserver
reisebyrå *[n]* - travel agency
rullebane *[m]* - runway
ryggsekk *[m]* - rucksack
røykfritt *[adj]* - non-smoking
røyking *[adj]* - smoking
røyking forbudt *[phr]* - no smoking
sent *[adv]* - late
sete *[n]* - seat
sette seg ned *[v]* - to sit down
sikkerhet *[m]* - security
ta av *[v]* - take off
tax-free *[adj]* - duty-free
tidlig *[adv]* - early
tur-retur billett *[m]* - round trip ticket
turbulens *[m]* - turbulence
utgang *[m]* - exit
vekt *[f]* - weight
vindu *[n]* - window
vinge *[m]* - wing
å avbryte *[v]* - to cancel
å bære *[v]* - to carry
å deklarere *[v]* - to declare
å fly *[v]* - to fly
å lande *[v]* - to land
å lette *[v]* - to take off
å reservere *[v]* - to book
å skjekke inn bagasje *[v]* - to check bags
økonomiklasse *[m]* - economy class
øretelefoner *[mp]* - headphones

Animals

alligator *[m]* - alligator
apekatt *[m]* - monkey
bavian *[m]* - baboon
beltedyr *[n]* - armadillo
bever *[m]* - beaver
bjørn *[m]* - bear
bøffel *[m]* - buffalo
dyr *[n]* - animal
ekorn *[n]* - squirrel
elefant *[m]* - elephant
esel *[n]* - donkey
flodhest *[m]* - hippopotamus
frosk *[m]* - frog
gaselle *[m]* - gazelle
gaupe *[m]* - lynx
geit *[m]* - goat
gepard *[m]* - cheetah
gorilla *[m]* - gorilla
grevling *[m]* - badger
gris *[m]* - pig
hest *[m]* - horse
hjort *[m]* - deer
hund *[m]* - dog
hyene *[m]* - hyena
jaguar *[m]* - jaguar
jordekorn *[n]* - chipmunk
jordpinnsvin *[n]* - porcupine
jordsvin *[n]* - aardvark
kamel *[m]* - camel
kanin *[m]* - rabbit
katt *[m]* - cat
kenguru *[m]* - kangaroo
koala *[m]* - koala
krokodille *[m]* - crocodile
ku *[f]* - cow
lam *[n]* - lamb
lama *[m]* - llama
landskilpadde *[m]* - tortoise
leopard *[m]* - leopard
liten hund *[m]* - little dog
løve *[m]* - lion
maursluker *[m]* - anteater
muldyr *[n]* - mule
mus *[m]* - mouse
nesehorn *[n]* - rhinoceros
okse *[m]* - bull
ozelot *[m]* - ocelot
padde *[m]* - toad
panda *[m]* - panda
panter *[m]* - panther
puma *[m]* - cougar
rev *[m]* - fox
rotte *[m]* - rat
rødgaupe *[m]* - bobcat
sau *[m]* - sheep
sebra *[m]* - zebra
sjiraff *[m]* - giraffe
slange *[m]* - snake
tiger *[m]* - tiger
ulv *[m]* - wolf
valp *[m]* - pup
wallaby *[m]* - wallaby

Around the House

- askebeger *[n]* - ashtray
- badekar *[n]* - bath (tub)
- bilde *[n]* - image
- bokhylle *[m]* - bookcase
- boks *[m]* - box
- bolle *[m]* - bowl
- bord *[n]* - table
- bryter *[m]* - switch
- brødrister *[m]* - toaster
- drikkeglass *[n]* - drinking glass
- dusj *[m]* - shower
- dusjforheng *[n]* - shower curtain
- dør *[f]* - door
- etasje *[m]* - floor
- fat *[n]* - dish
- flaske *[m]* - bottle
- fryser *[m]* - freezer
- gaffel *[m]* - fork
- garderobeskap *[n]* - wardrobe
- gardin *[m]* - curtain
- glass *[n]* - glass
- hus *[n]* - house
- hylle *[m]* - shelf
- håndveske *[f]* - handbag
- kaffekanne *[m]* - coffee pot
- kasserolle *[m]* - pot
- kjøkken *[n]* - kitchen
- kjøkkenvask *[m]* - kitchen sink
- kjøleskap *[n]* - refrigerator
- klokke *[f]* - clock
- kniv *[m]* - knife
- komfyr *[m]* - stove
- kommode *[m]* - dresser
- kopp *[m]* - cup
- kost *[m]* - broom
- kran *[m]* - tap
- køye *[f]* - cot
- laken *[n]* - sheet
- lampe *[f]* - lamp
- lommebok *[f]* - wallet
- lommelykt *[m]* - torch
- maleri *[n]* - painting
- mikser *[m]* - mixer
- miksmaster *[m]* - blender
- møbler *[np]* - furniture
- nøkkel *[m]* - key
- oppvaskmaskin *[m]* - dishwasher
- pute *[m]* - pillow
- radio *[m]* - radio
- seng *[m]* - bed
- serviett *[m]* - napkin
- Skap *[n]* - cabinet
- skje *[f]* - spoon
- skuff *[m]* - drawer
- sofa *[m]* - couch
- sovepose *[m]* - sleeping bag
- spann *[n]* - pail
- speil *[n]* - mirror
- stekepanne *[m]* - frying pan
- stol *[m]* - chair
- støvsuger *[m]* - hoover
- såpe *[m]* - soap
- søppelbøtte *[m]* - rubbish can
- søppelsekk *[m]* - rubbish bag
- tak *[n]* - ceiling
- tallerken *[m]* - plate
- telefon *[m]* - telephone
- teppe *[n]* - carpet
- trapp *[f]* - staircase
- TV *[m]* - television
- tørketrommel *[m]* - drier
- vann *[n]* - water
- vannkjele *[m]* - kettle
- vase *[m]* - vase
- vaskemaskin *[m]* - washing machine
- vegg *[m]* - wall
- Vekkerklokke *[f]* - alarm clock
- veske *[f]* - bag

Birds

and *[f]* - duck
due *[m]* - dove
fasan *[m]* - pheasant
flamingo *[m]* - flamingo
fugl *[m]* - bird
gribb *[m]* - vulture
gås *[f]* - goose
hane *[m]* - rooster
hauk *[m]* - hawk
hegre *[m]* - heron
høne *[f]* - hen
kalkun *[m]* - turkey
kråke *[f]* - crow
måke *[m]* - seagull
nattergal *[m]* - nightingale
papegøye *[m]* - parrot
pelikan *[m]* - pelican
spurv *[m]* - sparrow
stork *[m]* - stork
struts *[m]* - ostrich
svane *[m]* - swan
ugle *[m]* - owl
ørn *[m]* - eagle

Clothing

anorakk *[m]* - anorak
badedrakt *[m]* - bathing suit
belte *[n]* - belt
BH *[m]* - bra
bikini *[m]* - bikini
bluse *[m]* - blouse
bukse *[m]* - trousers
bukseseler *[mp]* - braces/suspenders
cardigan *[m]* - cardigan
collegegenser *[m]* - sweatshirt
dongeribukse *[m]* - jeans
dress *[m]* - suit
fjellstøvler *[mp]* - hiking boots
frakk *[m]* - coat
frakk *[m]* - overcoat
genser *[m]* - jumper
glidelås *[m]* - zip
hanske *[m]* - glove
hansker *[mp]* - gloves
hofteholder *[m]* - corset
jakke *[m]* - jacket
joggesko *[mp]* - running shoes
jumpsuit *[m]* - jumpsuit
kjole *[m]* - dress
klær *[np]* - clothes
lommetørkle *[n]* - handkerchief
lue *[m]* - cap
paraply *[m]* - umbrella
pyjamas *[m]* - pyjamas
regnjakke *[m]* - mackintosh
sandaler *[mp]* - sandals
skjerf *[n]* - scarf
skjorte *[m]* - shirt
skjørt *[n]* - skirt
slips *[n]* - necktie
slåbrok *[m]* - dressing gown
sløyfe *[m]* - bow tie
snekkerbukse *[m]* - overalls
sokker *[mp]* - socks
strømpebukse *[m]* - tights
strømper *[mp]* - stockings
størrelse *[m]* - size
t-skjorte *[m]* - T-shirt
truse *[m]* - knickers
tøfler *[mp]* - slippers
underbukse *[m]* - briefs
vest *[m]* - waistcoat

Family

barnebarn *[n]* - grandchild
bestefar *[m]* - grandfather
bestemor *[f]* - grandmother
bror *[m]* - brother
brud *[f]* - bride
datter *[f]* - daughter
familie *[m]* - family
far *[m]* - father
fetter *[m]* - cousin
forelder *[m]* - parent
foreldre *[mp]* - parents
kone *[f]* - wife
mamma *[m]* - mum
mann *[m]* - husband
mor *[f]* - mother

nevø *[n]* - nephew
niese *[f]* - niece
onkel *[m]* - uncle
pappa *[m]* - dad
slektning *[m]* - relative
slektninger *[mp]* - relatives
stebror *[m]* - stepbrother
stedatter *[f]* - stepdaughter
stefar *[m]* - stepfather
stemor *[f]* - stepmother
stesønn *[m]* - stepson
stesøster *[f]* - stepsister
sønn *[m]* - son
søster *[f]* - sister
tante *[m]* - aunt

Food

bakverk *[n]* - pastry
brød *[n]* - bread
eddik *[m]* - vinegar
egg *[n]* - egg
grønnsakssuppe *[f]* - vegetable soup
iskrem *[m]* - ice-cream
kake *[m]* - cake
kjeks *[m]* - biscuit
mat *[m]* - food
melk *[f]* - milk

olivenolje *[m]* - olive oil
ost *[m]* - cheese
rundstykke *[n]* - roll
salat *[m]* - salad
salt *[n]* - salt
sennep *[m]* - mustard
sjokoladeplate *[m]* - chocolate bar
smør *[n]* - butter
sukker *[n]* - sugar
yoghurt *[m]* - yoghurt

Fruit

ananas *[m]* - pineapple
appelsin *[m]* - orange
aprikos *[m]* - apricot
banan *[m]* - banana
bjørnebær *[n]* - blackberry
blåbær *[n]* - blueberry
bringebær *[m]* - raspberry
daddel *[m]* - date
drue *[m]* - grape
eple *[n]* - apple
fersken *[m]* - peach
fiken *[m]* - fig
frukt *[m]* - fruit
grapefrukt *[m]* - grapefruit
hasselnøtt *[m]* - hazelnut
jordbær *[m]* - strawberry

kastanje *[m]* - chestnut
kirsebær *[n]* - cherry
kokosnøtt *[m]* - coconut
lime *[m]* - lime
mandarin *[m]* - tangerine
mandel *[m]* - almond
melon *[m]* - melon
peanøtt *[m]* - peanut
plomme *[m]* - plum
pære *[m]* - pear
rabarbra *[m]* - rhubarb
rosiner *[m]* - raisin
sitron *[m]* - lemon
sviske *[m]* - prune
valnøtt *[m]* - walnut
vannmelon *[m]* - watermelon

Hotel

balkong *[n]* - balcony
beskjed *[m]* - message
bestilling *[m]* - booking
direktør *[m]* - manager
drosje *[m]* - taxi
dørvakt *[m]* - doorman
frokost *[m]* - breakfast
første etasje *[m]* - ground floor
gang *[m]* - entrance
garasje *[m]* - garage
heis *[m]* - lift
hotell *[n]* - hotel
internett *[n]* - internet
is *[m]* - ice
klage *[m]* - complaint
kvittering *[m]* - receipt
lobby *[m]* - lobby

luftkondisjonering *[m]* - air conditioning
pikkoloen *[m]* - bellboy
pris *[m]* - price
regning *[m]* - bill
rekreasjon *[m]* - recreation
resepsjonen *[m]* - reception desk
resepsjonist *[f]* - receptionist
rom *[n]* - room
spisestue *[m]* - dining room
stue *[m]* - living room
stuepike *[m]* - maid
suite *[m]* - suite
svømmebasseng *[n]* - swimming pool
utsikt *[m]* - view
utsjekking *[m]* - check-out
å betale *[v]* - to pay

Parts of the Body

albue *[m]* - elbow
ankel *[m]* - ankle
ansikt *[n]* - face
arm *[m]* - arm
bart *[m]* - moustache
ben *[m]* - bone
blindtarm *[m]* - appendix
blod *[n]* - blood
blære *[m]* - bladder
bryst *[n]* - breast
brystkasse *[m]* - thorax
finger *[m]* - finger
fot *[m]* - foot
fregner *[mp]* - freckles
føtter *[mp]* - feet
hake *[m]* - chin
hals *[m]* - throat
hjerne *[m]* - brain
hjerte *[n]* - heart
hode *[n]* - head
hofte *[m]* - hip
hud *[m]* - skin
hånd *[m]* - hand
håndledd *[n]* - wrist
hår *[m]* - hair
iris *[m]* - iris
kinn *[n]* - cheek
kjertel *[m]* - gland
kjeve *[m]* - jaw
kne *[n]* - knee
knoke *[m]* - knuckle
knyttneve *[m]* - fist
kroppen *[m]* - body
kroppsdeler *[mp]* - parts of the body
ledd *[m]* - joint
legg *[m]* - calf
leppe *[f]* - lip
lever *[m]* - liver
lunge *[m]* - lung
lår *[n]* - thigh
mage *[m]* - belly
mandler *[mp]* - tonsils
midje *[m]* - waist
munn *[m]* - mouth
muskel *[m]* - muscle
nakke *[m]* - neck
negl *[m]* - fingernail
nerve *[m]* - nerve
nese *[m]* - nose
nyre *[m]* - kidney
panne *[m]* - forehead
pulsåre *[m]* - artery
ribbein *[m]* - rib
rygg *[m]* - back
ryggrad *[m]* - backbone
sene *[m]* - tendon
skjegg *[n]* - beard
skulder *[m]* - shoulder
tann *[m]* - tooth
tenner *[mp]* - teeth
tommel *[m]* - thumb
tunge *[m]* - tongue
tå *[m]* - toe
vene *[m]* - vein
øre *[n]* - ear
øye *[n]* - eye
øyelokk *[n]* - eyelid
øyenbryn *[n]* - eyebrow
øyevipp *[m]* - eyelash

Restaurant

bestille *[v]* - to order
billig *[adj]* - cheap
bordsetting *[m]* - setting
dessert *[m]* - dessert
drikke *[v]* - to drink
drikkevare *[m]* - beverage
duk *[n]* - tablecloth
ete *[v]* - to eat
hovedrett *[m]* - main course
lunsj *[m]* - lunch
meny *[m]* - menu
middag *[m]* - dinner
måltid *[n]* - meal
reservere *[v]* - to reserve
restaurant *[m]* - restaurant
salat gaffel *[m]* - salad fork
salatbolle *[m]* - salad bowl
servitør *[m]* - waiter
servitøren *[f]* - waitress
sulten *[adj]* - hungry
tørst *[adj]* - thirsty
vinkart *[m]* - wine list

Vegetables

agurk *[m]* - cucumber
artisjokk *[m]* - artichoke
asparges *[m]* - asparagus
aubergin *[m]* - aubergine
blomkål *[m]* - cauliflower
brokkoli *[m]* - broccoli
bønner *[mp]* - beans
erter *[mp]* - peas
fenikkel *[m]* - fennel
gresskar *[n]* - pumpkin
grønnsak *[m]* - vegetable
gulrot *[m]* - carrot
hvitløk *[m]* - garlic
kikerter *[mp]* - chick-peas
korn *[n]* - corn
kål *[m]* - cabbage
løk *[m]* - onion
pepper *[n]* - pepper
persille *[m]* - parsley
potet *[m]* - potato
reddik *[m]* - radish
rødbete *[m]* - beet
selleri *[m]* - celery
sopp *[m]* - mushroom
spinat *[m]* - spinach
squash *[m]* - zucchini
sylteagurk *[mp]* - gherkins
tomat *[m]* - tomato

#1 - Airport
Select the closest English word to match the Norwegian word.

1) landgang
 a) international
 b) gangway
 c) information
 d) officer

2) å avbryte
 a) travel agency
 b) to cancel
 c) to land
 d) security

3) sent
 a) ticket agent
 b) late
 c) crew
 d) copilot

4) enkeltbillett
 a) to board
 b) single ticket
 c) check-in
 d) to land

5) hangar
 a) copilot
 b) tray
 c) to fly
 d) hangar

6) oksygen
 a) tray
 b) air hostess
 c) oxygen
 d) pilot

7) tidlig
 a) flight
 b) smoking
 c) passenger
 d) early

8) flyplass
 a) airport
 b) cabin
 c) ticket
 d) suitcase

9) vekt
 a) weight
 b) wheel
 c) flight
 d) luggage

10) innenlands
 a) officer
 b) domestic
 c) toilet
 d) copilot

11) avgang
 a) suitcase
 b) departure
 c) to board
 d) late

12) gate
 a) information
 b) single ticket
 c) departure
 d) gate

13) å lande
 a) to land
 b) round trip ticket
 c) to declare
 d) check-in

14) forbindelse
 a) connection
 b) weight
 c) flight
 d) ticket agent

15) sette seg ned
 a) passport
 b) non-smoking
 c) to sit down
 d) to take off

16) informasjon
 a) suitcase
 b) information
 c) headphones
 d) cabin

17) å lette
 a) oxygen
 b) pilot
 c) airplane
 d) to take off

18) flygning
 a) emergency
 b) take off
 c) to declare
 d) flight

19) pilot
 a) window
 b) pilot
 c) ticket agent
 d) to declare

20) billett
 a) crew
 b) ticket
 c) non-smoking
 d) cabin

21) å reservere
 a) to book
 b) single ticket
 c) emergency
 d) no smoking

22) ankomst
 a) to check bags
 b) economy class
 c) arrival
 d) direct

23) metalldetektor
 a) direct
 b) to check bags
 c) metal detector
 d) headphones

24) utgang
 a) to declare
 b) travel agency
 c) no smoking
 d) exit

#2 - Airport
Select the closest English word to match the Norwegian word.

1) røykfritt
 a) duty-free
 b) oxygen
 c) non-smoking
 d) arrival

2) helikopter
 a) helicopter
 b) toilet
 c) security
 d) crew

3) turbulens
 a) arrival
 b) information
 c) turbulence
 d) exit

4) tidlig
 a) altitude
 b) headphones
 c) land
 d) early

5) første klasse
 a) toilet
 b) hangar
 c) gangway
 d) first class

6) informasjon
 a) to fly
 b) hangar
 c) information
 d) ticket

7) sikkerhet
 a) security
 b) emergency
 c) direct
 d) suitcase

8) røyking forbudt
 a) no smoking
 b) wheel
 c) to take off
 d) tray

9) internasjonal
 a) tray
 b) hangar
 c) international
 d) security

10) å bære
 a) economy class
 b) runway
 c) passport
 d) to carry

11) avgang
 a) economy class
 b) to book
 c) ticket
 d) departure

12) ta av
 a) boarding pass
 b) flight
 c) wheel
 d) take off

13) å avbryte
 a) early
 b) gate
 c) toilet
 d) to cancel

14) reisebyrå
 a) to take off
 b) travel agency
 c) first class
 d) oxygen

15) ryggsekk
 a) rucksack
 b) tray
 c) headphones
 d) to sit down

16) sent
 a) to board
 b) airplane
 c) economy class
 d) late

17) røyking
 a) cabin
 b) boarding pass
 c) smoking
 d) non-smoking

18) høyde
 a) altitude
 b) to fly
 c) to declare
 d) life preserver

19) bagasje
 a) luggage
 b) life preserver
 c) early
 d) late

20) sette seg ned
 a) early
 b) to sit down
 c) to land
 d) to take off

21) billett
 a) destination
 b) airplane
 c) ticket
 d) toilet

22) gate
 a) to check bags
 b) round trip ticket
 c) to fly
 d) gate

23) billettinspektør
 a) departure
 b) altitude
 c) ticket agent
 d) pilot

24) lande
 a) land
 b) to carry
 c) hangar
 d) officer

#3 - Airport
Select the closest English word to match the Norwegian word.

1) gate
 a) international
 b) window
 c) to board
 d) gate

2) høyde
 a) duty-free
 b) runway
 c) altitude
 d) turbulence

3) å deklarere
 a) toilet
 b) to carry
 c) airport
 d) to declare

4) internasjonal
 a) international
 b) tray
 c) late
 d) destination

5) destinasjon
 a) altitude
 b) information
 c) destination
 d) rucksack

6) å avbryte
 a) to cancel
 b) flight
 c) airplane
 d) exit

7) bagasje
 a) late
 b) early
 c) take off
 d) luggage

8) reisebyrå
 a) travel agency
 b) no smoking
 c) early
 d) gangway

9) vindu
 a) gate
 b) to declare
 c) window
 d) to fly

10) rullebane
 a) to check bags
 b) runway
 c) luggage
 d) tray

11) vinge
 a) security
 b) to cancel
 c) boarding pass
 d) wing

12) hjul
 a) international
 b) altitude
 c) wheel
 d) to take off

13) å fly
 a) airport
 b) to board
 c) cabin
 d) to fly

14) lande
 a) exit
 b) late
 c) land
 d) turbulence

15) metalldetektor
 a) ticket agent
 b) turbulence
 c) to check bags
 d) metal detector

16) passasjer
 a) international
 b) suitcase
 c) to board
 d) passenger

17) flygning
 a) air hostess
 b) destination
 c) turbulence
 d) flight

18) informasjon
 a) passenger
 b) information
 c) pilot
 d) metal detector

19) offiser
 a) officer
 b) toilet
 c) ticket
 d) no smoking

20) vekt
 a) toilet
 b) rucksack
 c) tray
 d) weight

21) utgang
 a) altitude
 b) exit
 c) gangway
 d) airport

22) pass
 a) passport
 b) economy class
 c) tray
 d) land

23) røyking forbudt
 a) to book
 b) duty-free
 c) runway
 d) no smoking

24) forbindelse
 a) no smoking
 b) pilot
 c) toilet
 d) connection

#4 - Airport
Select the closest English word to match the Norwegian word.

1) landgang
 a) to take off
 b) headphones
 c) gangway
 d) to cancel

2) innenlands
 a) domestic
 b) passenger
 c) early
 d) headphones

3) innsjekking
 a) flight
 b) check-in
 c) weight
 d) runway

4) flyplass
 a) to land
 b) boarding pass
 c) airport
 d) to check bags

5) å lette
 a) to take off
 b) copilot
 c) to board
 d) wheel

6) avgang
 a) departure
 b) check-in
 c) boarding pass
 d) toilet

7) pass
 a) to carry
 b) to declare
 c) passport
 d) ticket

8) offiser
 a) no smoking
 b) to check bags
 c) officer
 d) travel agency

9) tax-free
 a) direct
 b) officer
 c) pilot
 d) duty-free

10) å avbryte
 a) metal detector
 b) to cancel
 c) air hostess
 d) window

11) kopilot
 a) connection
 b) to declare
 c) to cancel
 d) copilot

12) reisebyrå
 a) connection
 b) seat
 c) window
 d) travel agency

13) øretelefoner
 a) window
 b) land
 c) headphones
 d) arrival

14) bagasje
 a) luggage
 b) wheel
 c) destination
 d) airplane

15) do
 a) travel agency
 b) ticket agent
 c) toilet
 d) crew

16) ta av
 a) non-smoking
 b) take off
 c) copilot
 d) economy class

17) fly
 a) airplane
 b) economy class
 c) flight
 d) information

18) redningsvest
 a) life preserver
 b) luggage
 c) ticket agent
 d) window

19) billettinspektør
 a) no smoking
 b) land
 c) passenger
 d) ticket agent

20) sete
 a) crew
 b) connection
 c) land
 d) seat

21) høyde
 a) ticket
 b) altitude
 c) single ticket
 d) gate

22) gate
 a) passport
 b) gate
 c) gangway
 d) no smoking

23) destinasjon
 a) take off
 b) economy class
 c) information
 d) destination

24) utgang
 a) exit
 b) to check bags
 c) smoking
 d) life preserver

#5 - Airport
Select the closest English word to match the Norwegian word.

1) sete
a) helicopter
b) seat
c) wheel
d) travel agency

2) ombordstigning
a) smoking
b) land
c) to board
d) take off

3) direkte
a) suitcase
b) ticket agent
c) direct
d) wing

4) øretelefoner
a) toilet
b) round trip ticket
c) headphones
d) to carry

5) passasjer
a) early
b) passenger
c) check-in
d) exit

6) tidlig
a) tray
b) early
c) take off
d) no smoking

7) vinge
a) airplane
b) wing
c) ticket
d) airport

8) oksygen
a) oxygen
b) boarding pass
c) wheel
d) crew

9) helikopter
a) departure
b) to book
c) direct
d) helicopter

10) forbindelse
a) hangar
b) to land
c) connection
d) to check bags

11) røyking
a) to sit down
b) toilet
c) smoking
d) metal detector

12) kopilot
a) copilot
b) destination
c) round trip ticket
d) gangway

13) redningsvest
a) to take off
b) oxygen
c) life preserver
d) airport

14) å lette
a) air hostess
b) wing
c) to take off
d) international

15) ryggsekk
a) rucksack
b) cabin
c) domestic
d) passenger

16) billettinspektør
a) ticket agent
b) to cancel
c) officer
d) to sit down

17) sent
a) late
b) helicopter
c) economy class
d) destination

18) å avbryte
a) to cancel
b) late
c) passenger
d) turbulence

19) reisebyrå
a) economy class
b) crew
c) travel agency
d) domestic

20) mannskap
a) crew
b) hangar
c) economy class
d) officer

21) første klasse
a) take off
b) to cancel
c) first class
d) metal detector

22) vindu
a) early
b) altitude
c) seat
d) window

23) informasjon
a) information
b) life preserver
c) pilot
d) to board

24) å bære
a) take off
b) to carry
c) travel agency
d) duty-free

#6 - Airport
Select the closest English word to match the Norwegian word.

1) billettinspektør
a) no smoking
b) ticket agent
c) passport
d) wing

2) landgang
a) gangway
b) arrival
c) late
d) altitude

3) offiser
a) emergency
b) life preserver
c) officer
d) suitcase

4) å lette
a) travel agency
b) departure
c) passenger
d) to take off

5) destinasjon
a) domestic
b) destination
c) take off
d) wing

6) kabin
a) security
b) cabin
c) to book
d) round trip ticket

7) forbindelse
a) ticket
b) wheel
c) check-in
d) connection

8) sikkerhet
a) security
b) luggage
c) cabin
d) arrival

9) fly
a) seat
b) departure
c) flight
d) airplane

10) ryggsekk
a) airport
b) departure
c) rucksack
d) to land

11) å reservere
a) domestic
b) to book
c) toilet
d) helicopter

12) passasjer
a) travel agency
b) passenger
c) seat
d) to take off

13) ankomst
a) security
b) economy class
c) arrival
d) tray

14) tur-retur billett
a) first class
b) round trip ticket
c) take off
d) copilot

15) å skjekke inn bagasje
a) airplane
b) to check bags
c) officer
d) crew

16) turbulens
a) direct
b) turbulence
c) to book
d) first class

17) ombordstigning
a) non-smoking
b) air hostess
c) round trip ticket
d) to board

18) røykfritt
a) travel agency
b) window
c) to take off
d) non-smoking

19) sete
a) rucksack
b) single ticket
c) seat
d) cabin

20) høyde
a) exit
b) late
c) altitude
d) wheel

21) direkte
a) rucksack
b) first class
c) direct
d) life preserver

22) flygning
a) to fly
b) tray
c) exit
d) flight

23) metalldetektor
a) non-smoking
b) headphones
c) metal detector
d) pilot

24) mannskap
a) oxygen
b) window
c) crew
d) wing

#7 - Airport
Select the closest English word to match the Norwegian word.

1) utgang
 a) airplane
 b) exit
 c) to cancel
 d) gate

2) flyvertinne
 a) information
 b) air hostess
 c) domestic
 d) security

3) tidlig
 a) emergency
 b) passenger
 c) early
 d) gangway

4) ankomst
 a) to carry
 b) arrival
 c) metal detector
 d) boarding pass

5) koffert
 a) first class
 b) suitcase
 c) to fly
 d) seat

6) pass
 a) window
 b) international
 c) passport
 d) tray

7) destinasjon
 a) suitcase
 b) take off
 c) destination
 d) direct

8) fly
 a) wheel
 b) no smoking
 c) airplane
 d) seat

9) oksygen
 a) life preserver
 b) oxygen
 c) destination
 d) to board

10) kabin
 a) ticket
 b) passport
 c) arrival
 d) cabin

11) landgang
 a) gangway
 b) information
 c) to land
 d) ticket

12) sete
 a) land
 b) seat
 c) runway
 d) to check bags

13) lande
 a) headphones
 b) oxygen
 c) duty-free
 d) land

14) røyking
 a) smoking
 b) tray
 c) pilot
 d) emergency

15) økonomiklasse
 a) emergency
 b) economy class
 c) tray
 d) information

16) tur-retur billett
 a) gate
 b) first class
 c) round trip ticket
 d) passport

17) vekt
 a) to book
 b) weight
 c) single ticket
 d) to land

18) å bære
 a) to fly
 b) exit
 c) to carry
 d) smoking

19) rullebane
 a) luggage
 b) runway
 c) flight
 d) oxygen

20) turbulens
 a) to check bags
 b) single ticket
 c) turbulence
 d) wheel

21) metalldetektor
 a) to board
 b) boarding pass
 c) metal detector
 d) ticket

22) offiser
 a) officer
 b) ticket agent
 c) wing
 d) to land

23) vinge
 a) weight
 b) air hostess
 c) wing
 d) officer

24) øretelefoner
 a) tray
 b) direct
 c) no smoking
 d) headphones

#8 - Airport
Select the closest English word to match the Norwegian word.

1) ombordstigning
a) cabin
b) land
c) to board
d) weight

2) røyking forbudt
a) first class
b) no smoking
c) take off
d) economy class

3) vinge
a) to sit down
b) to take off
c) pilot
d) wing

4) røykfritt
a) altitude
b) to land
c) non-smoking
d) passenger

5) innsjekking
a) check-in
b) tray
c) round trip ticket
d) to board

6) sette seg ned
a) departure
b) check-in
c) to sit down
d) wing

7) å lette
a) metal detector
b) to take off
c) check-in
d) air hostess

8) å avbryte
a) to cancel
b) non-smoking
c) connection
d) hangar

9) øretelefoner
a) headphones
b) weight
c) to book
d) arrival

10) vekt
a) weight
b) hangar
c) toilet
d) crew

11) ta av
a) take off
b) early
c) suitcase
d) toilet

12) billett
a) weight
b) ticket
c) airplane
d) hangar

13) flyvertinne
a) to take off
b) air hostess
c) rucksack
d) single ticket

14) avgang
a) to book
b) runway
c) altitude
d) departure

15) redningsvest
a) pilot
b) round trip ticket
c) land
d) life preserver

16) hjul
a) destination
b) air hostess
c) direct
d) wheel

17) ryggsekk
a) round trip ticket
b) rucksack
c) ticket agent
d) luggage

18) nødsituasjon
a) economy class
b) to take off
c) direct
d) emergency

19) landgang
a) gangway
b) departure
c) cabin
d) duty-free

20) tur-retur billett
a) to sit down
b) to fly
c) round trip ticket
d) toilet

21) å lande
a) to land
b) domestic
c) exit
d) connection

22) offiser
a) toilet
b) exit
c) emergency
d) officer

23) forbindelse
a) late
b) exit
c) take off
d) connection

24) å bære
a) to carry
b) gangway
c) weight
d) to land

#9 - Airport

Select the closest Norwegian word to match the English word.

1) airplane
 a) innenlands
 b) flyplass
 c) høyde
 d) fly

2) departure
 a) sent
 b) avgang
 c) passasjer
 d) internasjonal

3) security
 a) direkte
 b) gate
 c) å reservere
 d) sikkerhet

4) early
 a) ta av
 b) pass
 c) tidlig
 d) vinge

5) arrival
 a) ankomst
 b) metalldetektor
 c) ombordstigning
 d) mannskap

6) single ticket
 a) tidlig
 b) enkeltbillett
 c) ombordstigningskort
 d) sent

7) air hostess
 a) kabin
 b) flyvertinne
 c) å avbryte
 d) sikkerhet

8) runway
 a) vekt
 b) rullebane
 c) helikopter
 d) informasjon

9) passport
 a) vinge
 b) ta av
 c) forbindelse
 d) pass

10) cabin
 a) sikkerhet
 b) nødsituasjon
 c) kabin
 d) flygning

11) check-in
 a) å lette
 b) innsjekking
 c) do
 d) rullebane

12) gangway
 a) å skjekke inn bagasje
 b) do
 c) landgang
 d) sete

13) crew
 a) mannskap
 b) vekt
 c) å deklarere
 d) do

14) to book
 a) offiser
 b) økonomiklasse
 c) vindu
 d) å reservere

15) to board
 a) ombordstigningskort
 b) ombordstigning
 c) å bære
 d) offiser

16) oxygen
 a) oksygen
 b) do
 c) reisebyrå
 d) avgang

17) land
 a) øretelefoner
 b) helikopter
 c) innenlands
 d) lande

18) direct
 a) flyvertinne
 b) å lette
 c) vekt
 d) direkte

19) travel agency
 a) turbulens
 b) billett
 c) reisebyrå
 d) nødsituasjon

20) ticket agent
 a) øretelefoner
 b) billettinspektør
 c) å avbryte
 d) landgang

21) no smoking
 a) vekt
 b) billettinspektør
 c) å lande
 d) røyking forbudt

22) flight
 a) flygning
 b) nødsituasjon
 c) helikopter
 d) ombordstigning

23) non-smoking
 a) sette seg ned
 b) ombordstigningskort
 c) bagasje
 d) røykfritt

24) officer
 a) utgang
 b) offiser
 c) ta av
 d) hjul

#10 - Airport
Select the closest Norwegian word to match the English word.

1) luggage
 a) kabin
 b) første klasse
 c) bagasje
 d) helikopter

2) hangar
 a) sent
 b) å fly
 c) hangar
 d) sette seg ned

3) life preserver
 a) å skjekke inn bagasje
 b) redningsvest
 c) å lette
 d) å fly

4) smoking
 a) røyking
 b) innenlands
 c) direkte
 d) enkeltbillett

5) oxygen
 a) å lette
 b) brett
 c) koffert
 d) oksygen

6) seat
 a) ankomst
 b) fly
 c) sete
 d) helikopter

7) suitcase
 a) koffert
 b) billettinspektør
 c) høyde
 d) røyking forbudt

8) window
 a) røykfritt
 b) avgang
 c) vindu
 d) pilot

9) arrival
 a) å avbryte
 b) brett
 c) ankomst
 d) økonomiklasse

10) exit
 a) direkte
 b) fly
 c) utgang
 d) oksygen

11) security
 a) metalldetektor
 b) turbulens
 c) sete
 d) sikkerhet

12) cabin
 a) tax-free
 b) avgang
 c) å lande
 d) kabin

13) wing
 a) billettinspektør
 b) innenlands
 c) vinge
 d) å deklarere

14) information
 a) informasjon
 b) vinge
 c) røykfritt
 d) sikkerhet

15) non-smoking
 a) vindu
 b) røykfritt
 c) tur-retur billett
 d) innsjekking

16) copilot
 a) tur-retur billett
 b) utgang
 c) ankomst
 d) kopilot

17) duty-free
 a) tidlig
 b) å deklarere
 c) tax-free
 d) turbulens

18) airport
 a) flyplass
 b) å fly
 c) mannskap
 d) å lande

19) land
 a) lande
 b) passasjer
 c) billett
 d) hangar

20) round trip ticket
 a) lande
 b) tur-retur billett
 c) innsjekking
 d) flyvertinne

21) weight
 a) ombordstigning
 b) vekt
 c) flygning
 d) hangar

22) airplane
 a) ankomst
 b) å lande
 c) fly
 d) utgang

23) to sit down
 a) røyking forbudt
 b) sette seg ned
 c) fly
 d) redningsvest

24) rucksack
 a) flyvertinne
 b) tax-free
 c) ryggsekk
 d) mannskap

#11 - Airport
Select the closest Norwegian word to match the English word.

1) economy class
a) metalldetektor
b) økonomiklasse
c) do
d) røykfritt

2) single ticket
a) vinge
b) å lande
c) enkeltbillett
d) pass

3) to cancel
a) hjul
b) helikopter
c) kabin
d) å avbryte

4) arrival
a) sent
b) røyking forbudt
c) informasjon
d) ankomst

5) crew
a) informasjon
b) redningsvest
c) økonomiklasse
d) mannskap

6) tray
a) billettinspektør
b) brett
c) å reservere
d) sete

7) to sit down
a) passasjer
b) turbulens
c) flygning
d) sette seg ned

8) departure
a) avgang
b) kopilot
c) helikopter
d) høyde

9) to board
a) å skjekke inn bagasje
b) do
c) ombordstigningskort
d) ombordstigning

10) passport
a) pass
b) første klasse
c) passasjer
d) mannskap

11) to take off
a) helikopter
b) å deklarere
c) å lette
d) første klasse

12) smoking
a) offiser
b) røyking
c) internasjonal
d) røykfritt

13) seat
a) sete
b) reisebyrå
c) å bære
d) utgang

14) flight
a) vinge
b) nødsituasjon
c) flygning
d) offiser

15) information
a) informasjon
b) reisebyrå
c) billettinspektør
d) koffert

16) emergency
a) røyking
b) nødsituasjon
c) å lande
d) å avbryte

17) boarding pass
a) internasjonal
b) ombordstigningskort
c) vekt
d) økonomiklasse

18) to declare
a) ombordstigningskort
b) vinge
c) å deklarere
d) innsjekking

19) travel agency
a) internasjonal
b) reisebyrå
c) å fly
d) brett

20) round trip ticket
a) avgang
b) å reservere
c) tur-retur billett
d) kopilot

21) life preserver
a) billett
b) redningsvest
c) rullebane
d) å lande

22) gate
a) røyking forbudt
b) å fly
c) å lette
d) gate

23) turbulence
a) turbulens
b) destinasjon
c) ombordstigningskort
d) å reservere

24) ticket
a) billett
b) internasjonal
c) flyvertinne
d) høyde

#12 - Airport
Select the closest Norwegian word to match the English word.

1) smoking
 a) bagasje
 b) innenlands
 c) nødsituasjon
 d) røyking

2) wing
 a) enkeltbillett
 b) røykfritt
 c) nødsituasjon
 d) vinge

3) cabin
 a) kabin
 b) redningsvest
 c) avgang
 d) sikkerhet

4) seat
 a) å skjekke inn bagasje
 b) ombordstigning
 c) rullebane
 d) sete

5) single ticket
 a) enkeltbillett
 b) oksygen
 c) nødsituasjon
 d) ombordstigningskort

6) air hostess
 a) rullebane
 b) innenlands
 c) pass
 d) flyvertinne

7) exit
 a) vinge
 b) hjul
 c) utgang
 d) innenlands

8) copilot
 a) helikopter
 b) utgang
 c) kopilot
 d) høyde

9) officer
 a) innenlands
 b) oksygen
 c) offiser
 d) å lande

10) to land
 a) tur-retur billett
 b) å lande
 c) destinasjon
 d) hangar

11) security
 a) nødsituasjon
 b) utgang
 c) sette seg ned
 d) sikkerhet

12) flight
 a) å avbryte
 b) ta av
 c) flygning
 d) kabin

13) to fly
 a) å fly
 b) innenlands
 c) offiser
 d) billett

14) gate
 a) gate
 b) å lette
 c) oksygen
 d) ankomst

15) airport
 a) reisebyrå
 b) flyplass
 c) sete
 d) å deklarere

16) wheel
 a) hjul
 b) turbulens
 c) kabin
 d) reisebyrå

17) destination
 a) innenlands
 b) destinasjon
 c) redningsvest
 d) kabin

18) check-in
 a) sete
 b) innsjekking
 c) passasjer
 d) høyde

19) take off
 a) første klasse
 b) offiser
 c) innenlands
 d) ta av

20) late
 a) sikkerhet
 b) flyvertinne
 c) sent
 d) ryggsekk

21) early
 a) tidlig
 b) turbulens
 c) oksygen
 d) innsjekking

22) boarding pass
 a) pilot
 b) ombordstigningskort
 c) å skjekke inn bagasje
 d) fly

23) suitcase
 a) røyking
 b) koffert
 c) mannskap
 d) flyvertinne

24) round trip ticket
 a) ombordstigning
 b) tur-retur billett
 c) å fly
 d) vindu

#13 - Airport
Select the closest Norwegian word to match the English word.

1) turbulence
a) sent
b) bagasje
c) destinasjon
d) turbulens

2) to book
a) å avbryte
b) å reservere
c) rullebane
d) redningsvest

3) travel agency
a) oksygen
b) å bære
c) reisebyrå
d) pass

4) air hostess
a) vinge
b) flyplass
c) helikopter
d) flyvertinne

5) to land
a) høyde
b) å lande
c) do
d) ombordstigningskort

6) ticket agent
a) å avbryte
b) kopilot
c) å skjekke inn bagasje
d) billettinspektør

7) crew
a) ta av
b) landgang
c) kopilot
d) mannskap

8) weight
a) passasjer
b) vekt
c) landgang
d) å lande

9) land
a) destinasjon
b) turbulens
c) lande
d) sette seg ned

10) connection
a) å fly
b) reisebyrå
c) forbindelse
d) hjul

11) hangar
a) lande
b) hangar
c) sete
d) gate

12) late
a) røyking
b) avgang
c) sent
d) nødsituasjon

13) to carry
a) mannskap
b) informasjon
c) å bære
d) å skjekke inn bagasje

14) first class
a) tax-free
b) første klasse
c) pass
d) mannskap

15) single ticket
a) avgang
b) enkeltbillett
c) sikkerhet
d) offiser

16) to board
a) å deklarere
b) første klasse
c) ombordstigning
d) do

17) gate
a) tur-retur billett
b) å avbryte
c) gate
d) tidlig

18) airport
a) brett
b) flyplass
c) røykfritt
d) røyking

19) airplane
a) ankomst
b) fly
c) å lande
d) mannskap

20) direct
a) direkte
b) å lette
c) å deklarere
d) ombordstigning

21) information
a) reisebyrå
b) å lette
c) å skjekke inn bagasje
d) informasjon

22) headphones
a) ta av
b) å reservere
c) øretelefoner
d) økonomiklasse

23) to take off
a) turbulens
b) å lette
c) informasjon
d) gate

24) check-in
a) innsjekking
b) passasjer
c) tidlig
d) økonomiklasse

#14 - Airport
Select the closest Norwegian word to match the English word.

1) window
 a) innsjekking
 b) vindu
 c) utgang
 d) å deklarere

2) rucksack
 a) ta av
 b) ankomst
 c) vinge
 d) ryggsekk

3) round trip ticket
 a) flygning
 b) tur-retur billett
 c) sette seg ned
 d) første klasse

4) take off
 a) ta av
 b) vindu
 c) lande
 d) røykfritt

5) runway
 a) ombordstigning
 b) avgang
 c) å fly
 d) rullebane

6) to take off
 a) avgang
 b) tidlig
 c) å lette
 d) pilot

7) air hostess
 a) redningsvest
 b) å lette
 c) flyvertinne
 d) lande

8) destination
 a) rullebane
 b) destinasjon
 c) turbulens
 d) nødsituasjon

9) helicopter
 a) høyde
 b) helikopter
 c) å deklarere
 d) hangar

10) flight
 a) flygning
 b) sent
 c) brett
 d) do

11) land
 a) fly
 b) lande
 c) sikkerhet
 d) ombordstigning

12) travel agency
 a) metalldetektor
 b) reisebyrå
 c) sette seg ned
 d) avgang

13) to book
 a) ryggsekk
 b) å reservere
 c) billettinspektør
 d) destinasjon

14) security
 a) kopilot
 b) høyde
 c) sikkerhet
 d) røyking

15) gate
 a) å lette
 b) tax-free
 c) sette seg ned
 d) gate

16) wing
 a) vinge
 b) turbulens
 c) å fly
 d) høyde

17) to land
 a) ta av
 b) å lande
 c) å fly
 d) tidlig

18) non-smoking
 a) røykfritt
 b) oksygen
 c) vindu
 d) passasjer

19) hangar
 a) tur-retur billett
 b) pass
 c) flyplass
 d) hangar

20) oxygen
 a) oksygen
 b) ombordstigningskort
 c) innenlands
 d) å deklarere

21) international
 a) internasjonal
 b) ryggsekk
 c) lande
 d) direkte

22) gangway
 a) røyking
 b) landgang
 c) å deklarere
 d) passasjer

23) headphones
 a) tur-retur billett
 b) fly
 c) øretelefoner
 d) sette seg ned

24) copilot
 a) offiser
 b) flyvertinne
 c) å lande
 d) kopilot

#15 - Airport
Select the closest Norwegian word to match the English word.

1) headphones
a) vinge
b) passasjer
c) øretelefoner
d) metalldetektor

2) round trip ticket
a) rullebane
b) tur-retur billett
c) pass
d) å lette

3) pilot
a) røyking forbudt
b) pilot
c) kabin
d) internasjonal

4) no smoking
a) økonomiklasse
b) røyking forbudt
c) metalldetektor
d) øretelefoner

5) gate
a) sete
b) pilot
c) gate
d) sikkerhet

6) first class
a) første klasse
b) brett
c) flyvertinne
d) billettinspektør

7) metal detector
a) sent
b) do
c) koffert
d) metalldetektor

8) duty-free
a) tax-free
b) sikkerhet
c) første klasse
d) billettinspektør

9) to take off
a) mannskap
b) vekt
c) å lette
d) ombordstigningskort

10) to book
a) brett
b) sent
c) å reservere
d) høyde

11) to fly
a) å fly
b) ombordstigningskort
c) pilot
d) å deklarere

12) luggage
a) bagasje
b) å fly
c) nødsituasjon
d) billettinspektør

13) passport
a) tur-retur billett
b) økonomiklasse
c) forbindelse
d) pass

14) rucksack
a) røykfritt
b) lande
c) ryggsekk
d) fly

15) ticket agent
a) gate
b) kopilot
c) billettinspektør
d) pass

16) check-in
a) å fly
b) innsjekking
c) første klasse
d) turbulens

17) boarding pass
a) ombordstigningskort
b) sent
c) å lande
d) vinge

18) exit
a) røykfritt
b) lande
c) høyde
d) utgang

19) ticket
a) billett
b) hangar
c) høyde
d) innenlands

20) airplane
a) ankomst
b) røykfritt
c) kopilot
d) fly

21) to board
a) billettinspektør
b) ombordstigning
c) avgang
d) å avbryte

22) domestic
a) røyking forbudt
b) innenlands
c) lande
d) ombordstigning

23) land
a) lande
b) røykfritt
c) turbulens
d) hangar

24) international
a) ombordstigning
b) internasjonal
c) innsjekking
d) å fly

#16 - Animals
Select the closest English word to match the Norwegian word.

1) jordekorn
 a) alligator
 b) cheetah
 c) chipmunk
 d) badger

2) panda
 a) panda
 b) zebra
 c) alligator
 d) leopard

3) hest
 a) horse
 b) beaver
 c) pig
 d) bull

4) hjort
 a) armadillo
 b) sheep
 c) deer
 d) snake

5) lama
 a) llama
 b) horse
 c) gorilla
 d) cheetah

6) panter
 a) little dog
 b) monkey
 c) fox
 d) panther

7) gorilla
 a) gorilla
 b) gazelle
 c) armadillo
 d) sheep

8) kanin
 a) monkey
 b) rabbit
 c) chipmunk
 d) hyena

9) gaselle
 a) cheetah
 b) gazelle
 c) jaguar
 d) giraffe

10) frosk
 a) goat
 b) bear
 c) frog
 d) lamb

11) katt
 a) frog
 b) cat
 c) lamb
 d) mouse

12) bøffel
 a) cougar
 b) buffalo
 c) rabbit
 d) mule

13) sebra
 a) sheep
 b) squirrel
 c) zebra
 d) gorilla

14) apekatt
 a) ocelot
 b) monkey
 c) mule
 d) elephant

15) wallaby
 a) wallaby
 b) tiger
 c) lamb
 d) alligator

16) koala
 a) ocelot
 b) rhinoceros
 c) koala
 d) horse

17) slange
 a) ocelot
 b) lynx
 c) snake
 d) gazelle

18) alligator
 a) alligator
 b) llama
 c) camel
 d) bear

19) ekorn
 a) fox
 b) squirrel
 c) panda
 d) wallaby

20) ozelot
 a) ocelot
 b) cow
 c) fox
 d) beaver

21) bever
 a) panther
 b) beaver
 c) koala
 d) gazelle

22) maursluker
 a) anteater
 b) ocelot
 c) rabbit
 d) hyena

23) gepard
 a) cheetah
 b) panda
 c) camel
 d) zebra

24) okse
 a) panda
 b) horse
 c) bull
 d) jaguar

#17 - Animals
Select the closest English word to match the Norwegian word.

1) gaselle
 a) deer
 b) gazelle
 c) badger
 d) tiger

2) frosk
 a) camel
 b) wallaby
 c) bear
 d) frog

3) apekatt
 a) monkey
 b) crocodile
 c) tortoise
 d) rabbit

4) bever
 a) donkey
 b) koala
 c) elephant
 d) beaver

5) nesehorn
 a) elephant
 b) panther
 c) ocelot
 d) rhinoceros

6) esel
 a) monkey
 b) cougar
 c) donkey
 d) pup

7) kanin
 a) aardvark
 b) leopard
 c) rabbit
 d) animal

8) dyr
 a) animal
 b) toad
 c) bear
 d) beaver

9) bøffel
 a) animal
 b) buffalo
 c) leopard
 d) cheetah

10) mus
 a) buffalo
 b) mouse
 c) gazelle
 d) bobcat

11) ulv
 a) fox
 b) rat
 c) wolf
 d) bear

12) beltedyr
 a) armadillo
 b) dog
 c) camel
 d) jaguar

13) jaguar
 a) jaguar
 b) deer
 c) buffalo
 d) tiger

14) krokodille
 a) beaver
 b) crocodile
 c) cougar
 d) deer

15) kamel
 a) camel
 b) aardvark
 c) badger
 d) tiger

16) koala
 a) panther
 b) zebra
 c) gazelle
 d) koala

17) valp
 a) zebra
 b) pup
 c) jaguar
 d) badger

18) katt
 a) donkey
 b) tiger
 c) cat
 d) buffalo

19) ku
 a) donkey
 b) koala
 c) cow
 d) toad

20) rev
 a) gazelle
 b) fox
 c) llama
 d) pup

21) hjort
 a) bobcat
 b) tortoise
 c) alligator
 d) deer

22) rødgaupe
 a) koala
 b) bobcat
 c) frog
 d) animal

23) grevling
 a) armadillo
 b) sheep
 c) badger
 d) tortoise

24) maursluker
 a) anteater
 b) donkey
 c) little dog
 d) zebra

#18 - Animals
Select the closest English word to match the Norwegian word.

1) alligator
 a) goat
 b) anteater
 c) alligator
 d) cougar

2) bjørn
 a) camel
 b) cat
 c) bear
 d) deer

3) liten hund
 a) panda
 b) toad
 c) mule
 d) little dog

4) flodhest
 a) hippopotamus
 b) tortoise
 c) squirrel
 d) chipmunk

5) elefant
 a) lion
 b) elephant
 c) chipmunk
 d) wolf

6) bavian
 a) zebra
 b) dog
 c) baboon
 d) rabbit

7) sebra
 a) buffalo
 b) little dog
 c) armadillo
 d) zebra

8) apekatt
 a) jaguar
 b) monkey
 c) tortoise
 d) beaver

9) lam
 a) wolf
 b) lamb
 c) baboon
 d) bear

10) hjort
 a) gazelle
 b) animal
 c) mule
 d) deer

11) jordekorn
 a) snake
 b) chipmunk
 c) elephant
 d) zebra

12) gaselle
 a) camel
 b) cow
 c) pup
 d) gazelle

13) geit
 a) deer
 b) panda
 c) rhinoceros
 d) goat

14) løve
 a) jaguar
 b) lion
 c) alligator
 d) aardvark

15) kanin
 a) rat
 b) squirrel
 c) rabbit
 d) koala

16) landskilpadde
 a) tortoise
 b) mule
 c) little dog
 d) rabbit

17) muldyr
 a) mule
 b) baboon
 c) little dog
 d) panther

18) tiger
 a) toad
 b) giraffe
 c) tiger
 d) rabbit

19) esel
 a) aardvark
 b) donkey
 c) cat
 d) camel

20) hest
 a) horse
 b) cow
 c) koala
 d) beaver

21) mus
 a) jaguar
 b) wolf
 c) rat
 d) mouse

22) sjiraff
 a) mule
 b) giraffe
 c) cat
 d) squirrel

23) kamel
 a) camel
 b) porcupine
 c) bull
 d) zebra

24) beltedyr
 a) elephant
 b) llama
 c) armadillo
 d) bobcat

#19 - Animals
Select the closest English word to match the Norwegian word.

1) bøffel
 a) gazelle
 b) pig
 c) elephant
 d) buffalo

2) maursluker
 a) anteater
 b) hippopotamus
 c) kangaroo
 d) pup

3) bavian
 a) panther
 b) baboon
 c) toad
 d) dog

4) liten hund
 a) aardvark
 b) rat
 c) gazelle
 d) little dog

5) rotte
 a) camel
 b) cow
 c) badger
 d) rat

6) bjørn
 a) bear
 b) wallaby
 c) mule
 d) llama

7) gaupe
 a) toad
 b) lynx
 c) hippopotamus
 d) lamb

8) sebra
 a) zebra
 b) goat
 c) pup
 d) mouse

9) rødgaupe
 a) rhinoceros
 b) bobcat
 c) buffalo
 d) donkey

10) grevling
 a) fox
 b) little dog
 c) snake
 d) badger

11) lama
 a) cat
 b) monkey
 c) llama
 d) dog

12) elefant
 a) koala
 b) elephant
 c) beaver
 d) rhinoceros

13) okse
 a) gorilla
 b) bull
 c) jaguar
 d) goat

14) kamel
 a) aardvark
 b) anteater
 c) crocodile
 d) camel

15) hyene
 a) camel
 b) gorilla
 c) sheep
 d) hyena

16) geit
 a) ocelot
 b) crocodile
 c) goat
 d) sheep

17) slange
 a) donkey
 b) animal
 c) snake
 d) tiger

18) hjort
 a) wolf
 b) deer
 c) sheep
 d) mule

19) krokodille
 a) squirrel
 b) fox
 c) bobcat
 d) crocodile

20) ku
 a) cow
 b) toad
 c) mouse
 d) cat

21) jordsvin
 a) goat
 b) baboon
 c) deer
 d) aardvark

22) valp
 a) badger
 b) gazelle
 c) horse
 d) pup

23) gorilla
 a) gorilla
 b) mouse
 c) fox
 d) zebra

24) panda
 a) baboon
 b) mouse
 c) monkey
 d) panda

#20 - Animals
Select the closest English word to match the Norwegian word.

1) apekatt
 a) monkey
 b) rabbit
 c) crocodile
 d) baboon

2) slange
 a) koala
 b) gazelle
 c) lynx
 d) snake

3) jordsvin
 a) koala
 b) horse
 c) monkey
 d) aardvark

4) katt
 a) tiger
 b) panda
 c) cat
 d) cow

5) beltedyr
 a) armadillo
 b) cheetah
 c) buffalo
 d) tortoise

6) sau
 a) baboon
 b) wolf
 c) sheep
 d) beaver

7) dyr
 a) tortoise
 b) mouse
 c) animal
 d) goat

8) padde
 a) hippopotamus
 b) toad
 c) giraffe
 d) frog

9) grevling
 a) badger
 b) camel
 c) elephant
 d) alligator

10) frosk
 a) frog
 b) mule
 c) squirrel
 d) rabbit

11) panda
 a) koala
 b) panda
 c) rhinoceros
 d) llama

12) nesehorn
 a) hippopotamus
 b) pig
 c) gorilla
 d) rhinoceros

13) gaselle
 a) gazelle
 b) badger
 c) panda
 d) fox

14) krokodille
 a) wolf
 b) gorilla
 c) crocodile
 d) goat

15) ku
 a) gorilla
 b) hippopotamus
 c) cow
 d) anteater

16) bever
 a) hippopotamus
 b) bull
 c) beaver
 d) toad

17) valp
 a) tiger
 b) anteater
 c) wallaby
 d) pup

18) ulv
 a) alligator
 b) kangaroo
 c) lion
 d) wolf

19) jordekorn
 a) panther
 b) tortoise
 c) animal
 d) chipmunk

20) sjiraff
 a) horse
 b) giraffe
 c) gorilla
 d) ocelot

21) flodhest
 a) snake
 b) hippopotamus
 c) anteater
 d) mouse

22) gepard
 a) cheetah
 b) leopard
 c) deer
 d) monkey

23) ozelot
 a) monkey
 b) horse
 c) ocelot
 d) lion

24) kanin
 a) rabbit
 b) panther
 c) mouse
 d) donkey

#21 - Animals
Select the closest English word to match the Norwegian word.

1) jordpinnsvin
 a) goat
 b) porcupine
 c) llama
 d) kangaroo

2) alligator
 a) gorilla
 b) dog
 c) pig
 d) alligator

3) hest
 a) rabbit
 b) hyena
 c) beaver
 d) horse

4) valp
 a) pup
 b) little dog
 c) giraffe
 d) lamb

5) puma
 a) rhinoceros
 b) bull
 c) koala
 d) cougar

6) sebra
 a) gorilla
 b) giraffe
 c) cat
 d) zebra

7) katt
 a) koala
 b) goat
 c) lamb
 d) cat

8) bever
 a) dog
 b) horse
 c) badger
 d) beaver

9) jordsvin
 a) aardvark
 b) armadillo
 c) kangaroo
 d) leopard

10) panda
 a) dog
 b) wolf
 c) panda
 d) buffalo

11) rødgaupe
 a) alligator
 b) aardvark
 c) bobcat
 d) frog

12) lama
 a) camel
 b) llama
 c) wallaby
 d) hippopotamus

13) maursluker
 a) koala
 b) bear
 c) anteater
 d) llama

14) kanin
 a) gazelle
 b) horse
 c) rabbit
 d) llama

15) beltedyr
 a) armadillo
 b) gazelle
 c) anteater
 d) rabbit

16) kamel
 a) porcupine
 b) camel
 c) kangaroo
 d) animal

17) gepard
 a) cheetah
 b) wolf
 c) squirrel
 d) camel

18) landskilpadde
 a) wallaby
 b) rabbit
 c) lynx
 d) tortoise

19) rotte
 a) rat
 b) sheep
 c) kangaroo
 d) jaguar

20) muldyr
 a) gorilla
 b) frog
 c) zebra
 d) mule

21) okse
 a) bull
 b) rat
 c) badger
 d) rabbit

22) lam
 a) fox
 b) lamb
 c) monkey
 d) wolf

23) bøffel
 a) hippopotamus
 b) buffalo
 c) pup
 d) porcupine

24) hund
 a) mule
 b) badger
 c) dog
 d) snake

#22 - Animals
Select the closest English word to match the Norwegian word.

1) panter
 a) tiger
 b) panther
 c) pup
 d) gorilla

2) gaselle
 a) goat
 b) gazelle
 c) alligator
 d) porcupine

3) jordpinnsvin
 a) elephant
 b) porcupine
 c) toad
 d) panda

4) ku
 a) lamb
 b) cow
 c) gorilla
 d) fox

5) leopard
 a) mule
 b) leopard
 c) tortoise
 d) kangaroo

6) geit
 a) camel
 b) bobcat
 c) goat
 d) ocelot

7) alligator
 a) wallaby
 b) alligator
 c) squirrel
 d) animal

8) sjiraff
 a) bull
 b) elephant
 c) giraffe
 d) gorilla

9) hest
 a) horse
 b) rhinoceros
 c) rabbit
 d) animal

10) sebra
 a) zebra
 b) cougar
 c) anteater
 d) panther

11) wallaby
 a) lion
 b) tortoise
 c) sheep
 d) wallaby

12) frosk
 a) rat
 b) frog
 c) bobcat
 d) wallaby

13) hyene
 a) gorilla
 b) buffalo
 c) jaguar
 d) hyena

14) hund
 a) wallaby
 b) crocodile
 c) dog
 d) buffalo

15) kanin
 a) porcupine
 b) rabbit
 c) gorilla
 d) gazelle

16) flodhest
 a) hippopotamus
 b) hyena
 c) badger
 d) alligator

17) katt
 a) cat
 b) sheep
 c) baboon
 d) goat

18) bøffel
 a) dog
 b) buffalo
 c) cat
 d) bull

19) lama
 a) rhinoceros
 b) armadillo
 c) llama
 d) fox

20) landskilpadde
 a) goat
 b) tortoise
 c) sheep
 d) rabbit

21) jordsvin
 a) aardvark
 b) cat
 c) llama
 d) buffalo

22) valp
 a) pup
 b) panda
 c) bear
 d) goat

23) beltedyr
 a) armadillo
 b) toad
 c) rhinoceros
 d) horse

24) bever
 a) armadillo
 b) horse
 c) hippopotamus
 d) beaver

#23 - Animals
Select the closest English word to match the Norwegian word.

1) esel
 a) anteater
 b) crocodile
 c) donkey
 d) dog

2) jaguar
 a) gorilla
 b) pup
 c) dog
 d) jaguar

3) bjørn
 a) dog
 b) ocelot
 c) bear
 d) animal

4) panda
 a) panda
 b) ocelot
 c) donkey
 d) beaver

5) katt
 a) sheep
 b) cat
 c) anteater
 d) donkey

6) tiger
 a) rhinoceros
 b) donkey
 c) tiger
 d) sheep

7) flodhest
 a) lynx
 b) hippopotamus
 c) beaver
 d) leopard

8) gepard
 a) dog
 b) llama
 c) cheetah
 d) chipmunk

9) mus
 a) mouse
 b) monkey
 c) cheetah
 d) leopard

10) rotte
 a) squirrel
 b) rat
 c) pig
 d) hippopotamus

11) hund
 a) cow
 b) dog
 c) lynx
 d) crocodile

12) panter
 a) anteater
 b) panther
 c) buffalo
 d) mouse

13) ulv
 a) wolf
 b) koala
 c) zebra
 d) lamb

14) bever
 a) tortoise
 b) toad
 c) beaver
 d) lynx

15) hjort
 a) hyena
 b) beaver
 c) fox
 d) deer

16) maursluker
 a) anteater
 b) rabbit
 c) leopard
 d) donkey

17) sebra
 a) lion
 b) mule
 c) zebra
 d) ocelot

18) sjiraff
 a) giraffe
 b) mule
 c) beaver
 d) animal

19) hyene
 a) frog
 b) hyena
 c) sheep
 d) cow

20) kanin
 a) beaver
 b) rabbit
 c) crocodile
 d) giraffe

21) okse
 a) panda
 b) bull
 c) jaguar
 d) animal

22) dyr
 a) toad
 b) little dog
 c) animal
 d) kangaroo

23) koala
 a) bull
 b) mouse
 c) lion
 d) koala

24) jordpinnsvin
 a) porcupine
 b) cougar
 c) lion
 d) leopard

#24 - Animals
Select the closest Norwegian word to match the English word.

1) gorilla
 a) gorilla
 b) ulv
 c) sau
 d) mus

2) wallaby
 a) wallaby
 b) geit
 c) slange
 d) panter

3) jaguar
 a) bever
 b) kanin
 c) jaguar
 d) hyene

4) chipmunk
 a) dyr
 b) gorilla
 c) lama
 d) jordekorn

5) animal
 a) hund
 b) jordsvin
 c) dyr
 d) gris

6) panda
 a) geit
 b) katt
 c) panda
 d) ulv

7) bobcat
 a) tiger
 b) leopard
 c) rødgaupe
 d) sau

8) anteater
 a) maursluker
 b) katt
 c) bjørn
 d) elefant

9) tiger
 a) rødgaupe
 b) wallaby
 c) jaguar
 d) tiger

10) armadillo
 a) kamel
 b) jordekorn
 c) hyene
 d) beltedyr

11) porcupine
 a) jordpinnsvin
 b) valp
 c) jordekorn
 d) apekatt

12) rabbit
 a) ku
 b) sau
 c) padde
 d) kanin

13) donkey
 a) esel
 b) muldyr
 c) beltedyr
 d) sau

14) lamb
 a) ozelot
 b) lam
 c) ku
 d) gaselle

15) aardvark
 a) maursluker
 b) alligator
 c) rødgaupe
 d) jordsvin

16) lynx
 a) esel
 b) muldyr
 c) gaupe
 d) leopard

17) sheep
 a) sau
 b) bøffel
 c) bjørn
 d) gorilla

18) mouse
 a) valp
 b) bjørn
 c) mus
 d) koala

19) cat
 a) bever
 b) puma
 c) katt
 d) maursluker

20) alligator
 a) maursluker
 b) alligator
 c) ekorn
 d) hyene

21) tortoise
 a) bever
 b) landskilpadde
 c) kenguru
 d) mus

22) giraffe
 a) gaselle
 b) sjiraff
 c) hest
 d) katt

23) camel
 a) kamel
 b) panda
 c) jordekorn
 d) gris

24) rhinoceros
 a) jaguar
 b) nesehorn
 c) slange
 d) beltedyr

#25 - Animals
Select the closest Norwegian word to match the English word.

1) leopard
   a) rødgaupe
   b) ekorn
   c) leopard
   d) jordpinnsvin

2) tiger
   a) puma
   b) nesehorn
   c) sebra
   d) tiger

3) koala
   a) koala
   b) jaguar
   c) lam
   d) bavian

4) animal
   a) grevling
   b) dyr
   c) lama
   d) mus

5) hyena
   a) hyene
   b) bøffel
   c) løve
   d) kanin

6) tortoise
   a) gris
   b) landskilpadde
   c) frosk
   d) wallaby

7) rabbit
   a) kanin
   b) leopard
   c) alligator
   d) jordekorn

8) crocodile
   a) sjiraff
   b) hund
   c) puma
   d) krokodille

9) bull
   a) geit
   b) jordpinnsvin
   c) lam
   d) okse

10) porcupine
   a) krokodille
   b) jordpinnsvin
   c) apekatt
   d) tiger

11) mule
   a) gris
   b) rødgaupe
   c) hest
   d) muldyr

12) little dog
   a) okse
   b) liten hund
   c) hyene
   d) dyr

13) toad
   a) kamel
   b) alligator
   c) jordekorn
   d) padde

14) goat
   a) apekatt
   b) gaupe
   c) geit
   d) valp

15) gazelle
   a) landskilpadde
   b) panter
   c) ku
   d) gaselle

16) lynx
   a) ekorn
   b) kanin
   c) gaupe
   d) gorilla

17) pup
   a) jordpinnsvin
   b) padde
   c) rødgaupe
   d) valp

18) cat
   a) katt
   b) rødgaupe
   c) slange
   d) jordpinnsvin

19) panther
   a) panter
   b) gris
   c) jordsvin
   d) kamel

20) hippopotamus
   a) flodhest
   b) sebra
   c) apekatt
   d) landskilpadde

21) aardvark
   a) jordsvin
   b) grevling
   c) leopard
   d) kamel

22) mouse
   a) mus
   b) wallaby
   c) panda
   d) bavian

23) horse
   a) hest
   b) krokodille
   c) beltedyr
   d) sebra

24) gorilla
   a) gaupe
   b) maursluker
   c) krokodille
   d) gorilla

#26 - Animals
Select the closest Norwegian word to match the English word.

1) bear
 a) nesehorn
 b) ekorn
 c) bjørn
 d) jordpinnsvin

2) beaver
 a) kanin
 b) muldyr
 c) jordpinnsvin
 d) bever

3) kangaroo
 a) kenguru
 b) ku
 c) grevling
 d) panter

4) lion
 a) jordsvin
 b) løve
 c) puma
 d) tiger

5) llama
 a) hest
 b) lama
 c) jordsvin
 d) ozelot

6) donkey
 a) gorilla
 b) jordsvin
 c) esel
 d) krokodille

7) armadillo
 a) esel
 b) beltedyr
 c) jordpinnsvin
 d) landskilpadde

8) fox
 a) valp
 b) lam
 c) muldyr
 d) rev

9) elephant
 a) elefant
 b) jaguar
 c) leopard
 d) esel

10) alligator
 a) katt
 b) tiger
 c) kenguru
 d) alligator

11) giraffe
 a) sjiraff
 b) bøffel
 c) jaguar
 d) bever

12) porcupine
 a) gaupe
 b) hest
 c) jordpinnsvin
 d) rev

13) squirrel
 a) gaselle
 b) hyene
 c) ekorn
 d) elefant

14) animal
 a) hyene
 b) dyr
 c) hest
 d) ku

15) lamb
 a) bavian
 b) maursluker
 c) sau
 d) lam

16) mouse
 a) mus
 b) jordsvin
 c) elefant
 d) sebra

17) hyena
 a) hyene
 b) rotte
 c) ulv
 d) esel

18) koala
 a) ku
 b) krokodille
 c) bøffel
 d) koala

19) hippopotamus
 a) bjørn
 b) koala
 c) flodhest
 d) liten hund

20) frog
 a) frosk
 b) slange
 c) jaguar
 d) wallaby

21) camel
 a) puma
 b) nesehorn
 c) kamel
 d) mus

22) snake
 a) rev
 b) kamel
 c) panter
 d) slange

23) cow
 a) løve
 b) jordekorn
 c) bever
 d) ku

24) panda
 a) jordsvin
 b) alligator
 c) bjørn
 d) panda

#27 - Animals
Select the closest Norwegian word to match the English word.

1) buffalo
 a) løve
 b) bøffel
 c) kamel
 d) wallaby

2) llama
 a) tiger
 b) geit
 c) lama
 d) gepard

3) chipmunk
 a) ozelot
 b) valp
 c) bjørn
 d) jordekorn

4) animal
 a) dyr
 b) panter
 c) sebra
 d) bever

5) baboon
 a) hund
 b) bavian
 c) leopard
 d) okse

6) donkey
 a) esel
 b) ekorn
 c) jordsvin
 d) muldyr

7) hippopotamus
 a) flodhest
 b) slange
 c) hjort
 d) bavian

8) mule
 a) alligator
 b) muldyr
 c) padde
 d) sebra

9) goat
 a) mus
 b) hest
 c) katt
 d) geit

10) toad
 a) gaselle
 b) flodhest
 c) lama
 d) padde

11) kangaroo
 a) rotte
 b) kenguru
 c) katt
 d) valp

12) gorilla
 a) beltedyr
 b) muldyr
 c) hyene
 d) gorilla

13) leopard
 a) katt
 b) ozelot
 c) jaguar
 d) leopard

14) tiger
 a) tiger
 b) hjort
 c) elefant
 d) landskilpadde

15) porcupine
 a) rev
 b) jordpinnsvin
 c) lama
 d) koala

16) pig
 a) gris
 b) sau
 c) hund
 d) hjort

17) aardvark
 a) nesehorn
 b) rev
 c) jordsvin
 d) lam

18) snake
 a) ulv
 b) slange
 c) elefant
 d) panda

19) tortoise
 a) landskilpadde
 b) jordpinnsvin
 c) bøffel
 d) liten hund

20) armadillo
 a) kamel
 b) beltedyr
 c) jordekorn
 d) rotte

21) wallaby
 a) frosk
 b) wallaby
 c) leopard
 d) apekatt

22) sheep
 a) panda
 b) sau
 c) padde
 d) grevling

23) panther
 a) panter
 b) leopard
 c) ulv
 d) landskilpadde

24) badger
 a) geit
 b) grevling
 c) wallaby
 d) panter

#28 - Animals
Select the closest Norwegian word to match the English word.

1) snake
 a) slange
 b) padde
 c) alligator
 d) kenguru

2) beaver
 a) bøffel
 b) rev
 c) rotte
 d) bever

3) badger
 a) frosk
 b) grevling
 c) gorilla
 d) panda

4) horse
 a) dyr
 b) hest
 c) beltedyr
 d) bjørn

5) cow
 a) krokodille
 b) ku
 c) sjiraff
 d) jordekorn

6) leopard
 a) esel
 b) tiger
 c) rødgaupe
 d) leopard

7) hyena
 a) wallaby
 b) sjiraff
 c) hyene
 d) padde

8) chipmunk
 a) lama
 b) jordekorn
 c) kanin
 d) sau

9) deer
 a) ekorn
 b) valp
 c) jordsvin
 d) hjort

10) animal
 a) dyr
 b) lama
 c) krokodille
 d) alligator

11) goat
 a) kanin
 b) geit
 c) hest
 d) ku

12) tortoise
 a) kanin
 b) flodhest
 c) landskilpadde
 d) geit

13) lynx
 a) grevling
 b) hest
 c) gaupe
 d) elefant

14) aardvark
 a) dyr
 b) gaselle
 c) jordsvin
 d) flodhest

15) elephant
 a) panda
 b) panter
 c) bavian
 d) elefant

16) rhinoceros
 a) puma
 b) maursluker
 c) nesehorn
 d) hyene

17) cougar
 a) rotte
 b) puma
 c) mus
 d) bjørn

18) porcupine
 a) jaguar
 b) padde
 c) jordpinnsvin
 d) krokodille

19) monkey
 a) maursluker
 b) padde
 c) kanin
 d) apekatt

20) lion
 a) leopard
 b) okse
 c) apekatt
 d) løve

21) dog
 a) sebra
 b) hund
 c) liten hund
 d) gepard

22) toad
 a) dyr
 b) padde
 c) ulv
 d) frosk

23) koala
 a) landskilpadde
 b) puma
 c) geit
 d) koala

24) lamb
 a) puma
 b) lam
 c) hest
 d) løve

#29 - Animals
Select the closest Norwegian word to match the English word.

1) kangaroo
 a) rødgaupe
 b) esel
 c) kanin
 d) kenguru

2) rhinoceros
 a) padde
 b) ulv
 c) lama
 d) nesehorn

3) deer
 a) bever
 b) hjort
 c) ozelot
 d) beltedyr

4) zebra
 a) landskilpadde
 b) slange
 c) geit
 d) sebra

5) bull
 a) okse
 b) flodhest
 c) geit
 d) bever

6) tortoise
 a) sau
 b) flodhest
 c) landskilpadde
 d) hjort

7) alligator
 a) gaupe
 b) alligator
 c) muldyr
 d) puma

8) beaver
 a) leopard
 b) hyene
 c) sebra
 d) bever

9) cow
 a) bavian
 b) okse
 c) bøffel
 d) ku

10) rat
 a) hest
 b) rotte
 c) flodhest
 d) jordekorn

11) camel
 a) gorilla
 b) tiger
 c) kamel
 d) liten hund

12) wallaby
 a) rødgaupe
 b) wallaby
 c) frosk
 d) muldyr

13) sheep
 a) sau
 b) rev
 c) hyene
 d) muldyr

14) buffalo
 a) bøffel
 b) grevling
 c) slange
 d) løve

15) frog
 a) frosk
 b) landskilpadde
 c) ozelot
 d) leopard

16) fox
 a) sjiraff
 b) rev
 c) ulv
 d) krokodille

17) porcupine
 a) jordpinnsvin
 b) dyr
 c) muldyr
 d) bever

18) mouse
 a) hyene
 b) jaguar
 c) mus
 d) bever

19) little dog
 a) leopard
 b) ulv
 c) løve
 d) liten hund

20) koala
 a) rotte
 b) bavian
 c) jordsvin
 d) koala

21) hyena
 a) hyene
 b) lam
 c) dyr
 d) nesehorn

22) bear
 a) bjørn
 b) kenguru
 c) sau
 d) lam

23) donkey
 a) ulv
 b) esel
 c) lama
 d) bavian

24) bobcat
 a) løve
 b) panda
 c) valp
 d) rødgaupe

#30 - Animals
Select the closest Norwegian word to match the English word.

1) rabbit
a) kanin
b) rødgaupe
c) hjort
d) bever

2) pup
a) kanin
b) maursluker
c) rev
d) valp

3) rat
a) beltedyr
b) wallaby
c) rotte
d) mus

4) little dog
a) hest
b) liten hund
c) muldyr
d) bever

5) cougar
a) elefant
b) bever
c) puma
d) ku

6) bear
a) sebra
b) gaselle
c) bjørn
d) gaupe

7) tortoise
a) jordsvin
b) panda
c) grevling
d) landskilpadde

8) porcupine
a) gaselle
b) elefant
c) jordpinnsvin
d) lama

9) ocelot
a) hjort
b) ozelot
c) alligator
d) bavian

10) lamb
a) lam
b) jordsvin
c) krokodille
d) dyr

11) bull
a) ozelot
b) sau
c) okse
d) gaupe

12) badger
a) rødgaupe
b) ku
c) grevling
d) esel

13) bobcat
a) wallaby
b) bavian
c) rødgaupe
d) panda

14) fox
a) kenguru
b) valp
c) panda
d) rev

15) panda
a) jaguar
b) panda
c) krokodille
d) koala

16) kangaroo
a) kenguru
b) bever
c) katt
d) okse

17) cat
a) frosk
b) krokodille
c) sau
d) katt

18) gorilla
a) kamel
b) gris
c) gorilla
d) bavian

19) wolf
a) rev
b) hest
c) ku
d) ulv

20) zebra
a) jordekorn
b) rotte
c) sebra
d) sjiraff

21) donkey
a) grevling
b) landskilpadde
c) esel
d) puma

22) cheetah
a) sau
b) krokodille
c) gepard
d) padde

23) sheep
a) muldyr
b) ozelot
c) ulv
d) sau

24) hippopotamus
a) panda
b) flodhest
c) bøffel
d) hest

#31 - Around the House
Select the closest English word to match the Norwegian word.

1) vann
a) water
b) chair
c) bag
d) bottle

2) dusj
a) key
b) door
c) plate
d) shower

3) dør
a) drinking glass
b) bath (tub)
c) door
d) painting

4) tak
a) image
b) ceiling
c) drinking glass
d) dishwasher

5) hylle
a) bath (tub)
b) hoover
c) telephone
d) shelf

6) såpe
a) soap
b) staircase
c) washing machine
d) house

7) kaffekanne
a) carpet
b) television
c) ashtray
d) coffee pot

8) speil
a) mirror
b) wall
c) torch
d) drawer

9) kjøleskap
a) refrigerator
b) cabinet
c) ceiling
d) washing machine

10) nøkkel
a) alarm clock
b) switch
c) key
d) fork

11) tallerken
a) switch
b) water
c) alarm clock
d) plate

12) søppelbøtte
a) rubbish can
b) table
c) carpet
d) drawer

13) bord
a) cabinet
b) table
c) couch
d) dishwasher

14) vannkjele
a) washing machine
b) kettle
c) wardrobe
d) water

15) badekar
a) bath (tub)
b) refrigerator
c) wallet
d) toaster

16) etasje
a) floor
b) fork
c) dish
d) bookcase

17) lampe
a) lamp
b) knife
c) television
d) tap

18) kopp
a) image
b) cup
c) sleeping bag
d) plate

19) garderobeskap
a) house
b) key
c) switch
d) wardrobe

20) sofa
a) ashtray
b) couch
c) switch
d) pot

21) kasserolle
a) pot
b) refrigerator
c) telephone
d) knife

22) tørketrommel
a) shelf
b) dishwasher
c) drier
d) bottle

23) drikkeglass
a) rubbish bag
b) cup
c) furniture
d) drinking glass

24) askebeger
a) shower
b) drawer
c) alarm clock
d) ashtray

#32 - Around the House
Select the closest English word to match the Norwegian word.

1) bokhylle
 a) sheet
 b) table
 c) bookcase
 d) frying pan

2) Skap
 a) bath (tub)
 b) cabinet
 c) washing machine
 d) bookcase

3) laken
 a) sheet
 b) door
 c) kitchen sink
 d) drier

4) køye
 a) cot
 b) television
 c) torch
 d) mirror

5) maleri
 a) television
 b) painting
 c) wardrobe
 d) shower

6) tørketrommel
 a) radio
 b) curtain
 c) drier
 d) refrigerator

7) speil
 a) clock
 b) cabinet
 c) mirror
 d) cup

8) kopp
 a) pail
 b) drinking glass
 c) drawer
 d) cup

9) telefon
 a) freezer
 b) drawer
 c) mirror
 d) telephone

10) teppe
 a) sheet
 b) carpet
 c) ashtray
 d) radio

11) kjøkken
 a) curtain
 b) kitchen sink
 c) kitchen
 d) radio

12) fat
 a) ashtray
 b) pot
 c) dish
 d) cup

13) lommelykt
 a) torch
 b) hoover
 c) kitchen
 d) wardrobe

14) dør
 a) tap
 b) door
 c) rubbish can
 d) dish

15) hus
 a) washing machine
 b) house
 c) refrigerator
 d) wall

16) TV
 a) television
 b) rubbish bag
 c) dresser
 d) fork

17) radio
 a) fork
 b) rubbish bag
 c) door
 d) radio

18) stol
 a) rubbish bag
 b) glass
 c) chair
 d) box

19) gaffel
 a) pail
 b) table
 c) fork
 d) alarm clock

20) lampe
 a) sleeping bag
 b) telephone
 c) radio
 d) lamp

21) mikser
 a) drawer
 b) mixer
 c) kitchen sink
 d) drier

22) fryser
 a) shower
 b) freezer
 c) furniture
 d) soap

23) askebeger
 a) pillow
 b) dish
 c) painting
 d) ashtray

24) flaske
 a) floor
 b) bottle
 c) staircase
 d) carpet

#33 - Around the House
Select the closest English word to match the Norwegian word.

1) støvsuger
 a) cup
 b) hoover
 c) couch
 d) bookcase

2) speil
 a) door
 b) carpet
 c) torch
 d) mirror

3) vaskemaskin
 a) kitchen
 b) furniture
 c) shower
 d) washing machine

4) brødrister
 a) clock
 b) wardrobe
 c) handbag
 d) toaster

5) glass
 a) mixer
 b) bottle
 c) coffee pot
 d) glass

6) hylle
 a) shelf
 b) bookcase
 c) image
 d) water

7) vann
 a) water
 b) telephone
 c) floor
 d) cabinet

8) lommebok
 a) bag
 b) key
 c) floor
 d) wallet

9) kjøkken
 a) kitchen
 b) rubbish can
 c) curtain
 d) carpet

10) vannkjele
 a) dresser
 b) kitchen sink
 c) stove
 d) kettle

11) trapp
 a) staircase
 b) coffee pot
 c) rubbish can
 d) alarm clock

12) dusj
 a) shower
 b) bath (tub)
 c) ashtray
 d) kitchen

13) fryser
 a) freezer
 b) spoon
 c) dishwasher
 d) mixer

14) bilde
 a) image
 b) table
 c) wall
 d) mirror

15) kran
 a) tap
 b) clock
 c) wardrobe
 d) kitchen

16) sovepose
 a) shelf
 b) fork
 c) rubbish can
 d) sleeping bag

17) miksmaster
 a) broom
 b) sheet
 c) wall
 d) blender

18) etasje
 a) shower curtain
 b) plate
 c) floor
 d) drawer

19) bryter
 a) dish
 b) toaster
 c) sleeping bag
 d) switch

20) oppvaskmaskin
 a) dishwasher
 b) broom
 c) glass
 d) bag

21) håndveske
 a) bag
 b) table
 c) dresser
 d) handbag

22) laken
 a) frying pan
 b) soap
 c) sheet
 d) pail

23) kaffekanne
 a) couch
 b) coffee pot
 c) kitchen sink
 d) house

24) flaske
 a) bath (tub)
 b) key
 c) bottle
 d) pail

#34 - Around the House

Select the closest English word to match the Norwegian word.

1) radio
 a) vase
 b) stove
 c) mixer
 d) radio

2) skuff
 a) bed
 b) drawer
 c) rubbish can
 d) telephone

3) tallerken
 a) torch
 b) plate
 c) spoon
 d) kitchen sink

4) sovepose
 a) torch
 b) sleeping bag
 c) key
 d) staircase

5) bolle
 a) spoon
 b) kettle
 c) refrigerator
 d) bowl

6) kopp
 a) hoover
 b) cup
 c) freezer
 d) pot

7) vannkjele
 a) table
 b) kettle
 c) staircase
 d) knife

8) skje
 a) drier
 b) ceiling
 c) washing machine
 d) spoon

9) bilde
 a) rubbish bag
 b) image
 c) spoon
 d) dish

10) veske
 a) drinking glass
 b) hoover
 c) floor
 d) bag

11) boks
 a) washing machine
 b) box
 c) glass
 d) telephone

12) vase
 a) stove
 b) ceiling
 c) vase
 d) soap

13) bord
 a) couch
 b) vase
 c) sheet
 d) table

14) lommelykt
 a) chair
 b) torch
 c) plate
 d) cup

15) kost
 a) chair
 b) pot
 c) broom
 d) vase

16) glass
 a) staircase
 b) kitchen sink
 c) glass
 d) shower curtain

17) klokke
 a) lamp
 b) pillow
 c) clock
 d) sleeping bag

18) brødrister
 a) fork
 b) bed
 c) toaster
 d) table

19) bokhylle
 a) plate
 b) carpet
 c) bookcase
 d) house

20) flaske
 a) image
 b) bottle
 c) pail
 d) wall

21) Skap
 a) telephone
 b) door
 c) cabinet
 d) bag

22) hus
 a) sheet
 b) alarm clock
 c) table
 d) house

23) håndveske
 a) handbag
 b) lamp
 c) stove
 d) shower

24) stol
 a) chair
 b) stove
 c) drinking glass
 d) shower

#35 - Around the House
Select the closest English word to match the Norwegian word.

1) **askebeger**
   a) water
   b) spoon
   c) ashtray
   d) painting

2) **bord**
   a) wallet
   b) broom
   c) table
   d) wall

3) **vannkjele**
   a) blender
   b) kettle
   c) painting
   d) napkin

4) **gaffel**
   a) pail
   b) fork
   c) pot
   d) kettle

5) **dør**
   a) couch
   b) knife
   c) door
   d) bed

6) **garderobeskap**
   a) mixer
   b) television
   c) coffee pot
   d) wardrobe

7) **skje**
   a) hoover
   b) spoon
   c) refrigerator
   d) soap

8) **kjøleskap**
   a) cot
   b) ceiling
   c) refrigerator
   d) bag

9) **nøkkel**
   a) curtain
   b) freezer
   c) pillow
   d) key

10) **kaffekanne**
    a) plate
    b) coffee pot
    c) drawer
    d) sheet

11) **dusj**
    a) image
    b) dish
    c) shower
    d) toaster

12) **seng**
    a) staircase
    b) bed
    c) television
    d) cabinet

13) **flaske**
    a) drinking glass
    b) bottle
    c) telephone
    d) staircase

14) **dusjforheng**
    a) switch
    b) alarm clock
    c) vase
    d) shower curtain

15) **drikkeglass**
    a) bowl
    b) mirror
    c) drinking glass
    d) image

16) **Vekkerklokke**
    a) freezer
    b) dresser
    c) alarm clock
    d) vase

17) **vegg**
    a) plate
    b) wall
    c) bowl
    d) drinking glass

18) **teppe**
    a) wall
    b) carpet
    c) refrigerator
    d) kitchen

19) **såpe**
    a) coffee pot
    b) hoover
    c) drawer
    d) soap

20) **møbler**
    a) pail
    b) floor
    c) coffee pot
    d) furniture

21) **skuff**
    a) drawer
    b) cup
    c) blender
    d) floor

22) **speil**
    a) spoon
    b) mirror
    c) pot
    d) frying pan

23) **bryter**
    a) shower
    b) dishwasher
    c) bed
    d) switch

24) **Skap**
    a) mirror
    b) frying pan
    c) cabinet
    d) clock

#36 - Around the House
Select the closest English word to match the Norwegian word.

1) nøkkel
 a) kettle
 b) cot
 c) key
 d) painting

2) veske
 a) television
 b) bag
 c) image
 d) drier

3) såpe
 a) kitchen sink
 b) wallet
 c) drier
 d) soap

4) fat
 a) dish
 b) house
 c) soap
 d) radio

5) serviett
 a) kettle
 b) napkin
 c) furniture
 d) kitchen sink

6) speil
 a) knife
 b) cup
 c) mirror
 d) toaster

7) fryser
 a) freezer
 b) carpet
 c) staircase
 d) rubbish can

8) glass
 a) table
 b) drinking glass
 c) painting
 d) glass

9) vannkjele
 a) hoover
 b) kettle
 c) floor
 d) furniture

10) spann
 a) cabinet
 b) bowl
 c) pail
 d) fork

11) tallerken
 a) painting
 b) rubbish bag
 c) wall
 d) plate

12) bilde
 a) rubbish bag
 b) sleeping bag
 c) image
 d) couch

13) lommebok
 a) pail
 b) dishwasher
 c) wallet
 d) curtain

14) kopp
 a) shower curtain
 b) cup
 c) glass
 d) coffee pot

15) brødrister
 a) chair
 b) key
 c) cot
 d) toaster

16) bord
 a) kitchen sink
 b) kitchen
 c) table
 d) pot

17) hylle
 a) curtain
 b) cot
 c) kitchen
 d) shelf

18) TV
 a) television
 b) staircase
 c) tap
 d) shelf

19) boks
 a) image
 b) box
 c) stove
 d) handbag

20) vann
 a) water
 b) kitchen sink
 c) floor
 d) shower curtain

21) drikkeglass
 a) wallet
 b) drinking glass
 c) chair
 d) ceiling

22) støvsuger
 a) table
 b) dish
 c) hoover
 d) shower

23) skuff
 a) drawer
 b) fork
 c) bookcase
 d) image

24) lommelykt
 a) bowl
 b) radio
 c) sheet
 d) torch

#37 - Around the House
Select the closest English word to match the Norwegian word.

1) veske
 a) ashtray
 b) torch
 c) bag
 d) water

2) bord
 a) clock
 b) table
 c) drawer
 d) dishwasher

3) kjøkken
 a) bed
 b) kitchen
 c) refrigerator
 d) key

4) hus
 a) broom
 b) house
 c) mixer
 d) hoover

5) brødrister
 a) glass
 b) toaster
 c) plate
 d) drinking glass

6) nøkkel
 a) pot
 b) plate
 c) hoover
 d) key

7) askebeger
 a) ashtray
 b) water
 c) tap
 d) wallet

8) køye
 a) cot
 b) dishwasher
 c) spoon
 d) knife

9) vase
 a) vase
 b) curtain
 c) cabinet
 d) bag

10) radio
 a) tap
 b) shelf
 c) radio
 d) stove

11) kommode
 a) dresser
 b) kettle
 c) hoover
 d) door

12) lommelykt
 a) bowl
 b) torch
 c) blender
 d) handbag

13) etasje
 a) floor
 b) wallet
 c) spoon
 d) carpet

14) håndveske
 a) toaster
 b) house
 c) handbag
 d) drinking glass

15) kasserolle
 a) dresser
 b) spoon
 c) pot
 d) rubbish bag

16) komfyr
 a) mixer
 b) stove
 c) bath (tub)
 d) pot

17) maleri
 a) painting
 b) kettle
 c) image
 d) fork

18) telefon
 a) drinking glass
 b) telephone
 c) television
 d) alarm clock

19) klokke
 a) pot
 b) clock
 c) hoover
 d) ashtray

20) fat
 a) wall
 b) tap
 c) bottle
 d) dish

21) møbler
 a) pillow
 b) pot
 c) furniture
 d) drier

22) skje
 a) spoon
 b) bed
 c) drier
 d) rubbish can

23) kran
 a) tap
 b) mirror
 c) bath (tub)
 d) shower curtain

24) garderobeskap
 a) dresser
 b) dish
 c) wardrobe
 d) bottle

#38 - Around the House

Select the closest English word to match the Norwegian word.

1) miksmaster
 a) drinking glass
 b) blender
 c) image
 d) kitchen

2) dusj
 a) clock
 b) mirror
 c) curtain
 d) shower

3) serviett
 a) wallet
 b) napkin
 c) rubbish bag
 d) bag

4) lommelykt
 a) handbag
 b) washing machine
 c) chair
 d) torch

5) mikser
 a) rubbish bag
 b) mixer
 c) bag
 d) dish

6) vannkjele
 a) kettle
 b) fork
 c) washing machine
 d) rubbish can

7) telefon
 a) door
 b) washing machine
 c) telephone
 d) stove

8) stekepanne
 a) wardrobe
 b) frying pan
 c) telephone
 d) box

9) Skap
 a) broom
 b) alarm clock
 c) floor
 d) cabinet

10) vann
 a) kitchen
 b) bowl
 c) shower curtain
 d) water

11) håndveske
 a) cabinet
 b) lamp
 c) sleeping bag
 d) handbag

12) tørketrommel
 a) dish
 b) torch
 c) drier
 d) rubbish bag

13) kommode
 a) washing machine
 b) furniture
 c) dresser
 d) wall

14) stol
 a) washing machine
 b) door
 c) chair
 d) switch

15) fryser
 a) cup
 b) handbag
 c) freezer
 d) carpet

16) hylle
 a) painting
 b) shelf
 c) dresser
 d) chair

17) vegg
 a) wall
 b) wallet
 c) furniture
 d) chair

18) speil
 a) sleeping bag
 b) blender
 c) mirror
 d) rubbish can

19) pute
 a) pillow
 b) sheet
 c) ceiling
 d) bath (tub)

20) kniv
 a) knife
 b) ashtray
 c) refrigerator
 d) tap

21) gardin
 a) door
 b) stove
 c) mixer
 d) curtain

22) nøkkel
 a) toaster
 b) bath (tub)
 c) key
 d) carpet

23) Vekkerklokke
 a) key
 b) dish
 c) bottle
 d) alarm clock

24) brødrister
 a) mirror
 b) dish
 c) toaster
 d) frying pan

#39 - Around the House
Select the closest Norwegian word to match the English word.

1) mixer
a) mikser
b) teppe
c) Skap
d) seng

2) switch
a) bryter
b) søppelsekk
c) bolle
d) brødrister

3) vase
a) serviett
b) vase
c) TV
d) søppelbøtte

4) television
a) skje
b) glass
c) gaffel
d) TV

5) carpet
a) gardin
b) Skap
c) mikser
d) teppe

6) painting
a) hus
b) telefon
c) maleri
d) tørketrommel

7) sheet
a) kaffekanne
b) vegg
c) søppelbøtte
d) laken

8) spoon
a) bolle
b) teppe
c) skje
d) oppvaskmaskin

9) freezer
a) fryser
b) hus
c) trapp
d) skuff

10) fork
a) kjøkken
b) søppelsekk
c) gaffel
d) speil

11) kettle
a) badekar
b) tallerken
c) drikkeglass
d) vannkjele

12) alarm clock
a) garderobeskap
b) vaskemaskin
c) Vekkerklokke
d) veske

13) bowl
a) bolle
b) hylle
c) oppvaskmaskin
d) kran

14) bottle
a) flaske
b) pute
c) badekar
d) veske

15) curtain
a) gardin
b) møbler
c) tak
d) bolle

16) cup
a) komfyr
b) kopp
c) askebeger
d) kniv

17) stove
a) komfyr
b) tørketrommel
c) kjøkken
d) nøkkel

18) bookcase
a) teppe
b) gaffel
c) Skap
d) bokhylle

19) radio
a) søppelsekk
b) radio
c) vegg
d) møbler

20) wallet
a) dusjforheng
b) lommebok
c) klokke
d) sovepose

21) drawer
a) brødrister
b) hylle
c) skuff
d) lampe

22) cot
a) tallerken
b) køye
c) radio
d) etasje

23) shower
a) klokke
b) dør
c) laken
d) dusj

24) box
a) askebeger
b) etasje
c) gaffel
d) boks

#40 - Around the House

Select the closest Norwegian word to match the English word.

1) **wardrobe**
   a) dusjforheng
   b) tak
   c) garderobeskap
   d) sovepose

2) **ashtray**
   a) veske
   b) askebeger
   c) badekar
   d) vannkjele

3) **cabinet**
   a) vann
   b) møbler
   c) Skap
   d) kjøleskap

4) **knife**
   a) kniv
   b) serviett
   c) nøkkel
   d) kommode

5) **water**
   a) vann
   b) hylle
   c) seng
   d) veske

6) **bowl**
   a) bolle
   b) komfyr
   c) boks
   d) miksmaster

7) **spoon**
   a) drikkeglass
   b) skje
   c) dusj
   d) bokhylle

8) **switch**
   a) bryter
   b) tak
   c) miksmaster
   d) kasserolle

9) **ceiling**
   a) tallerken
   b) håndveske
   c) tak
   d) glass

10) **vase**
    a) maleri
    b) laken
    c) vase
    d) lommelykt

11) **bag**
    a) vegg
    b) dør
    c) Skap
    d) veske

12) **hoover**
    a) serviett
    b) komfyr
    c) miksmaster
    d) støvsuger

13) **television**
    a) hus
    b) TV
    c) seng
    d) tallerken

14) **rubbish can**
    a) vase
    b) nøkkel
    c) møbler
    d) søppelbøtte

15) **clock**
    a) kjøleskap
    b) klokke
    c) stekepanne
    d) TV

16) **dishwasher**
    a) telefon
    b) etasje
    c) askebeger
    d) oppvaskmaskin

17) **bookcase**
    a) bokhylle
    b) teppe
    c) kjøkken
    d) tak

18) **fork**
    a) gaffel
    b) spann
    c) støvsuger
    d) vase

19) **key**
    a) trapp
    b) nøkkel
    c) radio
    d) lommebok

20) **alarm clock**
    a) teppe
    b) garderobeskap
    c) Vekkerklokke
    d) pute

21) **dish**
    a) vegg
    b) Vekkerklokke
    c) fat
    d) kjøleskap

22) **bottle**
    a) flaske
    b) dusj
    c) bord
    d) gaffel

23) **furniture**
    a) møbler
    b) dør
    c) askebeger
    d) hus

24) **box**
    a) dør
    b) Skap
    c) boks
    d) maleri

#41 - Around the House

Select the closest Norwegian word to match the English word.

1) handbag
 a) håndveske
 b) stol
 c) pute
 d) tak

2) painting
 a) skuff
 b) skje
 c) maleri
 d) drikkeglass

3) bed
 a) stekepanne
 b) oppvaskmaskin
 c) seng
 d) bolle

4) staircase
 a) vannkjele
 b) bryter
 c) søppelsekk
 d) trapp

5) drier
 a) drikkeglass
 b) askebeger
 c) speil
 d) tørketrommel

6) washing machine
 a) klokke
 b) tak
 c) vaskemaskin
 d) fryser

7) curtain
 a) TV
 b) trapp
 c) lommelykt
 d) gardin

8) tap
 a) radio
 b) kran
 c) tallerken
 d) skuff

9) bath (tub)
 a) badekar
 b) tallerken
 c) gaffel
 d) teppe

10) kettle
 a) vannkjele
 b) støvsuger
 c) seng
 d) vann

11) cabinet
 a) Skap
 b) fat
 c) gaffel
 d) vase

12) shelf
 a) tak
 b) kjøkken
 c) dusj
 d) hylle

13) fork
 a) gaffel
 b) flaske
 c) stekepanne
 d) dør

14) table
 a) støvsuger
 b) bord
 c) kjøleskap
 d) søppelbøtte

15) rubbish bag
 a) vase
 b) lommebok
 c) etasje
 d) søppelsekk

16) radio
 a) nøkkel
 b) etasje
 c) badekar
 d) radio

17) rubbish can
 a) vannkjele
 b) vaskemaskin
 c) fat
 d) søppelbøtte

18) pail
 a) hus
 b) trapp
 c) sovepose
 d) spann

19) freezer
 a) pute
 b) garderobeskap
 c) badekar
 d) fryser

20) sheet
 a) laken
 b) søppelbøtte
 c) maleri
 d) flaske

21) box
 a) kjøleskap
 b) skje
 c) vannkjele
 d) boks

22) wardrobe
 a) kost
 b) sofa
 c) vannkjele
 d) garderobeskap

23) dresser
 a) maleri
 b) kommode
 c) radio
 d) vegg

24) coffee pot
 a) etasje
 b) kaffekanne
 c) sovepose
 d) flaske

#42 - Around the House
Select the closest Norwegian word to match the English word.

1) curtain
 a) gardin
 b) laken
 c) teppe
 d) trapp

2) dresser
 a) kommode
 b) boks
 c) oppvaskmaskin
 d) bokhylle

3) drier
 a) bord
 b) såpe
 c) tørketrommel
 d) kommode

4) bath (tub)
 a) badekar
 b) seng
 c) garderobeskap
 d) glass

5) blender
 a) miksmaster
 b) maleri
 c) gaffel
 d) garderobeskap

6) key
 a) vase
 b) radio
 c) søppelsekk
 d) nøkkel

7) fork
 a) møbler
 b) stol
 c) gaffel
 d) radio

8) stove
 a) sofa
 b) komfyr
 c) Skap
 d) drikkeglass

9) dishwasher
 a) flaske
 b) vannkjele
 c) oppvaskmaskin
 d) kran

10) sheet
 a) glass
 b) laken
 c) lampe
 d) bord

11) bookcase
 a) bokhylle
 b) spann
 c) gardin
 d) dusj

12) freezer
 a) sofa
 b) fryser
 c) spann
 d) kasserolle

13) kitchen
 a) badekar
 b) kjøkken
 c) vaskemaskin
 d) dusj

14) drinking glass
 a) kjøkken
 b) spann
 c) drikkeglass
 d) søppelbøtte

15) house
 a) boks
 b) dusj
 c) Skap
 d) hus

16) rubbish bag
 a) veske
 b) TV
 c) lampe
 d) søppelsekk

17) water
 a) kost
 b) spann
 c) vann
 d) etasje

18) couch
 a) kran
 b) bolle
 c) bokhylle
 d) sofa

19) ceiling
 a) stekepanne
 b) tak
 c) spann
 d) kjøkkenvask

20) bowl
 a) kommode
 b) kjøkkenvask
 c) bryter
 d) bolle

21) bed
 a) vegg
 b) seng
 c) kjøkkenvask
 d) gaffel

22) mixer
 a) Skap
 b) garderobeskap
 c) kniv
 d) mikser

23) ashtray
 a) hylle
 b) askebeger
 c) sofa
 d) nøkkel

24) napkin
 a) dusj
 b) kniv
 c) serviett
 d) laken

#43 - Around the House

Select the closest Norwegian word to match the English word.

1) radio
 a) radio
 b) kopp
 c) speil
 d) lommebok

2) bath (tub)
 a) vannkjele
 b) sovepose
 c) badekar
 d) kjøkkenvask

3) toaster
 a) såpe
 b) veske
 c) brødrister
 d) dør

4) dishwasher
 a) oppvaskmaskin
 b) komfyr
 c) vann
 d) håndveske

5) door
 a) håndveske
 b) dør
 c) hus
 d) tørketrommel

6) bottle
 a) flaske
 b) serviett
 c) lampe
 d) dør

7) kitchen
 a) kjøkken
 b) sofa
 c) kost
 d) Skap

8) cabinet
 a) serviett
 b) Skap
 c) kniv
 d) pute

9) cup
 a) askebeger
 b) badekar
 c) møbler
 d) kopp

10) bed
 a) tallerken
 b) lommelykt
 c) seng
 d) dør

11) mirror
 a) søppelbøtte
 b) pute
 c) speil
 d) vaskemaskin

12) handbag
 a) bokhylle
 b) kaffekanne
 c) kniv
 d) håndveske

13) table
 a) spann
 b) bord
 c) flaske
 d) brødrister

14) spoon
 a) klokke
 b) garderobeskap
 c) skje
 d) vase

15) telephone
 a) søppelsekk
 b) kjøleskap
 c) bord
 d) telefon

16) kettle
 a) dusj
 b) kasserolle
 c) vannkjele
 d) dør

17) freezer
 a) teppe
 b) kasserolle
 c) Vekkerklokke
 d) fryser

18) cot
 a) bord
 b) maleri
 c) miksmaster
 d) køye

19) refrigerator
 a) nøkkel
 b) bilde
 c) kjøleskap
 d) tørketrommel

20) staircase
 a) køye
 b) trapp
 c) tørketrommel
 d) miksmaster

21) soap
 a) lommebok
 b) speil
 c) såpe
 d) skje

22) couch
 a) maleri
 b) kjøkken
 c) såpe
 d) sofa

23) kitchen sink
 a) sofa
 b) kjøkkenvask
 c) dusjforheng
 d) Vekkerklokke

24) tap
 a) kran
 b) serviett
 c) kjøkkenvask
 d) maleri

#44 - Around the House

Select the closest Norwegian word to match the English word.

1) blender
a) miksmaster
b) klokke
c) kasserolle
d) nøkkel

2) furniture
a) teppe
b) møbler
c) flaske
d) kasserolle

3) sleeping bag
a) stol
b) sovepose
c) speil
d) kommode

4) floor
a) trapp
b) teppe
c) etasje
d) bokhylle

5) bookcase
a) vase
b) bokhylle
c) badekar
d) boks

6) box
a) vase
b) klokke
c) skuff
d) boks

7) tap
a) kasserolle
b) kran
c) komfyr
d) maleri

8) radio
a) radio
b) vannkjele
c) bilde
d) speil

9) house
a) hus
b) gaffel
c) vann
d) vannkjele

10) bowl
a) bolle
b) flaske
c) vannkjele
d) sofa

11) television
a) veske
b) fryser
c) TV
d) skje

12) knife
a) pute
b) søppelbøtte
c) kniv
d) badekar

13) napkin
a) lampe
b) kjøkken
c) laken
d) serviett

14) rubbish can
a) nøkkel
b) søppelbøtte
c) boks
d) lampe

15) couch
a) maleri
b) søppelsekk
c) sofa
d) lommebok

16) bag
a) lampe
b) askebeger
c) veske
d) etasje

17) stove
a) såpe
b) hylle
c) komfyr
d) søppelsekk

18) curtain
a) håndveske
b) vaskemaskin
c) dusj
d) gardin

19) fork
a) kommode
b) gaffel
c) badekar
d) vann

20) chair
a) kost
b) fat
c) stol
d) tørketrommel

21) shower
a) dusj
b) fat
c) skje
d) speil

22) torch
a) lommelykt
b) dusjforheng
c) kost
d) oppvaskmaskin

23) wallet
a) lommebok
b) glass
c) askebeger
d) klokke

24) image
a) kjøkkenvask
b) maleri
c) bilde
d) kjøleskap

#45 - Around the House
Select the closest Norwegian word to match the English word.

1) alarm clock
 a) oppvaskmaskin
 b) lommebok
 c) kasserolle
 d) Vekkerklokke

2) vase
 a) vaskemaskin
 b) køye
 c) kjøleskap
 d) vase

3) house
 a) stekepanne
 b) kost
 c) fryser
 d) hus

4) bed
 a) bolle
 b) Vekkerklokke
 c) seng
 d) skje

5) knife
 a) skuff
 b) håndveske
 c) kjøkkenvask
 d) kniv

6) wall
 a) veske
 b) stckepanne
 c) fat
 d) vegg

7) hoover
 a) støvsuger
 b) trapp
 c) kjøkkcnvask
 d) hus

8) pail
 a) spann
 b) kjøkken
 c) kniv
 d) glass

9) television
 a) kjøkken
 b) såpe
 c) TV
 d) badekar

10) couch
 a) sofa
 b) skuff
 c) askebeger
 d) tak

11) bag
 a) skje
 b) bolle
 c) teppe
 d) veske

12) key
 a) Vekkerklokke
 b) nøkkel
 c) fryser
 d) glass

13) ashtray
 a) askebeger
 b) maleri
 c) såpe
 d) miksmaster

14) bookcase
 a) tørketrommel
 b) brødrister
 c) bokhylle
 d) vann

15) kettle
 a) vannkjele
 b) etasje
 c) stol
 d) kran

16) refrigerator
 a) dusj
 b) kjøleskap
 c) askebeger
 d) veske

17) dish
 a) telefon
 b) tak
 c) sofa
 d) fat

18) freezer
 a) køye
 b) klokke
 c) kommode
 d) fryser

19) torch
 a) hus
 b) lommelykt
 c) teppe
 d) kjøkkenvask

20) cot
 a) bryter
 b) klokke
 c) lommelykt
 d) køye

21) switch
 a) teppe
 b) vegg
 c) bolle
 d) bryter

22) floor
 a) etasje
 b) veske
 c) trapp
 d) tallerken

23) soap
 a) såpe
 b) oppvaskmaskin
 c) dør
 d) boks

24) clock
 a) klokke
 b) gaffel
 c) stekepanne
 d) hus

#46 - Birds

Select the closest English word to match the Norwegian word.

1) gås
 a) turkey
 b) crow
 c) goose
 d) eagle

2) kråke
 a) heron
 b) crow
 c) dove
 d) sparrow

3) spurv
 a) duck
 b) stork
 c) sparrow
 d) bird

4) ugle
 a) hawk
 b) heron
 c) stork
 d) owl

5) papegøye
 a) eagle
 b) bird
 c) rooster
 d) parrot

6) struts
 a) crow
 b) ostrich
 c) swan
 d) dove

7) ørn
 a) pheasant
 b) eagle
 c) heron
 d) turkey

8) hegre
 a) goose
 b) pheasant
 c) crow
 d) heron

9) gribb
 a) duck
 b) ostrich
 c) stork
 d) vulture

10) due
 a) flamingo
 b) owl
 c) hawk
 d) dove

11) flamingo
 a) nightingale
 b) flamingo
 c) sparrow
 d) pheasant

12) hauk
 a) seagull
 b) hawk
 c) stork
 d) ostrich

13) fasan
 a) pheasant
 b) swan
 c) flamingo
 d) hawk

14) hane
 a) owl
 b) rooster
 c) pelican
 d) turkey

15) måke
 a) seagull
 b) eagle
 c) duck
 d) pheasant

16) nattergal
 a) dove
 b) turkey
 c) nightingale
 d) goose

17) høne
 a) hen
 b) hawk
 c) sparrow
 d) bird

18) pelikan
 a) hawk
 b) turkey
 c) flamingo
 d) pelican

19) and
 a) duck
 b) hawk
 c) rooster
 d) heron

20) kalkun
 a) vulture
 b) crow
 c) rooster
 d) turkey

21) svane
 a) flamingo
 b) rooster
 c) hen
 d) swan

22) fugl
 a) bird
 b) turkey
 c) crow
 d) stork

23) stork
 a) rooster
 b) dove
 c) stork
 d) owl

24) ugle
 a) goose
 b) owl
 c) pheasant
 d) sparrow

#47 - Birds
Select the closest English word to match the Norwegian word.

1) nattergal
a) stork
b) parrot
c) duck
d) nightingale

2) papegøye
a) parrot
b) owl
c) duck
d) hen

3) pelikan
a) goose
b) sparrow
c) eagle
d) pelican

4) struts
a) rooster
b) ostrich
c) nightingale
d) sparrow

5) gribb
a) ostrich
b) swan
c) dove
d) vulture

6) høne
a) sparrow
b) seagull
c) turkey
d) hen

7) spurv
a) heron
b) sparrow
c) parrot
d) hawk

8) fugl
a) dove
b) stork
c) swan
d) bird

9) ugle
a) bird
b) owl
c) vulture
d) stork

10) stork
a) pelican
b) stork
c) swan
d) hen

11) gås
a) vulture
b) dove
c) goose
d) flamingo

12) fasan
a) stork
b) ostrich
c) hawk
d) pheasant

13) ørn
a) duck
b) goose
c) dove
d) eagle

14) due
a) dove
b) pheasant
c) crow
d) flamingo

15) hauk
a) duck
b) hawk
c) pheasant
d) pelican

16) kråke
a) flamingo
b) crow
c) sparrow
d) rooster

17) måke
a) seagull
b) rooster
c) duck
d) hen

18) kalkun
a) turkey
b) swan
c) vulture
d) stork

19) flamingo
a) stork
b) flamingo
c) nightingale
d) duck

20) svane
a) swan
b) crow
c) flamingo
d) hen

21) hane
a) hen
b) ostrich
c) goose
d) rooster

22) and
a) crow
b) duck
c) bird
d) rooster

23) hegre
a) flamingo
b) dove
c) heron
d) bird

24) and
a) owl
b) duck
c) crow
d) eagle

#48 - Birds
Select the closest English word to match the Norwegian word.

1) måke
 a) owl
 b) seagull
 c) crow
 d) flamingo

2) ugle
 a) turkey
 b) owl
 c) stork
 d) heron

3) kalkun
 a) swan
 b) turkey
 c) rooster
 d) stork

4) gås
 a) stork
 b) flamingo
 c) eagle
 d) goose

5) struts
 a) swan
 b) duck
 c) ostrich
 d) sparrow

6) fugl
 a) parrot
 b) bird
 c) ostrich
 d) eagle

7) due
 a) dove
 b) crow
 c) sparrow
 d) nightingale

8) hauk
 a) hawk
 b) swan
 c) hen
 d) rooster

9) hane
 a) hen
 b) stork
 c) swan
 d) rooster

10) and
 a) flamingo
 b) duck
 c) crow
 d) hawk

11) pelikan
 a) crow
 b) pelican
 c) pheasant
 d) turkey

12) stork
 a) goose
 b) stork
 c) bird
 d) owl

13) hegre
 a) nightingale
 b) heron
 c) owl
 d) hawk

14) papegøye
 a) pheasant
 b) parrot
 c) ostrich
 d) bird

15) kråke
 a) hen
 b) turkey
 c) crow
 d) eagle

16) flamingo
 a) flamingo
 b) goose
 c) hen
 d) nightingale

17) gribb
 a) heron
 b) ostrich
 c) vulture
 d) goose

18) nattergal
 a) hawk
 b) nightingale
 c) bird
 d) eagle

19) spurv
 a) sparrow
 b) seagull
 c) eagle
 d) flamingo

20) svane
 a) swan
 b) dove
 c) hawk
 d) eagle

21) høne
 a) swan
 b) sparrow
 c) seagull
 d) hen

22) ørn
 a) sparrow
 b) vulture
 c) eagle
 d) pheasant

23) fasan
 a) pheasant
 b) eagle
 c) flamingo
 d) rooster

24) gribb
 a) bird
 b) pelican
 c) vulture
 d) hawk

#49 - Birds
Select the closest English word to match the Norwegian word.

1) hegre
a) pelican
b) turkey
c) heron
d) vulture

2) høne
a) parrot
b) hen
c) hawk
d) pelican

3) stork
a) stork
b) pelican
c) turkey
d) crow

4) fugl
a) bird
b) vulture
c) pelican
d) hen

5) due
a) bird
b) flamingo
c) dove
d) parrot

6) fasan
a) duck
b) heron
c) pheasant
d) stork

7) spurv
a) sparrow
b) rooster
c) owl
d) seagull

8) gås
a) rooster
b) turkey
c) goose
d) crow

9) struts
a) ostrich
b) nightingale
c) bird
d) hawk

10) ugle
a) owl
b) turkey
c) rooster
d) stork

11) ørn
a) seagull
b) eagle
c) nightingale
d) hen

12) kråke
a) dove
b) flamingo
c) stork
d) crow

13) kalkun
a) dove
b) heron
c) turkey
d) vulture

14) svane
a) parrot
b) swan
c) vulture
d) eagle

15) nattergal
a) pheasant
b) nightingale
c) pelican
d) sparrow

16) papegøye
a) rooster
b) dove
c) parrot
d) heron

17) and
a) eagle
b) duck
c) pelican
d) bird

18) flamingo
a) owl
b) flamingo
c) parrot
d) pelican

19) hane
a) swan
b) rooster
c) hawk
d) ostrich

20) gribb
a) hawk
b) vulture
c) heron
d) ostrich

21) pelikan
a) parrot
b) pelican
c) rooster
d) eagle

22) måke
a) seagull
b) goose
c) stork
d) crow

23) hauk
a) vulture
b) hawk
c) bird
d) seagull

24) pelikan
a) owl
b) parrot
c) pelican
d) heron

#50 - Birds
Select the closest English word to match the Norwegian word.

1) pelikan
 a) parrot
 b) pelican
 c) crow
 d) bird

2) nattergal
 a) owl
 b) dove
 c) nightingale
 d) vulture

3) hauk
 a) dove
 b) crow
 c) hawk
 d) eagle

4) måke
 a) heron
 b) ostrich
 c) pheasant
 d) seagull

5) gås
 a) pelican
 b) turkey
 c) owl
 d) goose

6) due
 a) dove
 b) rooster
 c) heron
 d) sparrow

7) spurv
 a) pheasant
 b) sparrow
 c) hawk
 d) owl

8) gribb
 a) turkey
 b) bird
 c) hen
 d) vulture

9) and
 a) vulture
 b) duck
 c) seagull
 d) flamingo

10) ørn
 a) parrot
 b) sparrow
 c) crow
 d) eagle

11) kalkun
 a) bird
 b) owl
 c) parrot
 d) turkey

12) kråke
 a) owl
 b) crow
 c) pelican
 d) vulture

13) hegre
 a) parrot
 b) swan
 c) vulture
 d) heron

14) fasan
 a) hen
 b) flamingo
 c) pheasant
 d) owl

15) hane
 a) stork
 b) rooster
 c) nightingale
 d) eagle

16) svane
 a) heron
 b) bird
 c) dove
 d) swan

17) struts
 a) goose
 b) ostrich
 c) duck
 d) heron

18) flamingo
 a) goose
 b) flamingo
 c) eagle
 d) pheasant

19) stork
 a) goose
 b) stork
 c) nightingale
 d) bird

20) fugl
 a) bird
 b) owl
 c) swan
 d) eagle

21) ugle
 a) owl
 b) pelican
 c) dove
 d) duck

22) høne
 a) heron
 b) hen
 c) stork
 d) parrot

23) papegøye
 a) eagle
 b) flamingo
 c) parrot
 d) vulture

24) måke
 a) hen
 b) seagull
 c) dove
 d) rooster

#51 - Birds
Select the closest English word to match the Norwegian word.

1) ørn
a) heron
b) eagle
c) owl
d) rooster

2) hegre
a) heron
b) seagull
c) dove
d) eagle

3) due
a) dove
b) pheasant
c) stork
d) rooster

4) måke
a) pelican
b) sparrow
c) goose
d) seagull

5) gribb
a) hawk
b) swan
c) vulture
d) hen

6) fasan
a) rooster
b) parrot
c) swan
d) pheasant

7) kråke
a) sparrow
b) eagle
c) crow
d) vulture

8) ugle
a) vulture
b) swan
c) owl
d) crow

9) svane
a) nightingale
b) swan
c) duck
d) crow

10) fugl
a) swan
b) rooster
c) parrot
d) bird

11) gås
a) pelican
b) eagle
c) goose
d) seagull

12) struts
a) hen
b) nightingale
c) rooster
d) ostrich

13) nattergal
a) nightingale
b) rooster
c) hen
d) flamingo

14) and
a) duck
b) nightingale
c) turkey
d) hen

15) papegøye
a) flamingo
b) crow
c) parrot
d) owl

16) pelikan
a) heron
b) crow
c) dove
d) pelican

17) stork
a) pheasant
b) hawk
c) stork
d) vulture

18) høne
a) hen
b) flamingo
c) bird
d) ostrich

19) hauk
a) eagle
b) hawk
c) flamingo
d) swan

20) kalkun
a) dove
b) duck
c) turkey
d) stork

21) spurv
a) swan
b) sparrow
c) pheasant
d) owl

22) flamingo
a) swan
b) flamingo
c) parrot
d) dove

23) hane
a) rooster
b) goose
c) hawk
d) ostrich

24) due
a) duck
b) dove
c) goose
d) nightingale

#52 - Birds
Select the closest English word to match the Norwegian word.

1) ugle
 a) vulture
 b) turkey
 c) owl
 d) parrot

2) høne
 a) hen
 b) nightingale
 c) stork
 d) vulture

3) kråke
 a) parrot
 b) stork
 c) crow
 d) hen

4) måke
 a) duck
 b) seagull
 c) flamingo
 d) hen

5) stork
 a) hawk
 b) stork
 c) pelican
 d) swan

6) hegre
 a) heron
 b) flamingo
 c) bird
 d) rooster

7) pelikan
 a) pelican
 b) crow
 c) vulture
 d) turkey

8) flamingo
 a) duck
 b) stork
 c) goose
 d) flamingo

9) ørn
 a) vulture
 b) dove
 c) eagle
 d) sparrow

10) due
 a) dove
 b) rooster
 c) nightingale
 d) owl

11) nattergal
 a) vulture
 b) nightingale
 c) owl
 d) hawk

12) fasan
 a) pheasant
 b) parrot
 c) stork
 d) ostrich

13) and
 a) heron
 b) duck
 c) rooster
 d) goose

14) spurv
 a) sparrow
 b) owl
 c) stork
 d) pheasant

15) papegøye
 a) sparrow
 b) parrot
 c) dove
 d) crow

16) hauk
 a) swan
 b) hawk
 c) parrot
 d) dove

17) hane
 a) pelican
 b) rooster
 c) flamingo
 d) hawk

18) fugl
 a) stork
 b) bird
 c) pheasant
 d) eagle

19) svane
 a) hen
 b) swan
 c) goose
 d) seagull

20) struts
 a) rooster
 b) duck
 c) crow
 d) ostrich

21) gås
 a) sparrow
 b) goose
 c) seagull
 d) stork

22) gribb
 a) duck
 b) vulture
 c) pelican
 d) goose

23) kalkun
 a) stork
 b) hen
 c) turkey
 d) goose

24) hegre
 a) hen
 b) owl
 c) heron
 d) stork

#53 - Birds
Select the closest English word to match the Norwegian word.

1) struts
 a) heron
 b) bird
 c) nightingale
 d) ostrich

2) nattergal
 a) nightingale
 b) crow
 c) goose
 d) hawk

3) hauk
 a) pheasant
 b) swan
 c) hawk
 d) flamingo

4) gribb
 a) rooster
 b) vulture
 c) hawk
 d) swan

5) spurv
 a) pheasant
 b) sparrow
 c) crow
 d) pelican

6) kråke
 a) crow
 b) eagle
 c) stork
 d) hen

7) pelikan
 a) vulture
 b) pelican
 c) hen
 d) hawk

8) flamingo
 a) crow
 b) flamingo
 c) dove
 d) vulture

9) ørn
 a) turkey
 b) hawk
 c) goose
 d) eagle

10) fasan
 a) goose
 b) sparrow
 c) pheasant
 d) nightingale

11) hane
 a) rooster
 b) pheasant
 c) turkey
 d) nightingale

12) ugle
 a) dove
 b) hen
 c) owl
 d) nightingale

13) stork
 a) ostrich
 b) stork
 c) eagle
 d) hawk

14) kalkun
 a) rooster
 b) goose
 c) nightingale
 d) turkey

15) måke
 a) swan
 b) goose
 c) heron
 d) seagull

16) due
 a) vulture
 b) dove
 c) hawk
 d) swan

17) fugl
 a) swan
 b) sparrow
 c) stork
 d) bird

18) and
 a) owl
 b) vulture
 c) duck
 d) swan

19) gås
 a) flamingo
 b) goose
 c) swan
 d) sparrow

20) svane
 a) swan
 b) eagle
 c) pelican
 d) stork

21) hegre
 a) stork
 b) heron
 c) swan
 d) crow

22) høne
 a) hawk
 b) flamingo
 c) pelican
 d) hen

23) papegøye
 a) hen
 b) parrot
 c) crow
 d) pheasant

24) hauk
 a) duck
 b) ostrich
 c) hawk
 d) hen

#54 - Birds

Select the closest Norwegian word to match the English word.

1) rooster
a) spurv
b) høne
c) papegøye
d) hane

2) hen
a) pelikan
b) struts
c) and
d) høne

3) heron
a) struts
b) kråke
c) fugl
d) hegre

4) turkey
a) kalkun
b) hauk
c) struts
d) fasan

5) vulture
a) svane
b) fugl
c) høne
d) gribb

6) owl
a) høne
b) nattergal
c) svane
d) ugle

7) eagle
a) ørn
b) måke
c) due
d) høne

8) pheasant
a) nattergal
b) papegøye
c) hegre
d) fasan

9) dove
a) hane
b) måke
c) kalkun
d) due

10) seagull
a) kalkun
b) måke
c) svane
d) høne

11) parrot
a) hane
b) gås
c) papegøye
d) fugl

12) duck
a) gribb
b) ørn
c) flamingo
d) and

13) pelican
a) kråke
b) pelikan
c) and
d) hane

14) nightingale
a) svane
b) nattergal
c) pelikan
d) struts

15) ostrich
a) pelikan
b) kalkun
c) fugl
d) struts

16) sparrow
a) fugl
b) måke
c) spurv
d) hegre

17) crow
a) ugle
b) hane
c) kråke
d) and

18) swan
a) høne
b) hane
c) svane
d) flamingo

19) flamingo
a) struts
b) flamingo
c) hauk
d) and

20) stork
a) fugl
b) stork
c) kråke
d) spurv

21) goose
a) fasan
b) gås
c) due
d) and

22) hawk
a) due
b) flamingo
c) stork
d) hauk

23) bird
a) and
b) hegre
c) ugle
d) fugl

24) parrot
a) papegøye
b) høne
c) stork
d) pelikan

#55 - Birds
Select the closest Norwegian word to match the English word.

1) hen
 a) høne
 b) stork
 c) spurv
 d) fugl

2) turkey
 a) kalkun
 b) due
 c) måke
 d) hegre

3) sparrow
 a) spurv
 b) høne
 c) flamingo
 d) gås

4) rooster
 a) hane
 b) and
 c) svane
 d) ugle

5) swan
 a) hauk
 b) svane
 c) due
 d) and

6) heron
 a) fugl
 b) hegre
 c) hane
 d) pelikan

7) flamingo
 a) hane
 b) flamingo
 c) struts
 d) kråke

8) bird
 a) pelikan
 b) fugl
 c) hegre
 d) stork

9) crow
 a) stork
 b) ugle
 c) kråke
 d) svane

10) parrot
 a) papegøye
 b) kråke
 c) spurv
 d) and

11) owl
 a) hauk
 b) ugle
 c) fasan
 d) stork

12) nightingale
 a) papegøye
 b) flamingo
 c) nattergal
 d) gås

13) vulture
 a) gribb
 b) struts
 c) kalkun
 d) fugl

14) eagle
 a) ørn
 b) fugl
 c) hane
 d) gribb

15) dove
 a) høne
 b) kråke
 c) spurv
 d) due

16) stork
 a) gribb
 b) stork
 c) gås
 d) svane

17) seagull
 a) flamingo
 b) spurv
 c) måke
 d) gås

18) duck
 a) kalkun
 b) struts
 c) papegøye
 d) and

19) pheasant
 a) nattergal
 b) fasan
 c) struts
 d) pelikan

20) goose
 a) ørn
 b) hauk
 c) gås
 d) gribb

21) ostrich
 a) struts
 b) papegøye
 c) kråke
 d) pelikan

22) pelican
 a) gribb
 b) fasan
 c) svane
 d) pelikan

23) hawk
 a) due
 b) pelikan
 c) fugl
 d) hauk

24) pelican
 a) fugl
 b) kråke
 c) gås
 d) pelikan

#56 - Birds
Select the closest Norwegian word to match the English word.

1) swan
a) fasan
b) struts
c) svane
d) høne

2) dove
a) kalkun
b) gribb
c) due
d) hane

3) ostrich
a) nattergal
b) struts
c) måke
d) pelikan

4) duck
a) høne
b) due
c) svane
d) and

5) crow
a) flamingo
b) hegre
c) kråke
d) gås

6) goose
a) høne
b) kråke
c) gribb
d) gås

7) pelican
a) pelikan
b) ørn
c) and
d) måke

8) flamingo
a) hauk
b) ørn
c) flamingo
d) struts

9) pheasant
a) hane
b) svane
c) hegre
d) fasan

10) nightingale
a) måke
b) kalkun
c) nattergal
d) flamingo

11) owl
a) fugl
b) ugle
c) and
d) kråke

12) eagle
a) gås
b) ørn
c) høne
d) fasan

13) seagull
a) papegøye
b) gås
c) måke
d) due

14) sparrow
a) spurv
b) kråke
c) fasan
d) gås

15) hen
a) høne
b) stork
c) måke
d) kalkun

16) vulture
a) svane
b) hegre
c) høne
d) gribb

17) hawk
a) papegøye
b) and
c) hauk
d) pelikan

18) rooster
a) hane
b) nattergal
c) fasan
d) kalkun

19) turkey
a) kalkun
b) gribb
c) hane
d) fugl

20) stork
a) måke
b) stork
c) ørn
d) hauk

21) parrot
a) fasan
b) fugl
c) due
d) papegøye

22) bird
a) kråke
b) fugl
c) spurv
d) flamingo

23) heron
a) hauk
b) due
c) hegre
d) pelikan

24) swan
a) svane
b) due
c) hane
d) pelikan

#57 - Birds
Select the closest Norwegian word to match the English word.

1) ostrich
 a) struts
 b) hauk
 c) kalkun
 d) hegre

2) duck
 a) struts
 b) papegøye
 c) måke
 d) and

3) vulture
 a) fugl
 b) svane
 c) gribb
 d) pelikan

4) goose
 a) nattergal
 b) gås
 c) due
 d) fugl

5) flamingo
 a) fugl
 b) hegre
 c) hane
 d) flamingo

6) nightingale
 a) svane
 b) flamingo
 c) nattergal
 d) høne

7) swan
 a) hane
 b) svane
 c) kalkun
 d) gås

8) pheasant
 a) hegre
 b) kalkun
 c) stork
 d) fasan

9) bird
 a) gribb
 b) stork
 c) høne
 d) fugl

10) parrot
 a) pelikan
 b) papegøye
 c) hauk
 d) gås

11) crow
 a) svane
 b) hane
 c) kråke
 d) fasan

12) seagull
 a) papegøye
 b) måke
 c) ørn
 d) høne

13) dove
 a) ørn
 b) due
 c) høne
 d) fasan

14) hawk
 a) hane
 b) due
 c) hauk
 d) struts

15) eagle
 a) hegre
 b) and
 c) ørn
 d) måke

16) stork
 a) ugle
 b) måke
 c) fasan
 d) stork

17) pelican
 a) pelikan
 b) and
 c) gribb
 d) svane

18) owl
 a) kråke
 b) gås
 c) struts
 d) ugle

19) hen
 a) papegøye
 b) høne
 c) ørn
 d) hane

20) sparrow
 a) hauk
 b) svane
 c) ørn
 d) spurv

21) rooster
 a) fugl
 b) spurv
 c) ørn
 d) hane

22) heron
 a) hegre
 b) gås
 c) ørn
 d) nattergal

23) turkey
 a) kalkun
 b) svane
 c) høne
 d) and

24) goose
 a) ugle
 b) gås
 c) måke
 d) stork

#58 - Birds

Select the closest Norwegian word to match the English word.

1) **pheasant**
   a) and
   b) gribb
   c) fasan
   d) flamingo

2) **nightingale**
   a) fugl
   b) nattergal
   c) struts
   d) pelikan

3) **sparrow**
   a) due
   b) hane
   c) spurv
   d) and

4) **hen**
   a) kråke
   b) nattergal
   c) spurv
   d) høne

5) **dove**
   a) ugle
   b) due
   c) gås
   d) fugl

6) **owl**
   a) høne
   b) svane
   c) ugle
   d) papegøye

7) **seagull**
   a) nattergal
   b) måke
   c) and
   d) papegøye

8) **duck**
   a) pelikan
   b) måke
   c) flamingo
   d) and

9) **hawk**
   a) hauk
   b) struts
   c) papegøye
   d) nattergal

10) **rooster**
    a) ugle
    b) and
    c) stork
    d) hane

11) **vulture**
    a) pelikan
    b) hauk
    c) hegre
    d) gribb

12) **turkey**
    a) fasan
    b) måke
    c) kalkun
    d) gås

13) **swan**
    a) papegøye
    b) svane
    c) kråke
    d) hane

14) **heron**
    a) høne
    b) nattergal
    c) hauk
    d) hegre

15) **eagle**
    a) and
    b) nattergal
    c) gribb
    d) ørn

16) **ostrich**
    a) fasan
    b) hauk
    c) ørn
    d) struts

17) **pelican**
    a) pelikan
    b) gribb
    c) hauk
    d) kråke

18) **stork**
    a) fugl
    b) struts
    c) måke
    d) stork

19) **bird**
    a) hane
    b) gås
    c) fugl
    d) pelikan

20) **parrot**
    a) pelikan
    b) papegøye
    c) kalkun
    d) stork

21) **goose**
    a) and
    b) gribb
    c) gås
    d) struts

22) **crow**
    a) hegre
    b) kråke
    c) pelikan
    d) måke

23) **flamingo**
    a) måke
    b) flamingo
    c) fasan
    d) stork

24) **eagle**
    a) svane
    b) ørn
    c) pelikan
    d) måke

#59 - Birds
Select the closest Norwegian word to match the English word.

1) vulture
 a) svane
 b) gribb
 c) flamingo
 d) fugl

2) parrot
 a) flamingo
 b) hegre
 c) papegøye
 d) ugle

3) crow
 a) spurv
 b) kråke
 c) struts
 d) due

4) turkey
 a) hegre
 b) fasan
 c) hauk
 d) kalkun

5) nightingale
 a) nattergal
 b) spurv
 c) hegre
 d) ugle

6) goose
 a) gås
 b) kråke
 c) struts
 d) hane

7) heron
 a) stork
 b) nattergal
 c) hegre
 d) svane

8) stork
 a) stork
 b) and
 c) pelikan
 d) hauk

9) duck
 a) and
 b) kråke
 c) høne
 d) hegre

10) swan
 a) struts
 b) måke
 c) svane
 d) nattergal

11) sparrow
 a) høne
 b) kråke
 c) hauk
 d) spurv

12) flamingo
 a) flamingo
 b) gribb
 c) gås
 d) måke

13) dove
 a) ugle
 b) due
 c) fugl
 d) pelikan

14) seagull
 a) måke
 b) flamingo
 c) høne
 d) svane

15) hawk
 a) hauk
 b) flamingo
 c) nattergal
 d) gribb

16) hen
 a) spurv
 b) høne
 c) stork
 d) fasan

17) ostrich
 a) hane
 b) spurv
 c) ugle
 d) struts

18) bird
 a) måke
 b) hane
 c) pelikan
 d) fugl

19) eagle
 a) ørn
 b) struts
 c) svane
 d) and

20) owl
 a) struts
 b) gribb
 c) ugle
 d) due

21) pelican
 a) pelikan
 b) høne
 c) fugl
 d) ørn

22) pheasant
 a) ørn
 b) nattergal
 c) fasan
 d) pelikan

23) rooster
 a) fugl
 b) hane
 c) høne
 d) pelikan

24) hen
 a) struts
 b) høne
 c) hane
 d) fasan

#60 - Birds

Select the closest Norwegian word to match the English word.

1) pheasant
 a) fasan
 b) ørn
 c) høne
 d) svane

2) hawk
 a) fasan
 b) nattergal
 c) hauk
 d) hegre

3) eagle
 a) ørn
 b) kråke
 c) gribb
 d) kalkun

4) swan
 a) svane
 b) spurv
 c) hegre
 d) fugl

5) heron
 a) hegre
 b) gås
 c) pelikan
 d) flamingo

6) stork
 a) stork
 b) ørn
 c) fugl
 d) gribb

7) crow
 a) kråke
 b) kalkun
 c) måke
 d) due

8) goose
 a) måke
 b) ørn
 c) due
 d) gås

9) bird
 a) ørn
 b) flamingo
 c) spurv
 d) fugl

10) dove
 a) hegre
 b) gås
 c) due
 d) kråke

11) turkey
 a) nattergal
 b) struts
 c) gås
 d) kalkun

12) seagull
 a) fugl
 b) svane
 c) stork
 d) måke

13) parrot
 a) ugle
 b) papegøye
 c) due
 d) fasan

14) duck
 a) flamingo
 b) and
 c) stork
 d) hegre

15) ostrich
 a) hauk
 b) fasan
 c) kalkun
 d) struts

16) rooster
 a) fugl
 b) hane
 c) nattergal
 d) hegre

17) pelican
 a) fugl
 b) spurv
 c) høne
 d) pelikan

18) sparrow
 a) spurv
 b) høne
 c) ørn
 d) due

19) vulture
 a) gås
 b) gribb
 c) kråke
 d) måke

20) nightingale
 a) ørn
 b) flamingo
 c) nattergal
 d) and

21) hen
 a) fugl
 b) hane
 c) måke
 d) høne

22) owl
 a) ugle
 b) gribb
 c) hane
 d) kalkun

23) flamingo
 a) gås
 b) fasan
 c) flamingo
 d) ugle

24) duck
 a) and
 b) fugl
 c) nattergal
 d) gribb

#61 - Clothing
Select the closest English word to match the Norwegian word.

1) bikini
 a) bikini
 b) anorak
 c) corset
 d) cardigan

2) skjerf
 a) bikini
 b) corset
 c) scarf
 d) umbrella

3) lommetørkle
 a) necktie
 b) umbrella
 c) pyjamas
 d) handkerchief

4) paraply
 a) glove
 b) jumpsuit
 c) belt
 d) umbrella

5) badedrakt
 a) scarf
 b) stockings
 c) bathing suit
 d) jumpsuit

6) sandaler
 a) sandals
 b) slippers
 c) braces/suspenders
 d) scarf

7) slåbrok
 a) bow tie
 b) dressing gown
 c) socks
 d) zip

8) jumpsuit
 a) bikini
 b) sweatshirt
 c) waistcoat
 d) jumpsuit

9) hansker
 a) gloves
 b) cardigan
 c) tights
 d) jacket

10) størrelse
 a) coat
 b) trousers
 c) size
 d) bow tie

11) dress
 a) suit
 b) mackintosh
 c) stockings
 d) briefs

12) glidelås
 a) zip
 b) jacket
 c) stockings
 d) bikini

13) frakk
 a) overcoat
 b) suit
 c) jeans
 d) blouse

14) kjole
 a) corset
 b) braces/suspenders
 c) tights
 d) dress

15) dongeribukse
 a) size
 b) skirt
 c) jeans
 d) sandals

16) bukse
 a) slippers
 b) trousers
 c) jacket
 d) T-shirt

17) joggesko
 a) sandals
 b) bow tie
 c) running shoes
 d) dressing gown

18) genser
 a) knickers
 b) bra
 c) overalls
 d) jumper

19) slips
 a) necktie
 b) cardigan
 c) sandals
 d) overcoat

20) truse
 a) hiking boots
 b) knickers
 c) slippers
 d) braces/suspenders

21) belte
 a) necktie
 b) suit
 c) belt
 d) cardigan

22) anorakk
 a) scarf
 b) overalls
 c) anorak
 d) handkerchief

23) skjorte
 a) jumpsuit
 b) zip
 c) gloves
 d) shirt

24) strømpebukse
 a) umbrella
 b) stockings
 c) tights
 d) zip

#62 - Clothing

Select the closest English word to match the Norwegian word.

1) tøfler
a) bathing suit
b) cap
c) slippers
d) zip

2) bikini
a) glove
b) jumpsuit
c) blouse
d) bikini

3) størrelse
a) size
b) sweatshirt
c) tights
d) cardigan

4) sandaler
a) size
b) sandals
c) hiking boots
d) braces/suspenders

5) bluse
a) blouse
b) overalls
c) coat
d) corset

6) genser
a) zip
b) jumper
c) T-shirt
d) shirt

7) sokker
a) bra
b) jacket
c) socks
d) overcoat

8) slips
a) braces/suspenders
b) waistcoat
c) necktie
d) glove

9) truse
a) knickers
b) bathing suit
c) jumper
d) blouse

10) bukse
a) corset
b) overcoat
c) handkerchief
d) trousers

11) strømper
a) glove
b) gloves
c) stockings
d) jumper

12) slåbrok
a) glove
b) running shoes
c) dressing gown
d) scarf

13) anorakk
a) tights
b) anorak
c) shirt
d) jeans

14) hanske
a) stockings
b) braces/suspenders
c) glove
d) waistcoat

15) jakke
a) jacket
b) mackintosh
c) suit
d) anorak

16) kjole
a) glove
b) dress
c) skirt
d) shirt

17) skjørt
a) skirt
b) socks
c) handkerchief
d) gloves

18) klær
a) jeans
b) clothes
c) tights
d) jacket

19) sløyfe
a) umbrella
b) skirt
c) bow tie
d) T-shirt

20) bukseseler
a) handkerchief
b) scarf
c) braces/suspenders
d) belt

21) lue
a) dressing gown
b) handkerchief
c) cap
d) jeans

22) collegegenser
a) sweatshirt
b) mackintosh
c) bow tie
d) T-shirt

23) badedrakt
a) bathing suit
b) hiking boots
c) handkerchief
d) size

24) strømpebukse
a) tights
b) belt
c) bathing suit
d) dress

#63 - Clothing
Select the closest English word to match the Norwegian word.

1) **sandaler**
   a) running shoes
   b) sandals
   c) socks
   d) trousers

2) **vest**
   a) waistcoat
   b) sweatshirt
   c) clothes
   d) tights

3) **slåbrok**
   a) skirt
   b) dressing gown
   c) size
   d) gloves

4) **dress**
   a) mackintosh
   b) size
   c) suit
   d) slippers

5) **skjerf**
   a) bathing suit
   b) glove
   c) scarf
   d) T-shirt

6) **bukse**
   a) cap
   b) trousers
   c) size
   d) zip

7) **collegegenser**
   a) sweatshirt
   b) pyjamas
   c) jumper
   d) anorak

8) **lommetørkle**
   a) handkerchief
   b) clothes
   c) knickers
   d) jacket

9) **tøfler**
   a) bra
   b) belt
   c) socks
   d) slippers

10) **joggesko**
    a) running shoes
    b) skirt
    c) cardigan
    d) braces/suspenders

11) **jakke**
    a) size
    b) braces/suspenders
    c) scarf
    d) jacket

12) **truse**
    a) suit
    b) belt
    c) zip
    d) knickers

13) **sokker**
    a) umbrella
    b) blouse
    c) socks
    d) dress

14) **BH**
    a) dressing gown
    b) bra
    c) umbrella
    d) scarf

15) **bikini**
    a) overcoat
    b) trousers
    c) bikini
    d) running shoes

16) **skjorte**
    a) zip
    b) T-shirt
    c) suit
    d) shirt

17) **anorakk**
    a) zip
    b) anorak
    c) T-shirt
    d) handkerchief

18) **frakk**
    a) scarf
    b) stockings
    c) anorak
    d) overcoat

19) **glidelås**
    a) size
    b) overcoat
    c) cap
    d) zip

20) **hanske**
    a) size
    b) hiking boots
    c) glove
    d) mackintosh

21) **underbukse**
    a) handkerchief
    b) briefs
    c) overalls
    d) trousers

22) **klær**
    a) bathing suit
    b) waistcoat
    c) clothes
    d) scarf

23) **snekkerbukse**
    a) T-shirt
    b) overalls
    c) overcoat
    d) jumpsuit

24) **belte**
    a) jeans
    b) zip
    c) belt
    d) mackintosh

#64 - Clothing
Select the closest English word to match the Norwegian word.

1) **hanske**
   a) cardigan
   b) glove
   c) dress
   d) socks

2) **skjørt**
   a) bathing suit
   b) dress
   c) necktie
   d) skirt

3) **slips**
   a) necktie
   b) bra
   c) T-shirt
   d) briefs

4) **regnjakke**
   a) mackintosh
   b) tights
   c) bikini
   d) jacket

5) **bikini**
   a) bikini
   b) sandals
   c) hiking boots
   d) slippers

6) **truse**
   a) overalls
   b) dress
   c) dressing gown
   d) knickers

7) **jakke**
   a) jumper
   b) jeans
   c) size
   d) jacket

8) **vest**
   a) bra
   b) jumper
   c) waistcoat
   d) T-shirt

9) **genser**
   a) jumper
   b) suit
   c) corset
   d) cap

10) **sandaler**
    a) tights
    b) slippers
    c) sandals
    d) umbrella

11) **skjorte**
    a) shirt
    b) cardigan
    c) zip
    d) stockings

12) **frakk**
    a) sweatshirt
    b) jacket
    c) bra
    d) overcoat

13) **belte**
    a) zip
    b) size
    c) belt
    d) suit

14) **jumpsuit**
    a) jumpsuit
    b) handkerchief
    c) braces/suspenders
    d) zip

15) **hofteholder**
    a) dress
    b) corset
    c) bow tie
    d) jeans

16) **størrelse**
    a) necktie
    b) socks
    c) skirt
    d) size

17) **sokker**
    a) running shoes
    b) socks
    c) bikini
    d) anorak

18) **hansker**
    a) size
    b) gloves
    c) shirt
    d) cardigan

19) **BH**
    a) bra
    b) size
    c) socks
    d) suit

20) **bukse**
    a) trousers
    b) bra
    c) bow tie
    d) slippers

21) **frakk**
    a) shirt
    b) clothes
    c) stockings
    d) coat

22) **skjerf**
    a) blouse
    b) waistcoat
    c) scarf
    d) jeans

23) **slåbrok**
    a) size
    b) umbrella
    c) zip
    d) dressing gown

24) **collegegenser**
    a) dressing gown
    b) sandals
    c) sweatshirt
    d) jumper

#65 - Clothing
Select the closest English word to match the Norwegian word.

1) **sløyfe**
   a) clothes
   b) bow tie
   c) dress
   d) skirt

2) **fjellstøvler**
   a) umbrella
   b) hiking boots
   c) overalls
   d) stockings

3) **strømper**
   a) zip
   b) slippers
   c) blouse
   d) stockings

4) **kjole**
   a) hiking boots
   b) dress
   c) shirt
   d) trousers

5) **snekkerbukse**
   a) running shoes
   b) zip
   c) dressing gown
   d) overalls

6) **collegegenser**
   a) pyjamas
   b) bra
   c) sweatshirt
   d) jumper

7) **t-skjorte**
   a) T-shirt
   b) zip
   c) bow tie
   d) handkerchief

8) **jakke**
   a) jacket
   b) sandals
   c) suit
   d) knickers

9) **frakk**
   a) sweatshirt
   b) overcoat
   c) overalls
   d) zip

10) **pyjamas**
    a) overalls
    b) anorak
    c) pyjamas
    d) overcoat

11) **bukseseler**
    a) glove
    b) blouse
    c) tights
    d) braces/suspenders

12) **sokker**
    a) mackintosh
    b) waistcoat
    c) socks
    d) cardigan

13) **genser**
    a) jumper
    b) zip
    c) knickers
    d) anorak

14) **sandaler**
    a) jeans
    b) sandals
    c) tights
    d) cap

15) **jumpsuit**
    a) running shoes
    b) trousers
    c) suit
    d) jumpsuit

16) **slips**
    a) blouse
    b) necktie
    c) pyjamas
    d) corset

17) **klær**
    a) bathing suit
    b) skirt
    c) clothes
    d) jeans

18) **tøfler**
    a) coat
    b) bow tie
    c) slippers
    d) tights

19) **vest**
    a) corset
    b) waistcoat
    c) belt
    d) hiking boots

20) **størrelse**
    a) skirt
    b) size
    c) scarf
    d) running shoes

21) **dress**
    a) umbrella
    b) suit
    c) bathing suit
    d) waistcoat

22) **frakk**
    a) coat
    b) suit
    c) running shoes
    d) tights

23) **strømpebukse**
    a) tights
    b) socks
    c) belt
    d) overcoat

24) **slåbrok**
    a) glove
    b) dressing gown
    c) skirt
    d) overalls

#66 - Clothing

Select the closest English word to match the Norwegian word.

1) frakk
 a) jacket
 b) bikini
 c) sweatshirt
 d) coat

2) sandaler
 a) sandals
 b) skirt
 c) umbrella
 d) overalls

3) bukse
 a) skirt
 b) trousers
 c) size
 d) slippers

4) jakke
 a) bathing suit
 b) corset
 c) mackintosh
 d) jacket

5) bikini
 a) necktie
 b) braces/suspenders
 c) bikini
 d) overcoat

6) slips
 a) braces/suspenders
 b) knickers
 c) necktie
 d) cardigan

7) skjørt
 a) skirt
 b) bikini
 c) braces/suspenders
 d) tights

8) lommetørkle
 a) cap
 b) handkerchief
 c) bikini
 d) dress

9) paraply
 a) umbrella
 b) waistcoat
 c) blouse
 d) trousers

10) dress
 a) suit
 b) skirt
 c) coat
 d) cardigan

11) kjole
 a) bow tie
 b) dress
 c) bathing suit
 d) handkerchief

12) cardigan
 a) blouse
 b) stockings
 c) clothes
 d) cardigan

13) snekkerbukse
 a) overalls
 b) hiking boots
 c) running shoes
 d) umbrella

14) sløyfe
 a) bra
 b) overcoat
 c) bow tie
 d) sweatshirt

15) BH
 a) coat
 b) overcoat
 c) bra
 d) dress

16) anorakk
 a) anorak
 b) gloves
 c) dressing gown
 d) overalls

17) slåbrok
 a) knickers
 b) dressing gown
 c) shirt
 d) jeans

18) bluse
 a) skirt
 b) bathing suit
 c) knickers
 d) blouse

19) pyjamas
 a) gloves
 b) bikini
 c) pyjamas
 d) umbrella

20) tøfler
 a) size
 b) tights
 c) slippers
 d) running shoes

21) hanske
 a) glove
 b) umbrella
 c) bathing suit
 d) knickers

22) lue
 a) cap
 b) jumper
 c) overcoat
 d) bow tie

23) hofteholder
 a) suit
 b) hiking boots
 c) blouse
 d) corset

24) belte
 a) blouse
 b) slippers
 c) belt
 d) bikini

#67 - Clothing

Select the closest English word to match the Norwegian word.

1) **hofteholder**
   a) bathing suit
   b) trousers
   c) corset
   d) blouse

2) **frakk**
   a) skirt
   b) overcoat
   c) zip
   d) handkerchief

3) **anorakk**
   a) sandals
   b) anorak
   c) size
   d) dressing gown

4) **størrelse**
   a) bikini
   b) bra
   c) trousers
   d) size

5) **BH**
   a) necktie
   b) knickers
   c) bra
   d) zip

6) **slips**
   a) blouse
   b) necktie
   c) bow tie
   d) suit

7) **truse**
   a) briefs
   b) knickers
   c) stockings
   d) clothes

8) **collegegenser**
   a) braces/suspenders
   b) sweatshirt
   c) T-shirt
   d) bathing suit

9) **dress**
   a) coat
   b) stockings
   c) jumpsuit
   d) suit

10) **frakk**
    a) jumper
    b) coat
    c) umbrella
    d) running shoes

11) **strømper**
    a) stockings
    b) bow tie
    c) scarf
    d) anorak

12) **paraply**
    a) T-shirt
    b) anorak
    c) umbrella
    d) knickers

13) **regnjakke**
    a) mackintosh
    b) skirt
    c) socks
    d) handkerchief

14) **sokker**
    a) clothes
    b) socks
    c) belt
    d) jacket

15) **bikini**
    a) coat
    b) stockings
    c) bikini
    d) jeans

16) **skjorte**
    a) waistcoat
    b) shirt
    c) cardigan
    d) anorak

17) **lue**
    a) cap
    b) tights
    c) shirt
    d) suit

18) **glidelås**
    a) bow tie
    b) running shoes
    c) zip
    d) anorak

19) **cardigan**
    a) cardigan
    b) glove
    c) skirt
    d) briefs

20) **tøfler**
    a) suit
    b) slippers
    c) T-shirt
    d) running shoes

21) **joggesko**
    a) stockings
    b) pyjamas
    c) running shoes
    d) briefs

22) **t-skjorte**
    a) sandals
    b) pyjamas
    c) T-shirt
    d) skirt

23) **jakke**
    a) jumpsuit
    b) briefs
    c) necktie
    d) jacket

24) **dongeribukse**
    a) zip
    b) suit
    c) jacket
    d) jeans

#68 - Clothing
Select the closest English word to match the Norwegian word.

1) tøfler
a) mackintosh
b) tights
c) slippers
d) bow tie

2) strømpebukse
a) tights
b) stockings
c) clothes
d) skirt

3) hofteholder
a) size
b) running shoes
c) bathing suit
d) corset

4) størrelse
a) hiking boots
b) size
c) glove
d) jeans

5) paraply
a) glove
b) scarf
c) jeans
d) umbrella

6) collegegenser
a) suit
b) cardigan
c) sweatshirt
d) umbrella

7) fjellstøvler
a) running shoes
b) hiking boots
c) blouse
d) braces/suspenders

8) underbukse
a) briefs
b) hiking boots
c) overcoat
d) belt

9) lommetørkle
a) handkerchief
b) umbrella
c) overalls
d) size

10) t-skjorte
a) handkerchief
b) belt
c) umbrella
d) T-shirt

11) anorakk
a) size
b) dress
c) jacket
d) anorak

12) hansker
a) gloves
b) jeans
c) belt
d) anorak

13) jumpsuit
a) hiking boots
b) jumpsuit
c) trousers
d) zip

14) sandaler
a) size
b) anorak
c) shirt
d) sandals

15) bukseseler
a) bra
b) braces/suspenders
c) running shoes
d) dressing gown

16) strømper
a) sandals
b) hiking boots
c) stockings
d) suit

17) frakk
a) running shoes
b) pyjamas
c) coat
d) blouse

18) sokker
a) briefs
b) size
c) bra
d) socks

19) snekkerbukse
a) overalls
b) zip
c) cardigan
d) sweatshirt

20) glidelås
a) bra
b) waistcoat
c) zip
d) tights

21) badedrakt
a) blouse
b) bathing suit
c) T-shirt
d) jumpsuit

22) BH
a) bikini
b) coat
c) bra
d) jeans

23) sløyfe
a) cardigan
b) knickers
c) bow tie
d) sweatshirt

24) regnjakke
a) tights
b) mackintosh
c) sweatshirt
d) bathing suit

#69 - Clothing

Select the closest Norwegian word to match the English word.

1) **glove**
   a) fjellstøvler
   b) bluse
   c) hofteholder
   d) hanske

2) **overalls**
   a) snekkerbukse
   b) dongeribukse
   c) underbukse
   d) skjørt

3) **cardigan**
   a) cardigan
   b) hanske
   c) snekkerbukse
   d) strømper

4) **tights**
   a) strømpebukse
   b) hansker
   c) t-skjorte
   d) BH

5) **braces/suspenders**
   a) bukseseler
   b) tøfler
   c) truse
   d) vest

6) **stockings**
   a) hanske
   b) strømper
   c) klær
   d) glidelås

7) **suit**
   a) fjellstøvler
   b) dress
   c) hofteholder
   d) underbukse

8) **umbrella**
   a) hanske
   b) paraply
   c) dress
   d) dongeribukse

9) **bow tie**
   a) dress
   b) sløyfe
   c) dongeribukse
   d) genser

10) **cap**
    a) cardigan
    b) hanske
    c) lommetørkle
    d) lue

11) **corset**
    a) snekkerbukse
    b) hofteholder
    c) bikini
    d) dress

12) **zip**
    a) sandaler
    b) glidelås
    c) størrelse
    d) bluse

13) **overcoat**
    a) bluse
    b) vest
    c) skjerf
    d) frakk

14) **trousers**
    a) skjorte
    b) dress
    c) bukse
    d) strømper

15) **pyjamas**
    a) badedrakt
    b) pyjamas
    c) fjellstøvler
    d) genser

16) **sweatshirt**
    a) bluse
    b) paraply
    c) glidelås
    d) collegegenser

17) **bra**
    a) anorakk
    b) BH
    c) bluse
    d) lommetørkle

18) **jeans**
    a) dongeribukse
    b) glidelås
    c) bukse
    d) anorakk

19) **slippers**
    a) tøfler
    b) dongeribukse
    c) hansker
    d) paraply

20) **jumpsuit**
    a) regnjakke
    b) hofteholder
    c) jumpsuit
    d) tøfler

21) **briefs**
    a) BH
    b) underbukse
    c) jakke
    d) slips

22) **gloves**
    a) hansker
    b) regnjakke
    c) slåbrok
    d) badedrakt

23) **jacket**
    a) cardigan
    b) jakke
    c) BH
    d) dongeribukse

24) **sandals**
    a) sandaler
    b) glidelås
    c) skjørt
    d) dongeribukse

#70 - Clothing

Select the closest Norwegian word to match the English word.

1) sandals
   a) sandaler
   b) paraply
   c) cardigan
   d) bukse

2) slippers
   a) tøfler
   b) fjellstøvler
   c) skjørt
   d) klær

3) belt
   a) belte
   b) t-skjorte
   c) pyjamas
   d) hansker

4) necktie
   a) slips
   b) sandaler
   c) BH
   d) vest

5) anorak
   a) BH
   b) sokker
   c) anorakk
   d) hansker

6) size
   a) kjole
   b) skjorte
   c) regnjakke
   d) størrelse

7) clothes
   a) sandaler
   b) klær
   c) frakk
   d) bikini

8) coat
   a) anorakk
   b) lue
   c) sløyfe
   d) frakk

9) suit
   a) dress
   b) skjerf
   c) underbukse
   d) tøfler

10) overalls
    a) slåbrok
    b) dress
    c) joggesko
    d) snekkerbukse

11) hiking boots
    a) lue
    b) sokker
    c) fjellstøvler
    d) truse

12) blouse
    a) lommetørkle
    b) sandaler
    c) bluse
    d) klær

13) bow tie
    a) sløyfe
    b) snekkerbukse
    c) badedrakt
    d) skjerf

14) T-shirt
    a) t-skjorte
    b) skjorte
    c) underbukse
    d) frakk

15) stockings
    a) bukseseler
    b) strømper
    c) t-skjorte
    d) bikini

16) socks
    a) truse
    b) vest
    c) hansker
    d) sokker

17) dressing gown
    a) frakk
    b) vest
    c) skjerf
    d) slåbrok

18) briefs
    a) underbukse
    b) hansker
    c) lommetørkle
    d) kjole

19) waistcoat
    a) hanske
    b) vest
    c) bluse
    d) hansker

20) sweatshirt
    a) strømper
    b) collegegenser
    c) hanske
    d) fjellstøvler

21) tights
    a) dress
    b) strømpebukse
    c) anorakk
    d) paraply

22) handkerchief
    a) lue
    b) lommetørkle
    c) bluse
    d) vest

23) glove
    a) hanske
    b) strømpebukse
    c) sløyfe
    d) hofteholder

24) bathing suit
    a) paraply
    b) badedrakt
    c) lommetørkle
    d) sløyfe

#71 - Clothing
Select the closest Norwegian word to match the English word.

1) **waistcoat**
   a) vest
   b) frakk
   c) jumpsuit
   d) strømper

2) **skirt**
   a) kjole
   b) skjørt
   c) hansker
   d) snekkerbukse

3) **cap**
   a) dress
   b) bikini
   c) klær
   d) lue

4) **sweatshirt**
   a) anorakk
   b) collegegenser
   c) skjorte
   d) sløyfe

5) **bow tie**
   a) regnjakke
   b) hofteholder
   c) pyjamas
   d) sløyfe

6) **bra**
   a) skjerf
   b) BH
   c) slåbrok
   d) sandaler

7) **trousers**
   a) strømper
   b) lue
   c) bukse
   d) fjellstøvler

8) **gloves**
   a) hansker
   b) pyjamas
   c) snekkerbukse
   d) frakk

9) **pyjamas**
   a) pyjamas
   b) truse
   c) strømper
   d) skjorte

10) **blouse**
    a) genser
    b) bluse
    c) skjørt
    d) strømpebukse

11) **cardigan**
    a) badedrakt
    b) genser
    c) anorakk
    d) cardigan

12) **sandals**
    a) skjerf
    b) lue
    c) bukseseler
    d) sandaler

13) **T-shirt**
    a) sandaler
    b) t-skjorte
    c) collegegenser
    d) lue

14) **hiking boots**
    a) jumpsuit
    b) fjellstøvler
    c) dongeribukse
    d) cardigan

15) **briefs**
    a) kjole
    b) sandaler
    c) underbukse
    d) dongeribukse

16) **clothes**
    a) paraply
    b) klær
    c) pyjamas
    d) slåbrok

17) **handkerchief**
    a) genser
    b) sandaler
    c) frakk
    d) lommetørkle

18) **jumpsuit**
    a) jumpsuit
    b) sløyfe
    c) klær
    d) t-skjorte

19) **jumper**
    a) slips
    b) glidelås
    c) genser
    d) frakk

20) **stockings**
    a) truse
    b) t-skjorte
    c) hofteholder
    d) strømper

21) **dress**
    a) slips
    b) bikini
    c) lommetørkle
    d) kjole

22) **umbrella**
    a) paraply
    b) dongeribukse
    c) bluse
    d) hansker

23) **braces/suspenders**
    a) paraply
    b) tøfler
    c) skjørt
    d) bukseseler

24) **shirt**
    a) underbukse
    b) skjorte
    c) joggesko
    d) t-skjorte

#72 - Clothing
Select the closest Norwegian word to match the English word.

1) coat
a) belte
b) skjorte
c) frakk
d) hofteholder

2) belt
a) bukse
b) belte
c) t-skjorte
d) skjørt

3) corset
a) t-skjorte
b) genser
c) hofteholder
d) fjellstøvler

4) slippers
a) tøfler
b) frakk
c) dongeribukse
d) skjørt

5) zip
a) klær
b) pyjamas
c) glidelås
d) bukseseler

6) running shoes
a) bluse
b) joggesko
c) jakke
d) glidelås

7) jeans
a) badedrakt
b) dongeribukse
c) jakke
d) tøfler

8) trousers
a) bukse
b) glidelås
c) hanske
d) dongeribukse

9) T-shirt
a) bukse
b) slips
c) t-skjorte
d) strømpebukse

10) shirt
a) hanske
b) collegegenser
c) skjorte
d) klær

11) stockings
a) regnjakke
b) strømper
c) tøfler
d) vest

12) bathing suit
a) collegegenser
b) badedrakt
c) vest
d) dress

13) anorak
a) cardigan
b) bukseseler
c) slips
d) anorakk

14) blouse
a) lommetørkle
b) hanske
c) bluse
d) hansker

15) umbrella
a) sløyfe
b) cardigan
c) frakk
d) paraply

16) hiking boots
a) truse
b) snekkerbukse
c) sløyfe
d) fjellstøvler

17) overalls
a) størrelse
b) snekkerbukse
c) tøfler
d) bluse

18) sweatshirt
a) frakk
b) størrelse
c) badedrakt
d) collegegenser

19) cardigan
a) dress
b) cardigan
c) strømpebukse
d) sandaler

20) bikini
a) anorakk
b) skjerf
c) bikini
d) bluse

21) waistcoat
a) t-skjorte
b) frakk
c) vest
d) paraply

22) sandals
a) jumpsuit
b) genser
c) pyjamas
d) sandaler

23) bow tie
a) truse
b) snekkerbukse
c) pyjamas
d) sløyfe

24) scarf
a) frakk
b) hofteholder
c) kjole
d) skjerf

#73 - Clothing
Select the closest Norwegian word to match the English word.

1) **corset**
   a) BH
   b) vest
   c) skjorte
   d) hofteholder

2) **necktie**
   a) kjole
   b) slips
   c) hanske
   d) fjellstøvler

3) **overcoat**
   a) skjorte
   b) frakk
   c) klær
   d) størrelse

4) **belt**
   a) skjørt
   b) hofteholder
   c) cardigan
   d) belte

5) **slippers**
   a) tøfler
   b) jakke
   c) bikini
   d) kjole

6) **overalls**
   a) snekkerbukse
   b) BH
   c) hansker
   d) tøfler

7) **sandals**
   a) sandaler
   b) sokker
   c) strømper
   d) belte

8) **glove**
   a) hanske
   b) lue
   c) skjørt
   d) pyjamas

9) **jacket**
   a) jakke
   b) anorakk
   c) dongeribukse
   d) jumpsuit

10) **hiking boots**
    a) fjellstøvler
    b) BH
    c) bluse
    d) pyjamas

11) **trousers**
    a) slåbrok
    b) bukse
    c) fjellstøvler
    d) skjerf

12) **stockings**
    a) vest
    b) skjerf
    c) bluse
    d) strømper

13) **dressing gown**
    a) paraply
    b) vest
    c) slåbrok
    d) cardigan

14) **bikini**
    a) cardigan
    b) bikini
    c) bukseseler
    d) sokker

15) **bow tie**
    a) størrelse
    b) jakke
    c) sløyfe
    d) joggesko

16) **skirt**
    a) skjørt
    b) t-skjorte
    c) sokker
    d) strømpebukse

17) **T-shirt**
    a) sokker
    b) t-skjorte
    c) cardigan
    d) strømper

18) **bra**
    a) regnjakke
    b) badedrakt
    c) BH
    d) anorakk

19) **briefs**
    a) underbukse
    b) hofteholder
    c) snekkerbukse
    d) strømper

20) **jumper**
    a) cardigan
    b) bluse
    c) genser
    d) bukse

21) **cardigan**
    a) bikini
    b) cardigan
    c) lue
    d) strømpebukse

22) **zip**
    a) dress
    b) t-skjorte
    c) fjellstøvler
    d) glidelås

23) **blouse**
    a) skjørt
    b) strømper
    c) bluse
    d) tøfler

24) **dress**
    a) glidelås
    b) bukseseler
    c) kjole
    d) lue

#74 - Clothing

Select the closest Norwegian word to match the English word.

1) gloves
a) dress
b) hansker
c) lue
d) collegegenser

2) jumper
a) cardigan
b) skjorte
c) genser
d) hofteholder

3) overcoat
a) snekkerbukse
b) kjole
c) frakk
d) dongeribukse

4) bra
a) t-skjorte
b) sokker
c) BH
d) strømpebukse

5) dress
a) skjorte
b) strømper
c) kjole
d) hofteholder

6) hiking boots
a) fjellstøvler
b) anorakk
c) strømper
d) strømpebukse

7) jacket
a) jakke
b) hofteholder
c) sandaler
d) vest

8) T-shirt
a) t-skjorte
b) jumpsuit
c) cardigan
d) skjorte

9) braces/suspenders
a) frakk
b) fjellstøvler
c) bukseseler
d) belte

10) tights
a) t-skjorte
b) størrelse
c) tøfler
d) strømpebukse

11) overalls
a) genser
b) snekkerbukse
c) sløyfe
d) skjørt

12) sweatshirt
a) bluse
b) tøfler
c) cardigan
d) collegegenser

13) blouse
a) bluse
b) frakk
c) collegegenser
d) frakk

14) mackintosh
a) fjellstøvler
b) regnjakke
c) bukse
d) bukseseler

15) sandals
a) dress
b) hofteholder
c) sandaler
d) skjorte

16) cap
a) cardigan
b) kjole
c) sandaler
d) lue

17) knickers
a) frakk
b) lue
c) underbukse
d) truse

18) zip
a) underbukse
b) glidelås
c) belte
d) fjellstøvler

19) briefs
a) klær
b) anorakk
c) joggesko
d) underbukse

20) anorak
a) cardigan
b) størrelse
c) anorakk
d) lue

21) jumpsuit
a) jumpsuit
b) badedrakt
c) cardigan
d) strømpebukse

22) corset
a) hofteholder
b) truse
c) bikini
d) t-skjorte

23) size
a) BH
b) strømpebukse
c) genser
d) størrelse

24) jeans
a) hansker
b) paraply
c) dongeribukse
d) belte

#75 - Clothing

Select the closest Norwegian word to match the English word.

1) **waistcoat**
   a) dongeribukse
   b) hansker
   c) cardigan
   d) vest

2) **blouse**
   a) bluse
   b) regnjakke
   c) sløyfe
   d) bukseseler

3) **necktie**
   a) fjellstøvler
   b) jakke
   c) klær
   d) slips

4) **pyjamas**
   a) pyjamas
   b) sløyfe
   c) truse
   d) collegegenser

5) **tights**
   a) fjellstøvler
   b) strømpebukse
   c) sokker
   d) anorakk

6) **stockings**
   a) dongeribukse
   b) strømper
   c) sløyfe
   d) hofteholder

7) **mackintosh**
   a) frakk
   b) regnjakke
   c) anorakk
   d) bikini

8) **jumpsuit**
   a) frakk
   b) sokker
   c) skjørt
   d) jumpsuit

9) **briefs**
   a) kjole
   b) underbukse
   c) bluse
   d) pyjamas

10) **glove**
    a) dongeribukse
    b) hanske
    c) fjellstøvler
    d) sløyfe

11) **cardigan**
    a) lommetørkle
    b) cardigan
    c) anorakk
    d) tøfler

12) **bikini**
    a) underbukse
    b) joggesko
    c) dongeribukse
    d) bikini

13) **corset**
    a) hofteholder
    b) tøfler
    c) sandaler
    d) cardigan

14) **umbrella**
    a) skjørt
    b) underbukse
    c) slåbrok
    d) paraply

15) **anorak**
    a) skjorte
    b) slåbrok
    c) anorakk
    d) jumpsuit

16) **slippers**
    a) anorakk
    b) hofteholder
    c) lommetørkle
    d) tøfler

17) **cap**
    a) truse
    b) dress
    c) lue
    d) bukseseler

18) **bra**
    a) bluse
    b) paraply
    c) regnjakke
    d) BH

19) **jacket**
    a) kjole
    b) skjorte
    c) jakke
    d) snekkerbukse

20) **dress**
    a) lommetørkle
    b) t-skjorte
    c) vest
    d) kjole

21) **dressing gown**
    a) glidelås
    b) vest
    c) underbukse
    d) slåbrok

22) **overcoat**
    a) frakk
    b) strømper
    c) belte
    d) hansker

23) **hiking boots**
    a) vest
    b) bukseseler
    c) truse
    d) fjellstøvler

24) **bathing suit**
    a) fjellstøvler
    b) bikini
    c) badedrakt
    d) størrelse

#76 - Family
Select the closest English word to match the Norwegian word.

1) **foreldre**
   a) bride
   b) cousin
   c) stepbrother
   d) parents

2) **bestefar**
   a) parents
   b) stepmother
   c) stepfather
   d) grandfather

3) **søster**
   a) grandchild
   b) sister
   c) father
   d) family

4) **slektninger**
   a) stepfather
   b) relatives
   c) husband
   d) sister

5) **stebror**
   a) stepbrother
   b) stepfather
   c) son
   d) grandfather

6) **familie**
   a) stepdaughter
   b) family
   c) uncle
   d) niece

7) **mann**
   a) mum
   b) stepbrother
   c) stepdaughter
   d) husband

8) **stemor**
   a) stepfather
   b) family
   c) stepmother
   d) parents

9) **bror**
   a) brother
   b) sister
   c) daughter
   d) nephew

10) **sønn**
    a) husband
    b) grandfather
    c) son
    d) stepsister

11) **barnebarn**
    a) dad
    b) grandfather
    c) cousin
    d) grandchild

12) **nevø**
    a) relatives
    b) nephew
    c) mum
    d) dad

13) **pappa**
    a) stepson
    b) dad
    c) relatives
    d) nephew

14) **stedatter**
    a) mother
    b) stepdaughter
    c) son
    d) parents

15) **slektning**
    a) relative
    b) father
    c) grandfather
    d) aunt

16) **far**
    a) cousin
    b) brother
    c) nephew
    d) father

17) **datter**
    a) son
    b) niece
    c) family
    d) daughter

18) **brud**
    a) bride
    b) mother
    c) parent
    d) mum

19) **fetter**
    a) stepfather
    b) relatives
    c) uncle
    d) cousin

20) **stesøster**
    a) father
    b) son
    c) stepbrother
    d) stepsister

21) **stefar**
    a) stepsister
    b) husband
    c) uncle
    d) stepfather

22) **kone**
    a) bride
    b) wife
    c) parent
    d) parents

23) **tante**
    a) cousin
    b) mother
    c) uncle
    d) aunt

24) **onkel**
    a) uncle
    b) dad
    c) mum
    d) relative

#77 - Family

Select the closest English word to match the Norwegian word.

1) pappa
 a) dad
 b) husband
 c) stepbrother
 d) wife

2) datter
 a) daughter
 b) mother
 c) mum
 d) stepfather

3) barnebarn
 a) grandchild
 b) relative
 c) stepfather
 d) grandfather

4) brud
 a) cousin
 b) stepson
 c) uncle
 d) bride

5) stesønn
 a) stepson
 b) wife
 c) aunt
 d) mum

6) kone
 a) wife
 b) stepfather
 c) mother
 d) daughter

7) niese
 a) relative
 b) mum
 c) stepfather
 d) niece

8) søster
 a) father
 b) relatives
 c) sister
 d) stepdaughter

9) nevø
 a) nephew
 b) stepson
 c) stepdaughter
 d) father

10) forelder
 a) parent
 b) family
 c) grandchild
 d) aunt

11) bestefar
 a) grandchild
 b) grandfather
 c) stepson
 d) husband

12) stedatter
 a) dad
 b) stepdaughter
 c) daughter
 d) stepbrother

13) familie
 a) mum
 b) family
 c) mother
 d) aunt

14) mamma
 a) mum
 b) bride
 c) grandfather
 d) stepson

15) mor
 a) mother
 b) stepbrother
 c) family
 d) nephew

16) stebror
 a) stepbrother
 b) father
 c) mother
 d) brother

17) slektninger
 a) relatives
 b) niece
 c) cousin
 d) stepsister

18) stemor
 a) stepmother
 b) relatives
 c) grandmother
 d) relative

19) bestemor
 a) stepbrother
 b) grandmother
 c) dad
 d) sister

20) foreldre
 a) bride
 b) parents
 c) stepmother
 d) uncle

21) fetter
 a) cousin
 b) stepsister
 c) parents
 d) grandchild

22) tante
 a) niece
 b) family
 c) aunt
 d) mum

23) stefar
 a) stepfather
 b) stepmother
 c) husband
 d) aunt

24) bror
 a) family
 b) relatives
 c) nephew
 d) brother

#78 - Family
Select the closest English word to match the Norwegian word.

1) fetter
 a) grandmother
 b) relative
 c) cousin
 d) wife

2) mann
 a) husband
 b) bride
 c) relatives
 d) niece

3) sønn
 a) sister
 b) relative
 c) cousin
 d) son

4) niese
 a) husband
 b) wife
 c) niece
 d) grandfather

5) brud
 a) bride
 b) brother
 c) aunt
 d) relative

6) mor
 a) parent
 b) mother
 c) stepmother
 d) relatives

7) forelder
 a) stepsister
 b) bride
 c) parents
 d) parent

8) pappa
 a) stepbrother
 b) stepson
 c) dad
 d) cousin

9) slektning
 a) parents
 b) grandmother
 c) relative
 d) daughter

10) bror
 a) brother
 b) daughter
 c) sister
 d) grandmother

11) stebror
 a) niece
 b) stepfather
 c) stepbrother
 d) brother

12) nevø
 a) uncle
 b) bride
 c) nephew
 d) cousin

13) kone
 a) wife
 b) cousin
 c) brother
 d) mother

14) datter
 a) daughter
 b) stepson
 c) mum
 d) son

15) slektninger
 a) stepsister
 b) relatives
 c) stepfather
 d) aunt

16) bestefar
 a) mother
 b) relatives
 c) stepdaughter
 d) grandfather

17) stesønn
 a) stepson
 b) niece
 c) stepsister
 d) grandfather

18) stefar
 a) grandfather
 b) stepfather
 c) stepdaughter
 d) dad

19) mamma
 a) stepbrother
 b) stepson
 c) family
 d) mum

20) stedatter
 a) stepdaughter
 b) stepson
 c) niece
 d) grandfather

21) far
 a) stepfather
 b) niece
 c) husband
 d) father

22) søster
 a) niece
 b) brother
 c) sister
 d) stepbrother

23) barnebarn
 a) mother
 b) relative
 c) parent
 d) grandchild

24) foreldre
 a) mum
 b) daughter
 c) stepmother
 d) parents

#79 - Family
Select the closest English word to match the Norwegian word.

1) kone
 a) cousin
 b) uncle
 c) wife
 d) father

2) bror
 a) sister
 b) brother
 c) stepfather
 d) parents

3) stedatter
 a) stepdaughter
 b) nephew
 c) uncle
 d) relative

4) far
 a) sister
 b) cousin
 c) father
 d) parent

5) barnebarn
 a) niece
 b) stepsister
 c) grandchild
 d) stepson

6) mann
 a) husband
 b) wife
 c) parents
 d) grandfather

7) stefar
 a) stepfather
 b) bride
 c) brother
 d) grandmother

8) nevø
 a) dad
 b) stepmother
 c) stepbrother
 d) nephew

9) mamma
 a) mum
 b) uncle
 c) grandfather
 d) parent

10) fetter
 a) stepson
 b) cousin
 c) sister
 d) parent

11) niese
 a) niece
 b) father
 c) mum
 d) relative

12) stesønn
 a) stepmother
 b) husband
 c) parents
 d) stepson

13) stemor
 a) stepson
 b) parents
 c) stepmother
 d) bride

14) bestefar
 a) grandfather
 b) stepbrother
 c) uncle
 d) father

15) datter
 a) stepsister
 b) daughter
 c) relative
 d) stepfather

16) tante
 a) grandchild
 b) grandmother
 c) wife
 d) aunt

17) familie
 a) relatives
 b) sister
 c) mother
 d) family

18) pappa
 a) dad
 b) son
 c) sister
 d) family

19) sønn
 a) sister
 b) family
 c) son
 d) nephew

20) slektninger
 a) relatives
 b) niece
 c) family
 d) daughter

21) onkel
 a) parent
 b) uncle
 c) relative
 d) relatives

22) mor
 a) dad
 b) stepsister
 c) sister
 d) mother

23) stesøster
 a) parent
 b) relative
 c) aunt
 d) stepsister

24) forelder
 a) daughter
 b) brother
 c) husband
 d) parent

#80 - Family
Select the closest English word to match the Norwegian word.

1) brud
 a) niece
 b) wife
 c) bride
 d) daughter

2) stesønn
 a) stepdaughter
 b) relative
 c) stepson
 d) cousin

3) kone
 a) wife
 b) grandmother
 c) father
 d) bride

4) onkel
 a) bride
 b) husband
 c) uncle
 d) parent

5) søster
 a) daughter
 b) parents
 c) niece
 d) sister

6) stesøster
 a) daughter
 b) stepsister
 c) stepmother
 d) stepdaughter

7) mor
 a) aunt
 b) grandmother
 c) stepdaughter
 d) mother

8) fetter
 a) mum
 b) cousin
 c) family
 d) uncle

9) pappa
 a) stepbrother
 b) dad
 c) aunt
 d) grandchild

10) stemor
 a) stepmother
 b) nephew
 c) dad
 d) family

11) stedatter
 a) bride
 b) stepdaughter
 c) stepmother
 d) aunt

12) stebror
 a) stepbrother
 b) parent
 c) family
 d) bride

13) niese
 a) relatives
 b) parents
 c) brother
 d) niece

14) mamma
 a) stepfather
 b) stepbrother
 c) mum
 d) brother

15) barnebarn
 a) dad
 b) stepdaughter
 c) grandchild
 d) son

16) stefar
 a) stepfather
 b) mum
 c) stepmother
 d) parent

17) bestemor
 a) nephew
 b) relative
 c) brother
 d) grandmother

18) foreldre
 a) grandfather
 b) parent
 c) parents
 d) stepfather

19) forelder
 a) parent
 b) aunt
 c) stepbrother
 d) mother

20) tante
 a) aunt
 b) stepsister
 c) brother
 d) mother

21) slektninger
 a) stepsister
 b) father
 c) parent
 d) relatives

22) bror
 a) grandmother
 b) mother
 c) brother
 d) cousin

23) slektning
 a) grandmother
 b) parents
 c) relative
 d) relatives

24) far
 a) wife
 b) daughter
 c) stepbrother
 d) father

#81 - Family
Select the closest English word to match the Norwegian word.

1) bestefar
 a) parent
 b) mum
 c) grandfather
 d) husband

2) sønn
 a) aunt
 b) brother
 c) cousin
 d) son

3) forelder
 a) parents
 b) mother
 c) relative
 d) parent

4) familie
 a) dad
 b) uncle
 c) aunt
 d) family

5) datter
 a) family
 b) daughter
 c) aunt
 d) dad

6) stedatter
 a) grandchild
 b) relative
 c) stepfather
 d) stepdaughter

7) stemor
 a) sister
 b) husband
 c) uncle
 d) stepmother

8) mann
 a) aunt
 b) stepbrother
 c) husband
 d) wife

9) stebror
 a) aunt
 b) parent
 c) nephew
 d) stepbrother

10) bror
 a) grandfather
 b) brother
 c) niece
 d) mother

11) stesøster
 a) nephew
 b) stepsister
 c) parent
 d) relatives

12) pappa
 a) brother
 b) nephew
 c) stepfather
 d) dad

13) fetter
 a) cousin
 b) grandchild
 c) bride
 d) sister

14) tante
 a) father
 b) aunt
 c) parent
 d) stepsister

15) niese
 a) stepdaughter
 b) husband
 c) mum
 d) niece

16) barnebarn
 a) relatives
 b) grandchild
 c) aunt
 d) niece

17) brud
 a) relative
 b) mum
 c) grandfather
 d) bride

18) onkel
 a) uncle
 b) stepsister
 c) sister
 d) father

19) slektning
 a) relative
 b) niece
 c) wife
 d) husband

20) stesønn
 a) stepson
 b) daughter
 c) parents
 d) father

21) foreldre
 a) brother
 b) parents
 c) grandfather
 d) relative

22) søster
 a) parent
 b) parents
 c) sister
 d) daughter

23) slektninger
 a) grandfather
 b) relatives
 c) aunt
 d) nephew

24) bestemor
 a) grandmother
 b) uncle
 c) stepsister
 d) mother

#82 - Family
Select the closest English word to match the Norwegian word.

1) søster
 a) aunt
 b) sister
 c) parent
 d) father

2) familie
 a) son
 b) family
 c) aunt
 d) niece

3) far
 a) father
 b) nephew
 c) stepfather
 d) bride

4) barnebarn
 a) niece
 b) stepson
 c) grandchild
 d) sister

5) datter
 a) uncle
 b) stepmother
 c) daughter
 d) mum

6) bestemor
 a) stepbrother
 b) grandfather
 c) bride
 d) grandmother

7) brud
 a) sister
 b) bride
 c) aunt
 d) husband

8) stebror
 a) stepbrother
 b) husband
 c) wife
 d) aunt

9) stefar
 a) stepson
 b) grandfather
 c) daughter
 d) stepfather

10) mann
 a) stepmother
 b) brother
 c) daughter
 d) husband

11) slektninger
 a) relative
 b) stepsister
 c) son
 d) relatives

12) kone
 a) stepson
 b) grandchild
 c) wife
 d) parents

13) onkel
 a) dad
 b) stepbrother
 c) uncle
 d) stepsister

14) niese
 a) cousin
 b) stepmother
 c) parents
 d) niece

15) bror
 a) stepson
 b) dad
 c) brother
 d) stepfather

16) bestefar
 a) grandfather
 b) stepson
 c) niece
 d) aunt

17) stedatter
 a) stepbrother
 b) mother
 c) mum
 d) stepdaughter

18) stesøster
 a) son
 b) relative
 c) niece
 d) stepsister

19) stesønn
 a) niece
 b) husband
 c) stepson
 d) relatives

20) fetter
 a) stepbrother
 b) grandmother
 c) cousin
 d) mum

21) stemor
 a) grandmother
 b) parent
 c) husband
 d) stepmother

22) forelder
 a) stepbrother
 b) family
 c) parent
 d) daughter

23) tante
 a) stepdaughter
 b) grandchild
 c) aunt
 d) niece

24) slektning
 a) family
 b) stepfather
 c) grandmother
 d) relative

#83 - Family
Select the closest English word to match the Norwegian word.

1) bror
 a) grandfather
 b) niece
 c) brother
 d) stepmother

2) barnebarn
 a) sister
 b) husband
 c) mother
 d) grandchild

3) stesøster
 a) mother
 b) relatives
 c) stepson
 d) stepsister

4) far
 a) father
 b) mum
 c) husband
 d) cousin

5) mann
 a) relative
 b) husband
 c) wife
 d) mum

6) niese
 a) niece
 b) grandfather
 c) wife
 d) relatives

7) stedatter
 a) bride
 b) stepdaughter
 c) sister
 d) mum

8) onkel
 a) aunt
 b) parent
 c) uncle
 d) grandmother

9) bestefar
 a) wife
 b) grandfather
 c) stepfather
 d) dad

10) stefar
 a) family
 b) stepfather
 c) grandfather
 d) parents

11) familie
 a) grandchild
 b) parent
 c) family
 d) daughter

12) slektninger
 a) son
 b) relatives
 c) grandfather
 d) parent

13) bestemor
 a) cousin
 b) grandmother
 c) dad
 d) wife

14) stemor
 a) stepfather
 b) stepmother
 c) brother
 d) stepson

15) nevø
 a) parents
 b) husband
 c) nephew
 d) wife

16) tante
 a) stepmother
 b) stepson
 c) niece
 d) aunt

17) slektning
 a) stepfather
 b) father
 c) relative
 d) grandchild

18) fetter
 a) uncle
 b) family
 c) cousin
 d) niece

19) mor
 a) mother
 b) niece
 c) stepfather
 d) sister

20) søster
 a) stepson
 b) cousin
 c) grandfather
 d) sister

21) datter
 a) father
 b) dad
 c) stepsister
 d) daughter

22) forelder
 a) wife
 b) grandmother
 c) grandchild
 d) parent

23) brud
 a) son
 b) husband
 c) bride
 d) mother

24) mamma
 a) father
 b) grandfather
 c) dad
 d) mum

#84 - Family

Select the closest Norwegian word to match the English word.

1) stepmother
 a) bestemor
 b) bror
 c) tante
 d) stemor

2) grandchild
 a) bror
 b) slektninger
 c) barnebarn
 d) far

3) stepfather
 a) stefar
 b) foreldre
 c) mor
 d) stesøster

4) family
 a) søster
 b) stemor
 c) familie
 d) datter

5) dad
 a) pappa
 b) kone
 c) brud
 d) stesøster

6) aunt
 a) stefar
 b) stesøster
 c) slektninger
 d) tante

7) bride
 a) far
 b) forelder
 c) kone
 d) brud

8) husband
 a) sønn
 b) mor
 c) mann
 d) brud

9) grandmother
 a) mor
 b) forelder
 c) bestemor
 d) stesønn

10) daughter
 a) datter
 b) stefar
 c) mamma
 d) pappa

11) cousin
 a) fetter
 b) stemor
 c) stefar
 d) stesønn

12) stepson
 a) stesønn
 b) stefar
 c) barnebarn
 d) stemor

13) uncle
 a) onkel
 b) stedatter
 c) bestefar
 d) kone

14) stepsister
 a) stebror
 b) barnebarn
 c) stesøster
 d) familie

15) relative
 a) slektning
 b) niese
 c) bestemor
 d) onkel

16) brother
 a) bror
 b) stemor
 c) stesøster
 d) bestefar

17) mother
 a) mor
 b) stebror
 c) bestemor
 d) stedatter

18) relatives
 a) stedatter
 b) far
 c) slektninger
 d) brud

19) parents
 a) stesøster
 b) foreldre
 c) slektninger
 d) bestemor

20) stepbrother
 a) bestefar
 b) stedatter
 c) mor
 d) stebror

21) stepdaughter
 a) stedatter
 b) mann
 c) stesøster
 d) nevø

22) parent
 a) forelder
 b) niese
 c) far
 d) stemor

23) grandfather
 a) bestefar
 b) slektning
 c) brud
 d) mann

24) sister
 a) søster
 b) tante
 c) brud
 d) bestefar

#85 - Family
Select the closest Norwegian word to match the English word.

1) daughter
  a) stebror
  b) niese
  c) datter
  d) mamma

2) son
  a) søster
  b) forelder
  c) mamma
  d) sønn

3) bride
  a) sønn
  b) niese
  c) søster
  d) brud

4) dad
  a) bestefar
  b) pappa
  c) stebror
  d) familie

5) stepdaughter
  a) brud
  b) stesønn
  c) stedatter
  d) datter

6) stepson
  a) far
  b) stesønn
  c) familie
  d) stedatter

7) sister
  a) datter
  b) sønn
  c) forelder
  d) søster

8) relative
  a) slektning
  b) far
  c) stebror
  d) stefar

9) grandmother
  a) nevø
  b) mor
  c) barnebarn
  d) bestemor

10) father
  a) forelder
  b) stemor
  c) far
  d) barnebarn

11) parent
  a) far
  b) stemor
  c) forelder
  d) bror

12) stepbrother
  a) stebror
  b) slektning
  c) mann
  d) tante

13) uncle
  a) stefar
  b) onkel
  c) far
  d) fetter

14) wife
  a) datter
  b) foreldre
  c) kone
  d) nevø

15) grandfather
  a) far
  b) stedatter
  c) stefar
  d) bestefar

16) mother
  a) mamma
  b) stemor
  c) familie
  d) mor

17) grandchild
  a) stefar
  b) sønn
  c) barnebarn
  d) stemor

18) stepsister
  a) stesøster
  b) stedatter
  c) stesønn
  d) stebror

19) family
  a) bestefar
  b) bestemor
  c) niese
  d) familie

20) cousin
  a) onkel
  b) nevø
  c) stedatter
  d) fetter

21) husband
  a) mann
  b) stemor
  c) kone
  d) niese

22) mum
  a) kone
  b) mamma
  c) stebror
  d) niese

23) relatives
  a) onkel
  b) brud
  c) slektninger
  d) bror

24) brother
  a) datter
  b) stesøster
  c) foreldre
  d) bror

#86 - Family
Select the closest Norwegian word to match the English word.

1) uncle
 a) sønn
 b) bestefar
 c) onkel
 d) familie

2) father
 a) stefar
 b) stesøster
 c) datter
 d) far

3) husband
 a) niese
 b) mann
 c) pappa
 d) forelder

4) relatives
 a) slektninger
 b) brud
 c) mamma
 d) stefar

5) sister
 a) søster
 b) forelder
 c) barnebarn
 d) tante

6) stepson
 a) datter
 b) søster
 c) stebror
 d) stesønn

7) daughter
 a) brud
 b) onkel
 c) datter
 d) bestefar

8) stepmother
 a) nevø
 b) stemor
 c) barnebarn
 d) stefar

9) stepdaughter
 a) stedatter
 b) brud
 c) bror
 d) mann

10) parents
 a) nevø
 b) brud
 c) foreldre
 d) stesøster

11) niece
 a) stemor
 b) søster
 c) slektning
 d) niese

12) grandfather
 a) familie
 b) sønn
 c) bestefar
 d) far

13) brother
 a) stefar
 b) familie
 c) slektning
 d) bror

14) dad
 a) mann
 b) pappa
 c) sønn
 d) fetter

15) relative
 a) stefar
 b) mamma
 c) slektning
 d) niese

16) grandmother
 a) familie
 b) bestemor
 c) mann
 d) barnebarn

17) bride
 a) tante
 b) brud
 c) slektning
 d) kone

18) son
 a) forelder
 b) fetter
 c) sønn
 d) mamma

19) aunt
 a) tante
 b) mann
 c) bestemor
 d) pappa

20) wife
 a) niese
 b) foreldre
 c) slektning
 d) kone

21) nephew
 a) familie
 b) mamma
 c) onkel
 d) nevø

22) cousin
 a) fetter
 b) foreldre
 c) stesøster
 d) barnebarn

23) parent
 a) forelder
 b) bestefar
 c) niese
 d) bestemor

24) mother
 a) mor
 b) stefar
 c) stesønn
 d) pappa

#87 - Family
Select the closest Norwegian word to match the English word.

1) grandmother
 a) datter
 b) kone
 c) bestemor
 d) stesøster

2) stepfather
 a) mamma
 b) stefar
 c) stesøster
 d) stebror

3) aunt
 a) mann
 b) fetter
 c) tante
 d) far

4) father
 a) brud
 b) stefar
 c) forelder
 d) far

5) uncle
 a) bestemor
 b) familie
 c) onkel
 d) stebror

6) mum
 a) stesøster
 b) mamma
 c) stebror
 d) stefar

7) grandfather
 a) datter
 b) stedatter
 c) bestefar
 d) sønn

8) grandchild
 a) foreldre
 b) forelder
 c) tante
 d) barnebarn

9) parents
 a) mor
 b) stebror
 c) foreldre
 d) stefar

10) parent
 a) forelder
 b) far
 c) stesønn
 d) nevø

11) nephew
 a) nevø
 b) stesønn
 c) stemor
 d) søster

12) husband
 a) familie
 b) stefar
 c) stesønn
 d) mann

13) relative
 a) tante
 b) bestefar
 c) datter
 d) slektning

14) bride
 a) brud
 b) mor
 c) onkel
 d) bror

15) mother
 a) stesønn
 b) bestemor
 c) mor
 d) stemor

16) brother
 a) bror
 b) bestefar
 c) nevø
 d) fetter

17) sister
 a) søster
 b) bestefar
 c) stefar
 d) stesønn

18) niece
 a) barnebarn
 b) niese
 c) stefar
 d) sønn

19) family
 a) mor
 b) bestemor
 c) stesøster
 d) familie

20) stepmother
 a) stemor
 b) onkel
 c) bestefar
 d) stesønn

21) son
 a) sønn
 b) nevø
 c) familie
 d) bestefar

22) cousin
 a) fetter
 b) kone
 c) barnebarn
 d) datter

23) daughter
 a) stesøster
 b) stesønn
 c) bestemor
 d) datter

24) stepson
 a) stesønn
 b) fetter
 c) sønn
 d) stedatter

#88 - Family

Select the closest Norwegian word to match the English word.

1) relative
 a) mann
 b) slektning
 c) nevø
 d) sønn

2) cousin
 a) tante
 b) bestefar
 c) stebror
 d) fetter

3) stepfather
 a) familie
 b) stefar
 c) barnebarn
 d) fetter

4) husband
 a) bestemor
 b) mann
 c) pappa
 d) slektninger

5) relatives
 a) far
 b) slektninger
 c) stemor
 d) stebror

6) father
 a) far
 b) stesønn
 c) nevø
 d) søster

7) sister
 a) stedatter
 b) stefar
 c) søster
 d) bror

8) stepson
 a) pappa
 b) fetter
 c) brud
 d) stesønn

9) stepbrother
 a) foreldre
 b) familie
 c) bestefar
 d) stebror

10) son
 a) sønn
 b) stebror
 c) datter
 d) pappa

11) family
 a) mann
 b) mor
 c) bror
 d) familie

12) uncle
 a) bror
 b) stemor
 c) stefar
 d) onkel

13) stepsister
 a) niese
 b) fetter
 c) bestefar
 d) stesøster

14) dad
 a) onkel
 b) far
 c) pappa
 d) familie

15) brother
 a) forelder
 b) stesøster
 c) datter
 d) bror

16) niece
 a) brud
 b) niese
 c) bror
 d) kone

17) wife
 a) forelder
 b) kone
 c) far
 d) stesønn

18) grandfather
 a) bestemor
 b) bror
 c) slektninger
 d) bestefar

19) stepdaughter
 a) sønn
 b) slektninger
 c) stedatter
 d) far

20) mum
 a) niese
 b) mamma
 c) forelder
 d) foreldre

21) mother
 a) sønn
 b) stebror
 c) mamma
 d) mor

22) stepmother
 a) onkel
 b) stemor
 c) bestefar
 d) mann

23) aunt
 a) nevø
 b) tante
 c) mann
 d) familie

24) grandmother
 a) bror
 b) bestemor
 c) stesønn
 d) slektninger

#89 - Family
Select the closest Norwegian word to match the English word.

1) husband
 a) fetter
 b) mann
 c) far
 d) stebror

2) bride
 a) brud
 b) far
 c) pappa
 d) stedatter

3) stepsister
 a) niese
 b) stesøster
 c) slektning
 d) stesønn

4) mother
 a) bestemor
 b) barnebarn
 c) pappa
 d) mor

5) stepmother
 a) familie
 b) mor
 c) mamma
 d) stemor

6) grandfather
 a) barnebarn
 b) stesøster
 c) bestefar
 d) stebror

7) aunt
 a) pappa
 b) sønn
 c) forelder
 d) tante

8) son
 a) datter
 b) bestemor
 c) stedatter
 d) sønn

9) daughter
 a) stefar
 b) bestemor
 c) slektning
 d) datter

10) mum
 a) mamma
 b) forelder
 c) far
 d) kone

11) parents
 a) foreldre
 b) stedatter
 c) mann
 d) bror

12) wife
 a) stedatter
 b) foreldre
 c) mor
 d) kone

13) family
 a) bestefar
 b) familie
 c) tante
 d) stefar

14) stepson
 a) pappa
 b) stesønn
 c) nevø
 d) far

15) dad
 a) pappa
 b) foreldre
 c) stebror
 d) stedatter

16) nephew
 a) kone
 b) bestefar
 c) far
 d) nevø

17) relative
 a) slektning
 b) slektninger
 c) bror
 d) stesønn

18) stepdaughter
 a) onkel
 b) sønn
 c) mann
 d) stedatter

19) parent
 a) nevø
 b) stemor
 c) forelder
 d) sønn

20) grandmother
 a) bestemor
 b) slektning
 c) stesønn
 d) stefar

21) brother
 a) bror
 b) bestemor
 c) barnebarn
 d) onkel

22) relatives
 a) slektninger
 b) kone
 c) fetter
 d) familie

23) father
 a) slektning
 b) søster
 c) far
 d) niese

24) sister
 a) bestemor
 b) mamma
 c) søster
 d) tante

#90 - Family

Select the closest Norwegian word to match the English word.

1) **stepbrother**
   a) kone
   b) stebror
   c) pappa
   d) stesøster

2) **grandfather**
   a) søster
   b) slektninger
   c) bestefar
   d) nevø

3) **uncle**
   a) pappa
   b) onkel
   c) stebror
   d) bestefar

4) **daughter**
   a) datter
   b) stemor
   c) onkel
   d) bestefar

5) **bride**
   a) nevø
   b) mann
   c) mor
   d) brud

6) **grandmother**
   a) brud
   b) mamma
   c) bestemor
   d) stefar

7) **son**
   a) far
   b) fetter
   c) sønn
   d) onkel

8) **relatives**
   a) bror
   b) kone
   c) mor
   d) slektninger

9) **niece**
   a) niese
   b) slektning
   c) stefar
   d) stedatter

10) **aunt**
    a) tante
    b) far
    c) mor
    d) foreldre

11) **brother**
    a) mor
    b) sønn
    c) bror
    d) familie

12) **grandchild**
    a) barnebarn
    b) familie
    c) bror
    d) far

13) **mother**
    a) mor
    b) datter
    c) bestefar
    d) bestemor

14) **stepdaughter**
    a) sønn
    b) stedatter
    c) mor
    d) stemor

15) **husband**
    a) datter
    b) bestefar
    c) stesøster
    d) mann

16) **stepson**
    a) mamma
    b) stemor
    c) stesønn
    d) familie

17) **father**
    a) mann
    b) stefar
    c) far
    d) slektninger

18) **stepfather**
    a) nevø
    b) mor
    c) sønn
    d) stefar

19) **family**
    a) stedatter
    b) fetter
    c) familie
    d) mor

20) **relative**
    a) onkel
    b) datter
    c) bror
    d) slektning

21) **sister**
    a) mann
    b) stesønn
    c) fetter
    d) søster

22) **mum**
    a) mamma
    b) familie
    c) stefar
    d) bror

23) **cousin**
    a) bestefar
    b) barnebarn
    c) pappa
    d) fetter

24) **parents**
    a) foreldre
    b) fetter
    c) pappa
    d) mann

#91 - Food
Select the closest English word to match the Norwegian word.

1) iskrem
 a) olive oil
 b) butter
 c) ice-cream
 d) biscuit

2) sukker
 a) salad
 b) ice-cream
 c) sugar
 d) food

3) eddik
 a) vegetable soup
 b) salad
 c) butter
 d) vinegar

4) melk
 a) milk
 b) vinegar
 c) egg
 d) ice-cream

5) egg
 a) chocolate bar
 b) vinegar
 c) milk
 d) egg

6) ost
 a) mustard
 b) cheese
 c) salt
 d) egg

7) yoghurt
 a) chocolate bar
 b) egg
 c) salad
 d) yoghurt

8) kake
 a) cake
 b) mustard
 c) milk
 d) cheese

9) kjeks
 a) biscuit
 b) ice-cream
 c) milk
 d) yoghurt

10) mat
 a) food
 b) olive oil
 c) vinegar
 d) chocolate bar

11) sjokoladeplate
 a) olive oil
 b) milk
 c) chocolate bar
 d) cake

12) salt
 a) vegetable soup
 b) cake
 c) milk
 d) salt

13) sennep
 a) mustard
 b) salad
 c) olive oil
 d) bread

14) brød
 a) bread
 b) egg
 c) mustard
 d) roll

15) bakverk
 a) milk
 b) olive oil
 c) pastry
 d) yoghurt

16) salat
 a) salad
 b) olive oil
 c) pastry
 d) bread

17) grønnsakssuppe
 a) pastry
 b) vinegar
 c) vegetable soup
 d) olive oil

18) olivenolje
 a) salt
 b) milk
 c) olive oil
 d) butter

19) smør
 a) butter
 b) yoghurt
 c) salt
 d) salad

20) rundstykke
 a) roll
 b) olive oil
 c) egg
 d) milk

21) sennep
 a) yoghurt
 b) butter
 c) egg
 d) mustard

22) kjeks
 a) salt
 b) food
 c) sugar
 d) biscuit

23) smør
 a) olive oil
 b) vinegar
 c) salad
 d) butter

24) sjokoladeplate
 a) cake
 b) egg
 c) chocolate bar
 d) milk

#92 - Food

Select the closest English word to match the Norwegian word.

1) bakverk
a) pastry
b) ice-cream
c) butter
d) salad

2) grønnsakssuppe
a) pastry
b) cheese
c) vegetable soup
d) egg

3) brød
a) cheese
b) bread
c) egg
d) pastry

4) iskrem
a) egg
b) ice-cream
c) chocolate bar
d) vinegar

5) kjeks
a) vinegar
b) biscuit
c) vegetable soup
d) egg

6) yoghurt
a) butter
b) olive oil
c) salad
d) yoghurt

7) rundstykke
a) salt
b) biscuit
c) roll
d) ice-cream

8) mat
a) ice-cream
b) mustard
c) food
d) milk

9) sjokoladeplate
a) roll
b) cake
c) chocolate bar
d) salt

10) melk
a) yoghurt
b) biscuit
c) chocolate bar
d) milk

11) salt
a) vinegar
b) salt
c) cheese
d) egg

12) ost
a) cheese
b) mustard
c) biscuit
d) ice-cream

13) salat
a) salad
b) cake
c) butter
d) salt

14) eddik
a) butter
b) roll
c) vinegar
d) food

15) smør
a) butter
b) chocolate bar
c) yoghurt
d) cheese

16) sukker
a) food
b) cake
c) salad
d) sugar

17) egg
a) vinegar
b) milk
c) egg
d) mustard

18) olivenolje
a) olive oil
b) roll
c) salt
d) milk

19) sennep
a) butter
b) mustard
c) vinegar
d) cheese

20) kake
a) butter
b) cake
c) salad
d) olive oil

21) eddik
a) milk
b) chocolate bar
c) vinegar
d) yoghurt

22) sukker
a) ice-cream
b) sugar
c) olive oil
d) cheese

23) mat
a) food
b) roll
c) cake
d) olive oil

24) sennep
a) roll
b) yoghurt
c) sugar
d) mustard

#93 - Food
Select the closest English word to match the Norwegian word.

1) olivenolje
 a) olive oil
 b) egg
 c) food
 d) chocolate bar

2) salt
 a) vinegar
 b) milk
 c) yoghurt
 d) salt

3) brød
 a) bread
 b) egg
 c) vegetable soup
 d) vinegar

4) sennep
 a) cake
 b) butter
 c) mustard
 d) ice-cream

5) grønnsakssuppe
 a) olive oil
 b) food
 c) salt
 d) vegetable soup

6) smør
 a) food
 b) butter
 c) yoghurt
 d) salt

7) kjeks
 a) salad
 b) roll
 c) biscuit
 d) salt

8) sjokoladeplate
 a) chocolate bar
 b) roll
 c) mustard
 d) olive oil

9) bakverk
 a) pastry
 b) food
 c) roll
 d) cake

10) melk
 a) roll
 b) sugar
 c) bread
 d) milk

11) rundstykke
 a) bread
 b) roll
 c) milk
 d) salt

12) yoghurt
 a) milk
 b) roll
 c) yoghurt
 d) sugar

13) egg
 a) salt
 b) egg
 c) yoghurt
 d) roll

14) salat
 a) yoghurt
 b) salad
 c) mustard
 d) pastry

15) ost
 a) sugar
 b) cheese
 c) milk
 d) egg

16) kake
 a) yoghurt
 b) cake
 c) pastry
 d) egg

17) eddik
 a) vinegar
 b) egg
 c) food
 d) bread

18) iskrem
 a) butter
 b) ice-cream
 c) yoghurt
 d) olive oil

19) sukker
 a) milk
 b) sugar
 c) vegetable soup
 d) salad

20) mat
 a) bread
 b) vinegar
 c) food
 d) olive oil

21) eddik
 a) egg
 b) vinegar
 c) salad
 d) cake

22) sennep
 a) milk
 b) cheese
 c) ice-cream
 d) mustard

23) brød
 a) yoghurt
 b) vinegar
 c) cake
 d) bread

24) mat
 a) bread
 b) egg
 c) food
 d) cake

#94 - Food

Select the closest English word to match the Norwegian word.

1) brød
 a) pastry
 b) butter
 c) bread
 d) salt

2) ost
 a) food
 b) bread
 c) cheese
 d) yoghurt

3) bakverk
 a) sugar
 b) vinegar
 c) pastry
 d) biscuit

4) iskrem
 a) pastry
 b) salt
 c) milk
 d) ice-cream

5) kake
 a) cake
 b) bread
 c) cheese
 d) egg

6) eddik
 a) egg
 b) vinegar
 c) salt
 d) sugar

7) grønnsakssuppe
 a) chocolate bar
 b) mustard
 c) vegetable soup
 d) biscuit

8) mat
 a) egg
 b) vinegar
 c) food
 d) sugar

9) sjokoladeplate
 a) milk
 b) ice-cream
 c) chocolate bar
 d) bread

10) olivenolje
 a) vegetable soup
 b) salt
 c) butter
 d) olive oil

11) kjeks
 a) sugar
 b) biscuit
 c) vinegar
 d) mustard

12) yoghurt
 a) chocolate bar
 b) yoghurt
 c) biscuit
 d) ice-cream

13) rundstykke
 a) sugar
 b) roll
 c) yoghurt
 d) mustard

14) smør
 a) egg
 b) salt
 c) butter
 d) pastry

15) sukker
 a) chocolate bar
 b) butter
 c) sugar
 d) yoghurt

16) melk
 a) roll
 b) milk
 c) egg
 d) pastry

17) sennep
 a) olive oil
 b) egg
 c) biscuit
 d) mustard

18) egg
 a) sugar
 b) roll
 c) egg
 d) vinegar

19) salat
 a) butter
 b) bread
 c) salad
 d) chocolate bar

20) salt
 a) salt
 b) biscuit
 c) olive oil
 d) pastry

21) sjokoladeplate
 a) pastry
 b) chocolate bar
 c) olive oil
 d) egg

22) eddik
 a) mustard
 b) cake
 c) chocolate bar
 d) vinegar

23) brød
 a) biscuit
 b) bread
 c) salad
 d) yoghurt

24) bakverk
 a) mustard
 b) salt
 c) pastry
 d) cheese

#95 - Food

Select the closest English word to match the Norwegian word.

1) sjokoladeplate
 a) chocolate bar
 b) vinegar
 c) cheese
 d) bread

2) kake
 a) egg
 b) vinegar
 c) cake
 d) cheese

3) rundstykke
 a) cake
 b) salt
 c) roll
 d) mustard

4) sennep
 a) chocolate bar
 b) sugar
 c) roll
 d) mustard

5) olivenolje
 a) bread
 b) roll
 c) ice-cream
 d) olive oil

6) melk
 a) vegetable soup
 b) butter
 c) milk
 d) food

7) yoghurt
 a) yoghurt
 b) sugar
 c) ice-cream
 d) salt

8) smør
 a) salad
 b) pastry
 c) milk
 d) butter

9) mat
 a) food
 b) cheese
 c) salt
 d) biscuit

10) brød
 a) pastry
 b) vegetable soup
 c) bread
 d) cheese

11) eddik
 a) vinegar
 b) chocolate bar
 c) sugar
 d) biscuit

12) kjeks
 a) salad
 b) biscuit
 c) ice-cream
 d) salt

13) iskrem
 a) vegetable soup
 b) ice-cream
 c) egg
 d) roll

14) ost
 a) egg
 b) food
 c) chocolate bar
 d) cheese

15) salat
 a) food
 b) pastry
 c) bread
 d) salad

16) sukker
 a) ice-cream
 b) biscuit
 c) sugar
 d) egg

17) grønnsakssuppe
 a) vegetable soup
 b) butter
 c) food
 d) mustard

18) bakverk
 a) vegetable soup
 b) pastry
 c) olive oil
 d) bread

19) egg
 a) salad
 b) egg
 c) milk
 d) mustard

20) salt
 a) salt
 b) ice-cream
 c) vegetable soup
 d) yoghurt

21) grønnsakssuppe
 a) sugar
 b) vegetable soup
 c) milk
 d) cheese

22) melk
 a) sugar
 b) chocolate bar
 c) milk
 d) bread

23) yoghurt
 a) roll
 b) vinegar
 c) yoghurt
 d) pastry

24) kake
 a) milk
 b) pastry
 c) roll
 d) cake

#96 - Food
Select the closest English word to match the Norwegian word.

1) yoghurt
a) olive oil
b) yoghurt
c) salad
d) bread

2) eddik
a) vinegar
b) food
c) pastry
d) sugar

3) sukker
a) pastry
b) roll
c) sugar
d) food

4) sjokoladeplate
a) butter
b) vegetable soup
c) olive oil
d) chocolate bar

5) kake
a) mustard
b) cake
c) salad
d) biscuit

6) ost
a) pastry
b) cheese
c) cake
d) olive oil

7) egg
a) pastry
b) biscuit
c) vinegar
d) egg

8) sennep
a) butter
b) sugar
c) olive oil
d) mustard

9) kjeks
a) milk
b) salt
c) vinegar
d) biscuit

10) salt
a) salt
b) sugar
c) vegetable soup
d) food

11) mat
a) salt
b) food
c) roll
d) bread

12) salat
a) salad
b) food
c) bread
d) biscuit

13) brød
a) sugar
b) pastry
c) bread
d) yoghurt

14) olivenolje
a) food
b) roll
c) olive oil
d) biscuit

15) iskrem
a) cheese
b) vegetable soup
c) milk
d) ice-cream

16) smør
a) food
b) butter
c) cake
d) sugar

17) grønnsakssuppe
a) cheese
b) egg
c) vegetable soup
d) roll

18) melk
a) bread
b) milk
c) sugar
d) salad

19) rundstykke
a) milk
b) bread
c) roll
d) butter

20) bakverk
a) cake
b) milk
c) olive oil
d) pastry

21) grønnsakssuppe
a) biscuit
b) vegetable soup
c) bread
d) cheese

22) smør
a) salad
b) sugar
c) butter
d) cheese

23) sukker
a) sugar
b) cake
c) bread
d) pastry

24) olivenolje
a) cake
b) salad
c) ice-cream
d) olive oil

#97 - Food
Select the closest English word to match the Norwegian word.

1) bakverk
 a) salt
 b) cake
 c) pastry
 d) olive oil

2) yoghurt
 a) vegetable soup
 b) mustard
 c) yoghurt
 d) milk

3) smør
 a) milk
 b) egg
 c) butter
 d) cake

4) sukker
 a) mustard
 b) salad
 c) sugar
 d) cake

5) egg
 a) bread
 b) milk
 c) roll
 d) egg

6) ost
 a) egg
 b) cheese
 c) yoghurt
 d) sugar

7) brød
 a) cheese
 b) sugar
 c) olive oil
 d) bread

8) iskrem
 a) biscuit
 b) yoghurt
 c) ice-cream
 d) bread

9) salat
 a) olive oil
 b) vinegar
 c) salt
 d) salad

10) mat
 a) roll
 b) food
 c) bread
 d) salt

11) kjeks
 a) salad
 b) sugar
 c) butter
 d) biscuit

12) sennep
 a) olive oil
 b) sugar
 c) mustard
 d) vegetable soup

13) eddik
 a) vinegar
 b) olive oil
 c) roll
 d) sugar

14) sjokoladeplate
 a) chocolate bar
 b) cake
 c) mustard
 d) milk

15) salt
 a) egg
 b) salad
 c) salt
 d) vinegar

16) melk
 a) salt
 b) chocolate bar
 c) milk
 d) roll

17) kake
 a) biscuit
 b) yoghurt
 c) egg
 d) cake

18) rundstykke
 a) bread
 b) vegetable soup
 c) pastry
 d) roll

19) grønnsakssuppe
 a) olive oil
 b) cake
 c) ice-cream
 d) vegetable soup

20) olivenolje
 a) olive oil
 b) bread
 c) biscuit
 d) vegetable soup

21) sukker
 a) vegetable soup
 b) sugar
 c) biscuit
 d) bread

22) salt
 a) salt
 b) food
 c) butter
 d) bread

23) brød
 a) bread
 b) roll
 c) butter
 d) mustard

24) salat
 a) pastry
 b) food
 c) cheese
 d) salad

#98 - Food

Select the closest English word to match the Norwegian word.

1) bakverk
a) ice-cream
b) roll
c) pastry
d) food

2) iskrem
a) bread
b) egg
c) ice-cream
d) yoghurt

3) grønnsakssuppe
a) pastry
b) vinegar
c) biscuit
d) vegetable soup

4) smør
a) butter
b) cheese
c) vinegar
d) vegetable soup

5) mat
a) olive oil
b) vegetable soup
c) salt
d) food

6) ost
a) biscuit
b) cheese
c) food
d) vegetable soup

7) olivenolje
a) cheese
b) milk
c) olive oil
d) egg

8) brød
a) butter
b) olive oil
c) biscuit
d) bread

9) sennep
a) vinegar
b) food
c) roll
d) mustard

10) egg
a) egg
b) cake
c) roll
d) butter

11) sukker
a) pastry
b) yoghurt
c) sugar
d) ice-cream

12) salt
a) salt
b) bread
c) sugar
d) vinegar

13) rundstykke
a) roll
b) vinegar
c) bread
d) cheese

14) yoghurt
a) yoghurt
b) salad
c) chocolate bar
d) butter

15) eddik
a) milk
b) egg
c) yoghurt
d) vinegar

16) sjokoladeplate
a) ice-cream
b) milk
c) chocolate bar
d) mustard

17) melk
a) vegetable soup
b) food
c) milk
d) cake

18) salat
a) sugar
b) vegetable soup
c) salad
d) butter

19) kjeks
a) vinegar
b) sugar
c) biscuit
d) ice-cream

20) kake
a) chocolate bar
b) cake
c) yoghurt
d) ice-cream

21) kake
a) mustard
b) salad
c) milk
d) cake

22) sjokoladeplate
a) pastry
b) vegetable soup
c) chocolate bar
d) mustard

23) egg
a) roll
b) egg
c) olive oil
d) food

24) sukker
a) olive oil
b) sugar
c) milk
d) salt

#99 - Food

Select the closest Norwegian word to match the English word.

1) mustard
 a) sennep
 b) rundstykke
 c) bakverk
 d) melk

2) egg
 a) salat
 b) bakverk
 c) kake
 d) egg

3) sugar
 a) melk
 b) sjokoladeplate
 c) yoghurt
 d) sukker

4) cake
 a) kake
 b) sennep
 c) kjeks
 d) salat

5) vegetable soup
 a) salat
 b) grønnsakssuppe
 c) sjokoladeplate
 d) salt

6) vinegar
 a) eddik
 b) ost
 c) rundstykke
 d) sukker

7) yoghurt
 a) sukker
 b) yoghurt
 c) iskrem
 d) brød

8) food
 a) sjokoladeplate
 b) eddik
 c) mat
 d) olivenolje

9) olive oil
 a) olivenolje
 b) bakverk
 c) egg
 d) sukker

10) salad
 a) salat
 b) rundstykke
 c) sukker
 d) eddik

11) roll
 a) rundstykke
 b) kjeks
 c) eddik
 d) kake

12) bread
 a) rundstykke
 b) iskrem
 c) sennep
 d) brød

13) pastry
 a) salat
 b) salt
 c) bakverk
 d) kjeks

14) chocolate bar
 a) smør
 b) sjokoladeplate
 c) melk
 d) mat

15) milk
 a) kake
 b) melk
 c) yoghurt
 d) sennep

16) butter
 a) smør
 b) mat
 c) sennep
 d) kake

17) salt
 a) olivenolje
 b) sennep
 c) eddik
 d) salt

18) ice-cream
 a) sjokoladeplate
 b) bakverk
 c) iskrem
 d) salat

19) biscuit
 a) kjeks
 b) smør
 c) bakverk
 d) egg

20) cheese
 a) sukker
 b) ost
 c) melk
 d) bakverk

21) pastry
 a) kjeks
 b) brød
 c) salat
 d) bakverk

22) olive oil
 a) olivenolje
 b) rundstykke
 c) grønnsakssuppe
 d) egg

23) vegetable soup
 a) yoghurt
 b) grønnsakssuppe
 c) rundstykke
 d) smør

24) sugar
 a) sennep
 b) kake
 c) ost
 d) sukker

#100 - Food

Select the closest Norwegian word to match the English word.

1) bread
a) iskrem
b) brød
c) eddik
d) yoghurt

2) milk
a) sennep
b) smør
c) melk
d) sjokoladeplate

3) food
a) sennep
b) rundstykke
c) melk
d) mat

4) ice-cream
a) ost
b) iskrem
c) yoghurt
d) grønnsakssuppe

5) chocolate bar
a) ost
b) brød
c) sjokoladeplate
d) salt

6) egg
a) egg
b) salat
c) grønnsakssuppe
d) ost

7) cake
a) kake
b) sjokoladeplate
c) melk
d) sennep

8) vegetable soup
a) kjeks
b) bakverk
c) olivenolje
d) grønnsakssuppe

9) vinegar
a) eddik
b) smør
c) kjeks
d) ost

10) biscuit
a) kake
b) ost
c) kjeks
d) olivenolje

11) salad
a) yoghurt
b) salat
c) sennep
d) bakverk

12) roll
a) yoghurt
b) kjeks
c) sennep
d) rundstykke

13) butter
a) salt
b) smør
c) bakverk
d) ost

14) yoghurt
a) iskrem
b) yoghurt
c) brød
d) kjeks

15) sugar
a) sukker
b) yoghurt
c) salt
d) mat

16) salt
a) salt
b) grønnsakssuppe
c) sjokoladeplate
d) mat

17) pastry
a) mat
b) sukker
c) bakverk
d) yoghurt

18) cheese
a) smør
b) ost
c) egg
d) eddik

19) olive oil
a) olivenolje
b) salat
c) mat
d) yoghurt

20) mustard
a) kjeks
b) sennep
c) salat
d) olivenolje

21) yoghurt
a) eddik
b) ost
c) yoghurt
d) melk

22) cheese
a) melk
b) ost
c) kake
d) grønnsakssuppe

23) mustard
a) olivenolje
b) sukker
c) sennep
d) ost

24) bread
a) grønnsakssuppe
b) brød
c) yoghurt
d) sennep

#101 - Food

Select the closest Norwegian word to match the English word.

1) milk
   a) melk
   b) salt
   c) eddik
   d) kjeks

2) bread
   a) eddik
   b) brød
   c) iskrem
   d) melk

3) yoghurt
   a) sjokoladeplate
   b) yoghurt
   c) sukker
   d) sennep

4) olive oil
   a) iskrem
   b) salat
   c) olivenolje
   d) sukker

5) egg
   a) egg
   b) sukker
   c) salat
   d) bakverk

6) salad
   a) eddik
   b) sukker
   c) mat
   d) salat

7) ice-cream
   a) melk
   b) iskrem
   c) sennep
   d) ost

8) pastry
   a) yoghurt
   b) kake
   c) bakverk
   d) rundstykke

9) food
   a) bakverk
   b) mat
   c) rundstykke
   d) sukker

10) chocolate bar
   a) sjokoladeplate
   b) olivenolje
   c) salat
   d) brød

11) salt
   a) melk
   b) iskrem
   c) salt
   d) yoghurt

12) mustard
   a) mat
   b) grønnsakssuppe
   c) sennep
   d) ost

13) roll
   a) mat
   b) rundstykke
   c) melk
   d) yoghurt

14) cheese
   a) sukker
   b) ost
   c) yoghurt
   d) grønnsakssuppe

15) cake
   a) grønnsakssuppe
   b) kake
   c) yoghurt
   d) olivenolje

16) biscuit
   a) salt
   b) sennep
   c) smør
   d) kjeks

17) sugar
   a) sukker
   b) mat
   c) bakverk
   d) olivenolje

18) vegetable soup
   a) melk
   b) smør
   c) ost
   d) grønnsakssuppe

19) butter
   a) egg
   b) smør
   c) salat
   d) brød

20) vinegar
   a) smør
   b) egg
   c) eddik
   d) mat

21) butter
   a) kjeks
   b) brød
   c) bakverk
   d) smør

22) cheese
   a) yoghurt
   b) melk
   c) kjeks
   d) ost

23) salad
   a) salat
   b) iskrem
   c) sjokoladeplate
   d) egg

24) vegetable soup
   a) melk
   b) kake
   c) grønnsakssuppe
   d) eddik

#102 - Food

Select the closest Norwegian word to match the English word.

1) butter
a) smør
b) melk
c) olivenolje
d) salat

2) cake
a) mat
b) kake
c) grønnsakssuppe
d) olivenolje

3) egg
a) egg
b) sukker
c) sjokoladeplate
d) yoghurt

4) salad
a) olivenolje
b) melk
c) sukker
d) salat

5) bread
a) ost
b) egg
c) brød
d) olivenolje

6) cheese
a) ost
b) mat
c) salat
d) sukker

7) food
a) eddik
b) smør
c) mat
d) sjokoladeplate

8) salt
a) iskrem
b) sjokoladeplate
c) brød
d) salt

9) ice-cream
a) iskrem
b) yoghurt
c) melk
d) egg

10) pastry
a) ost
b) iskrem
c) egg
d) bakverk

11) roll
a) eddik
b) kjeks
c) rundstykke
d) bakverk

12) mustard
a) sjokoladeplate
b) sukker
c) iskrem
d) sennep

13) biscuit
a) olivenolje
b) bakverk
c) kjeks
d) eddik

14) milk
a) melk
b) salat
c) brød
d) iskrem

15) vegetable soup
a) mat
b) smør
c) grønnsakssuppe
d) kjeks

16) sugar
a) eddik
b) sukker
c) olivenolje
d) kjeks

17) yoghurt
a) salt
b) smør
c) sjokoladeplate
d) yoghurt

18) chocolate bar
a) sjokoladeplate
b) egg
c) olivenolje
d) ost

19) vinegar
a) eddik
b) salt
c) olivenolje
d) yoghurt

20) olive oil
a) olivenolje
b) kjeks
c) salat
d) melk

21) vinegar
a) smør
b) eddik
c) melk
d) ost

22) bread
a) mat
b) brød
c) rundstykke
d) salt

23) roll
a) rundstykke
b) ost
c) bakverk
d) kake

24) salad
a) brød
b) bakverk
c) egg
d) salat

#103 - Food

Select the closest Norwegian word to match the English word.

1) **ice-cream**
   a) bakverk
   b) iskrem
   c) kjeks
   d) melk

2) **cheese**
   a) iskrem
   b) kjeks
   c) ost
   d) yoghurt

3) **vinegar**
   a) eddik
   b) brød
   c) mat
   d) yoghurt

4) **mustard**
   a) sennep
   b) bakverk
   c) brød
   d) grønnsakssuppe

5) **olive oil**
   a) iskrem
   b) smør
   c) eddik
   d) olivenolje

6) **salad**
   a) olivenolje
   b) salat
   c) eddik
   d) smør

7) **cake**
   a) salt
   b) bakverk
   c) kake
   d) rundstykke

8) **food**
   a) egg
   b) kjeks
   c) mat
   d) ost

9) **yoghurt**
   a) melk
   b) brød
   c) rundstykke
   d) yoghurt

10) **egg**
    a) egg
    b) eddik
    c) smør
    d) kjeks

11) **salt**
    a) salt
    b) melk
    c) yoghurt
    d) grønnsakssuppe

12) **milk**
    a) ost
    b) grønnsakssuppe
    c) eddik
    d) melk

13) **chocolate bar**
    a) smør
    b) mat
    c) yoghurt
    d) sjokoladeplate

14) **vegetable soup**
    a) kake
    b) grønnsakssuppe
    c) iskrem
    d) eddik

15) **biscuit**
    a) kjeks
    b) brød
    c) ost
    d) sukker

16) **sugar**
    a) sukker
    b) sennep
    c) ost
    d) mat

17) **roll**
    a) kake
    b) yoghurt
    c) smør
    d) rundstykke

18) **pastry**
    a) sukker
    b) ost
    c) bakverk
    d) salat

19) **bread**
    a) brød
    b) rundstykke
    c) grønnsakssuppe
    d) bakverk

20) **butter**
    a) egg
    b) sukker
    c) sjokoladeplate
    d) smør

21) **sugar**
    a) melk
    b) sukker
    c) egg
    d) olivenolje

22) **mustard**
    a) olivenolje
    b) kjeks
    c) sennep
    d) melk

23) **roll**
    a) salat
    b) egg
    c) rundstykke
    d) iskrem

24) **ice-cream**
    a) ost
    b) melk
    c) iskrem
    d) kjeks

#104 - Food

Select the closest Norwegian word to match the English word.

1) vinegar
a) kake
b) kjeks
c) mat
d) eddik

2) roll
a) kjeks
b) kake
c) rundstykke
d) olivenolje

3) vegetable soup
a) bakverk
b) grønnsakssuppe
c) sennep
d) kjeks

4) sugar
a) sukker
b) bakverk
c) ost
d) yoghurt

5) food
a) salt
b) salat
c) mat
d) bakverk

6) cake
a) mat
b) ost
c) kake
d) kjeks

7) salad
a) salat
b) melk
c) sjokoladeplate
d) iskrem

8) salt
a) salt
b) kjeks
c) grønnsakssuppe
d) yoghurt

9) chocolate bar
a) kake
b) sjokoladeplate
c) sennep
d) kjeks

10) olive oil
a) salat
b) egg
c) grønnsakssuppe
d) olivenolje

11) butter
a) smør
b) bakverk
c) sennep
d) egg

12) yoghurt
a) yoghurt
b) salt
c) sennep
d) ost

13) biscuit
a) olivenolje
b) brød
c) rundstykke
d) kjeks

14) cheese
a) egg
b) sennep
c) melk
d) ost

15) bread
a) yoghurt
b) sjokoladeplate
c) brød
d) bakverk

16) pastry
a) rundstykke
b) bakverk
c) melk
d) ost

17) ice-cream
a) iskrem
b) yoghurt
c) rundstykke
d) salt

18) mustard
a) sennep
b) mat
c) kjeks
d) sukker

19) milk
a) mat
b) yoghurt
c) eddik
d) melk

20) egg
a) ost
b) kjeks
c) mat
d) egg

21) salad
a) mat
b) melk
c) brød
d) salat

22) yoghurt
a) olivenolje
b) bakverk
c) yoghurt
d) kjeks

23) cake
a) olivenolje
b) kake
c) salat
d) melk

24) mustard
a) mat
b) egg
c) sennep
d) bakverk

#105 - Food

Select the closest Norwegian word to match the English word.

1) milk
a) kjeks
b) salat
c) egg
d) melk

2) salt
a) bakverk
b) olivenolje
c) eddik
d) salt

3) sugar
a) melk
b) sjokoladeplate
c) egg
d) sukker

4) yoghurt
a) bakverk
b) yoghurt
c) ost
d) melk

5) mustard
a) sennep
b) yoghurt
c) rundstykke
d) eddik

6) cake
a) kake
b) rundstykke
c) egg
d) yoghurt

7) cheese
a) bakverk
b) egg
c) mat
d) ost

8) butter
a) iskrem
b) bakverk
c) smør
d) eddik

9) vegetable soup
a) mat
b) bakverk
c) grønnsakssuppe
d) rundstykke

10) salad
a) brød
b) salt
c) salat
d) smør

11) roll
a) sukker
b) kake
c) iskrem
d) rundstykke

12) ice-cream
a) egg
b) iskrem
c) brød
d) mat

13) egg
a) egg
b) sennep
c) mat
d) kake

14) biscuit
a) mat
b) iskrem
c) sjokoladeplate
d) kjeks

15) chocolate bar
a) grønnsakssuppe
b) ost
c) sjokoladeplate
d) olivenolje

16) pastry
a) smør
b) rundstykke
c) salt
d) bakverk

17) food
a) mat
b) brød
c) sennep
d) sjokoladeplate

18) vinegar
a) bakverk
b) egg
c) eddik
d) mat

19) olive oil
a) olivenolje
b) smør
c) rundstykke
d) melk

20) bread
a) sjokoladeplate
b) yoghurt
c) brød
d) mat

21) salt
a) sjokoladeplate
b) rundstykke
c) sukker
d) salt

22) food
a) bakverk
b) sennep
c) mat
d) iskrem

23) ice-cream
a) sjokoladeplate
b) yoghurt
c) kjeks
d) iskrem

24) roll
a) olivenolje
b) rundstykke
c) kake
d) ost

#106 - Fruit
Select the closest English word to match the Norwegian word.

1) **lime**
   a) peanut
   b) lime
   c) grape
   d) watermelon

2) **bjørnebær**
   a) blackberry
   b) apricot
   c) apple
   d) pear

3) **kirsebær**
   a) banana
   b) plum
   c) fig
   d) cherry

4) **fiken**
   a) fig
   b) rhubarb
   c) cherry
   d) prune

5) **rosiner**
   a) pineapple
   b) blackberry
   c) raisin
   d) lime

6) **eple**
   a) fig
   b) apple
   c) coconut
   d) peanut

7) **daddel**
   a) date
   b) peach
   c) orange
   d) fig

8) **pære**
   a) banana
   b) rhubarb
   c) peanut
   d) pear

9) **sitron**
   a) fig
   b) blueberry
   c) prune
   d) lemon

10) **frukt**
    a) hazelnut
    b) grape
    c) cherry
    d) fruit

11) **mandarin**
    a) peanut
    b) fig
    c) tangerine
    d) apple

12) **sviske**
    a) coconut
    b) prune
    c) raisin
    d) lime

13) **vannmelon**
    a) plum
    b) fig
    c) blueberry
    d) watermelon

14) **blåbær**
    a) strawberry
    b) blueberry
    c) watermelon
    d) grapefruit

15) **aprikos**
    a) fig
    b) pineapple
    c) apricot
    d) lemon

16) **bringebær**
    a) pear
    b) lemon
    c) raisin
    d) raspberry

17) **grapefrukt**
    a) grapefruit
    b) rhubarb
    c) peanut
    d) fruit

18) **banan**
    a) banana
    b) hazelnut
    c) date
    d) almond

19) **rabarbra**
    a) rhubarb
    b) coconut
    c) orange
    d) apple

20) **melon**
    a) melon
    b) peach
    c) fig
    d) tangerine

21) **drue**
    a) grape
    b) fruit
    c) blueberry
    d) rhubarb

22) **peanøtt**
    a) cherry
    b) peanut
    c) tangerine
    d) melon

23) **mandel**
    a) almond
    b) prune
    c) chestnut
    d) hazelnut

24) **jordbær**
    a) coconut
    b) apple
    c) pineapple
    d) strawberry

#107 - Fruit

Select the closest English word to match the Norwegian word.

1) frukt
a) blueberry
b) fruit
c) almond
d) tangerine

2) plomme
a) raisin
b) fig
c) almond
d) plum

3) vannmelon
a) pineapple
b) apple
c) blueberry
d) watermelon

4) mandarin
a) tangerine
b) fruit
c) watermelon
d) walnut

5) valnøtt
a) strawberry
b) peanut
c) walnut
d) raisin

6) banan
a) cherry
b) coconut
c) banana
d) walnut

7) fersken
a) peach
b) pineapple
c) watermelon
d) grapefruit

8) kirsebær
a) peanut
b) apricot
c) blackberry
d) cherry

9) rabarbra
a) apricot
b) peach
c) rhubarb
d) tangerine

10) jordbær
a) strawberry
b) peanut
c) grape
d) walnut

11) eple
a) apple
b) blackberry
c) peanut
d) date

12) aprikos
a) apricot
b) grapefruit
c) rhubarb
d) watermelon

13) sviske
a) apricot
b) prune
c) melon
d) blueberry

14) peanøtt
a) peanut
b) coconut
c) watermelon
d) cherry

15) bjørnebær
a) blackberry
b) prune
c) grapefruit
d) orange

16) drue
a) blueberry
b) grape
c) apricot
d) lime

17) ananas
a) pineapple
b) tangerine
c) watermelon
d) peach

18) sitron
a) lemon
b) grape
c) almond
d) peanut

19) melon
a) lime
b) melon
c) walnut
d) banana

20) bringebær
a) blackberry
b) cherry
c) raspberry
d) grapefruit

21) pære
a) pear
b) peach
c) watermelon
d) fig

22) rosiner
a) pineapple
b) plum
c) coconut
d) raisin

23) kokosnøtt
a) banana
b) coconut
c) rhubarb
d) apple

24) blåbær
a) grape
b) blueberry
c) raisin
d) lime

#108 - Fruit

Select the closest English word to match the Norwegian word.

1) pære
 a) pear
 b) orange
 c) rhubarb
 d) strawberry

2) sviske
 a) apple
 b) prune
 c) strawberry
 d) hazelnut

3) kastanje
 a) cherry
 b) prune
 c) chestnut
 d) strawberry

4) fiken
 a) raisin
 b) blueberry
 c) apple
 d) fig

5) appelsin
 a) orange
 b) coconut
 c) lime
 d) cherry

6) lime
 a) peach
 b) plum
 c) coconut
 d) lime

7) sitron
 a) date
 b) fruit
 c) apple
 d) lemon

8) vannmelon
 a) watermelon
 b) rhubarb
 c) fig
 d) orange

9) plomme
 a) plum
 b) pear
 c) blueberry
 d) apricot

10) mandel
 a) cherry
 b) melon
 c) almond
 d) coconut

11) fersken
 a) almond
 b) peach
 c) strawberry
 d) grape

12) kirsebær
 a) banana
 b) peach
 c) cherry
 d) grapefruit

13) blåbær
 a) apple
 b) cherry
 c) strawberry
 d) blueberry

14) aprikos
 a) raisin
 b) pear
 c) plum
 d) apricot

15) hasselnøtt
 a) blueberry
 b) grapefruit
 c) coconut
 d) hazelnut

16) rabarbra
 a) tangerine
 b) melon
 c) rhubarb
 d) banana

17) eple
 a) strawberry
 b) orange
 c) rhubarb
 d) apple

18) valnøtt
 a) plum
 b) walnut
 c) fruit
 d) grapefruit

19) kokosnøtt
 a) coconut
 b) peanut
 c) blackberry
 d) peach

20) frukt
 a) fruit
 b) orange
 c) lime
 d) grapefruit

21) melon
 a) peanut
 b) lemon
 c) melon
 d) almond

22) daddel
 a) peanut
 b) walnut
 c) raspberry
 d) date

23) ananas
 a) fig
 b) grape
 c) pineapple
 d) apple

24) bringebær
 a) pineapple
 b) raspberry
 c) watermelon
 d) tangerine

#109 - Fruit

Select the closest English word to match the Norwegian word.

1) **melon**
   a) coconut
   b) lemon
   c) melon
   d) peanut

2) **blåbær**
   a) fig
   b) coconut
   c) blueberry
   d) orange

3) **hasselnøtt**
   a) hazelnut
   b) fruit
   c) peach
   d) date

4) **banan**
   a) fig
   b) grapefruit
   c) blackberry
   d) banana

5) **bringebær**
   a) lime
   b) coconut
   c) raspberry
   d) prune

6) **eple**
   a) rhubarb
   b) lime
   c) hazelnut
   d) apple

7) **jordbær**
   a) peanut
   b) apple
   c) strawberry
   d) plum

8) **plomme**
   a) plum
   b) orange
   c) lemon
   d) grape

9) **sviske**
   a) lemon
   b) rhubarb
   c) fig
   d) prune

10) **sitron**
    a) pineapple
    b) fig
    c) peach
    d) lemon

11) **vannmelon**
    a) blueberry
    b) watermelon
    c) blackberry
    d) walnut

12) **frukt**
    a) rhubarb
    b) fruit
    c) chestnut
    d) blackberry

13) **fersken**
    a) blueberry
    b) peach
    c) tangerine
    d) raspberry

14) **ananas**
    a) coconut
    b) hazelnut
    c) lemon
    d) pineapple

15) **kokosnøtt**
    a) blueberry
    b) grapefruit
    c) pear
    d) coconut

16) **daddel**
    a) grape
    b) date
    c) fig
    d) banana

17) **appelsin**
    a) strawberry
    b) blueberry
    c) lime
    d) orange

18) **valnøtt**
    a) prune
    b) grape
    c) grapefruit
    d) walnut

19) **drue**
    a) grape
    b) pear
    c) raspberry
    d) peanut

20) **kirsebær**
    a) lemon
    b) strawberry
    c) raisin
    d) cherry

21) **kastanje**
    a) strawberry
    b) orange
    c) chestnut
    d) coconut

22) **bjørnebær**
    a) blackberry
    b) raisin
    c) date
    d) rhubarb

23) **peanøtt**
    a) melon
    b) grapefruit
    c) peanut
    d) cherry

24) **aprikos**
    a) rhubarb
    b) banana
    c) melon
    d) apricot

#110 - Fruit

Select the closest English word to match the Norwegian word.

1) rosiner
a) pear
b) apricot
c) tangerine
d) raisin

2) mandel
a) date
b) pear
c) melon
d) almond

3) daddel
a) hazelnut
b) lemon
c) date
d) blueberry

4) vannmelon
a) lime
b) grapefruit
c) watermelon
d) rhubarb

5) eple
a) peanut
b) blueberry
c) grapefruit
d) apple

6) frukt
a) watermelon
b) melon
c) banana
d) fruit

7) ananas
a) blackberry
b) pineapple
c) rhubarb
d) peanut

8) blåbær
a) blueberry
b) fig
c) lime
d) strawberry

9) appelsin
a) grape
b) pear
c) orange
d) tangerine

10) rabarbra
a) pear
b) rhubarb
c) lime
d) melon

11) aprikos
a) apricot
b) lime
c) pear
d) tangerine

12) melon
a) hazelnut
b) melon
c) watermelon
d) blueberry

13) kirsebær
a) orange
b) fruit
c) raisin
d) cherry

14) valnøtt
a) walnut
b) plum
c) grapefruit
d) coconut

15) bringebær
a) grapefruit
b) pear
c) rhubarb
d) raspberry

16) sviske
a) prune
b) cherry
c) banana
d) pineapple

17) sitron
a) lemon
b) plum
c) fig
d) date

18) drue
a) plum
b) chestnut
c) banana
d) grape

19) fersken
a) peach
b) date
c) grape
d) tangerine

20) jordbær
a) strawberry
b) apple
c) blueberry
d) melon

21) bjørnebær
a) grape
b) blackberry
c) blueberry
d) apple

22) peanøtt
a) strawberry
b) banana
c) peanut
d) grape

23) kastanje
a) chestnut
b) prune
c) apricot
d) hazelnut

24) hasselnøtt
a) melon
b) hazelnut
c) apple
d) fig

#111 - Fruit

Select the closest English word to match the Norwegian word.

1) vannmelon
a) fruit
b) blackberry
c) watermelon
d) coconut

2) lime
a) rhubarb
b) lime
c) hazelnut
d) strawberry

3) plomme
a) watermelon
b) cherry
c) plum
d) apricot

4) mandarin
a) apple
b) tangerine
c) rhubarb
d) melon

5) daddel
a) fruit
b) date
c) orange
d) almond

6) melon
a) lemon
b) melon
c) coconut
d) walnut

7) valnøtt
a) pear
b) apple
c) melon
d) walnut

8) mandel
a) almond
b) fruit
c) tangerine
d) fig

9) sitron
a) tangerine
b) lemon
c) pineapple
d) fig

10) kastanje
a) plum
b) blueberry
c) chestnut
d) grapefruit

11) pære
a) peach
b) cherry
c) watermelon
d) pear

12) bjørnebær
a) blackberry
b) apple
c) date
d) lemon

13) eple
a) raisin
b) rhubarb
c) apple
d) raspberry

14) appelsin
a) orange
b) strawberry
c) melon
d) raspberry

15) bringebær
a) walnut
b) lemon
c) fig
d) raspberry

16) rabarbra
a) peanut
b) coconut
c) prune
d) rhubarb

17) fersken
a) peach
b) fruit
c) blackberry
d) melon

18) fiken
a) fig
b) pear
c) melon
d) pineapple

19) grapefrukt
a) peanut
b) grapefruit
c) lime
d) orange

20) kirsebær
a) pineapple
b) date
c) cherry
d) grapefruit

21) ananas
a) blackberry
b) lemon
c) pineapple
d) pear

22) frukt
a) lime
b) peach
c) tangerine
d) fruit

23) drue
a) apricot
b) grape
c) lemon
d) melon

24) kokosnøtt
a) orange
b) watermelon
c) tangerine
d) coconut

#112 - Fruit

Select the closest English word to match the Norwegian word.

1) melon
a) coconut
b) melon
c) raspberry
d) apple

2) appelsin
a) fruit
b) rhubarb
c) tangerine
d) orange

3) daddel
a) date
b) prune
c) coconut
d) strawberry

4) frukt
a) pear
b) hazelnut
c) fruit
d) raspberry

5) blåbær
a) strawberry
b) melon
c) blueberry
d) coconut

6) drue
a) cherry
b) grape
c) prune
d) strawberry

7) valnøtt
a) apple
b) coconut
c) walnut
d) fruit

8) jordbær
a) peach
b) strawberry
c) raspberry
d) pear

9) lime
a) lime
b) rhubarb
c) tangerine
d) apple

10) kokosnøtt
a) coconut
b) banana
c) melon
d) hazelnut

11) hasselnøtt
a) hazelnut
b) almond
c) melon
d) pineapple

12) plomme
a) lime
b) pear
c) plum
d) walnut

13) mandel
a) almond
b) melon
c) chestnut
d) cherry

14) sviske
a) watermelon
b) raisin
c) prune
d) tangerine

15) kirsebær
a) plum
b) cherry
c) peanut
d) hazelnut

16) aprikos
a) melon
b) apricot
c) grapefruit
d) peanut

17) fiken
a) fig
b) raisin
c) peach
d) grapefruit

18) fersken
a) banana
b) blackberry
c) plum
d) peach

19) mandarin
a) tangerine
b) raisin
c) fruit
d) raspberry

20) pære
a) grapefruit
b) pear
c) lime
d) orange

21) bringebær
a) plum
b) rhubarb
c) chestnut
d) raspberry

22) rabarbra
a) apricot
b) rhubarb
c) grape
d) melon

23) banan
a) rhubarb
b) raspberry
c) cherry
d) banana

24) peanøtt
a) peach
b) pear
c) peanut
d) strawberry

#113 - Fruit
Select the closest English word to match the Norwegian word.

1) plomme
 a) plum
 b) orange
 c) strawberry
 d) hazelnut

2) pære
 a) blueberry
 b) prune
 c) watermelon
 d) pear

3) kirsebær
 a) watermelon
 b) cherry
 c) plum
 d) rhubarb

4) daddel
 a) melon
 b) plum
 c) blueberry
 d) date

5) fiken
 a) prune
 b) tangerine
 c) lime
 d) fig

6) valnøtt
 a) banana
 b) walnut
 c) blackberry
 d) apple

7) kokosnøtt
 a) strawberry
 b) blackberry
 c) orange
 d) coconut

8) grapefrukt
 a) grape
 b) grapefruit
 c) blueberry
 d) watermelon

9) bringebær
 a) raspberry
 b) chestnut
 c) banana
 d) almond

10) lime
 a) lime
 b) walnut
 c) prune
 d) strawberry

11) rosiner
 a) hazelnut
 b) watermelon
 c) raisin
 d) lime

12) peanøtt
 a) apricot
 b) blueberry
 c) tangerine
 d) peanut

13) kastanje
 a) raisin
 b) lime
 c) chestnut
 d) peach

14) jordbær
 a) strawberry
 b) apricot
 c) raspberry
 d) blackberry

15) mandel
 a) almond
 b) hazelnut
 c) lime
 d) raisin

16) ananas
 a) raisin
 b) pear
 c) almond
 d) pineapple

17) vannmelon
 a) watermelon
 b) orange
 c) apple
 d) date

18) rabarbra
 a) apricot
 b) rhubarb
 c) prune
 d) fruit

19) sitron
 a) lemon
 b) banana
 c) almond
 d) fig

20) sviske
 a) almond
 b) apricot
 c) orange
 d) prune

21) mandarin
 a) rhubarb
 b) tangerine
 c) peach
 d) coconut

22) melon
 a) lemon
 b) banana
 c) raisin
 d) melon

23) eple
 a) apple
 b) coconut
 c) pineapple
 d) fruit

24) aprikos
 a) orange
 b) blackberry
 c) apricot
 d) date

#114 - Fruit

Select the closest Norwegian word to match the English word.

1) raisin
a) pære
b) rosiner
c) peanøtt
d) hasselnøtt

2) rhubarb
a) banan
b) plomme
c) rabarbra
d) appelsin

3) fruit
a) frukt
b) bjørnebær
c) daddel
d) rosiner

4) strawberry
a) kokosnøtt
b) appelsin
c) blåbær
d) jordbær

5) fig
a) fiken
b) hasselnøtt
c) plomme
d) lime

6) grape
a) drue
b) rabarbra
c) sitron
d) peanøtt

7) tangerine
a) jordbær
b) rosiner
c) mandarin
d) fiken

8) peach
a) fersken
b) rosiner
c) lime
d) aprikos

9) lime
a) banan
b) daddel
c) lime
d) bringebær

10) cherry
a) vannmelon
b) drue
c) kirsebær
d) banan

11) almond
a) valnøtt
b) fersken
c) mandel
d) blåbær

12) pineapple
a) ananas
b) blåbær
c) eple
d) appelsin

13) watermelon
a) aprikos
b) banan
c) vannmelon
d) eple

14) walnut
a) peanøtt
b) sitron
c) valnøtt
d) ananas

15) raspberry
a) bringebær
b) mandel
c) kirsebær
d) plomme

16) prune
a) grapefrukt
b) mandel
c) fiken
d) sviske

17) apple
a) eple
b) kastanje
c) valnøtt
d) blåbær

18) blackberry
a) drue
b) kirsebær
c) bjørnebær
d) aprikos

19) apricot
a) kokosnøtt
b) aprikos
c) lime
d) blåbær

20) grapefruit
a) peanøtt
b) grapefrukt
c) hasselnøtt
d) sviske

21) banana
a) banan
b) fiken
c) bringebær
d) aprikos

22) blueberry
a) blåbær
b) fersken
c) jordbær
d) rosiner

23) peanut
a) hasselnøtt
b) banan
c) peanøtt
d) plomme

24) date
a) banan
b) daddel
c) rosiner
d) kastanje

#115 - Fruit

Select the closest Norwegian word to match the English word.

1) blackberry
 a) pære
 b) bjørnebær
 c) sitron
 d) grapefrukt

2) walnut
 a) hasselnøtt
 b) grapefrukt
 c) valnøtt
 d) rabarbra

3) lime
 a) rosiner
 b) plomme
 c) fiken
 d) lime

4) tangerine
 a) mandel
 b) mandarin
 c) sviske
 d) jordbær

5) banana
 a) bringebær
 b) banan
 c) kokosnøtt
 d) fersken

6) almond
 a) mandel
 b) valnøtt
 c) pære
 d) sitron

7) cherry
 a) fersken
 b) kirsebær
 c) blåbær
 d) sviske

8) peanut
 a) kokosnøtt
 b) drue
 c) peanøtt
 d) daddel

9) chestnut
 a) sitron
 b) rosiner
 c) kastanje
 d) banan

10) peach
 a) hasselnøtt
 b) frukt
 c) valnøtt
 d) fersken

11) melon
 a) melon
 b) peanøtt
 c) ananas
 d) daddel

12) plum
 a) grapefrukt
 b) fiken
 c) ananas
 d) plomme

13) hazelnut
 a) kirsebær
 b) fersken
 c) hasselnøtt
 d) pære

14) grapefruit
 a) grapefrukt
 b) vannmelon
 c) pære
 d) kastanje

15) orange
 a) sitron
 b) kastanje
 c) eple
 d) appelsin

16) strawberry
 a) drue
 b) jordbær
 c) fiken
 d) sitron

17) prune
 a) daddel
 b) sviske
 c) blåbær
 d) jordbær

18) pineapple
 a) eple
 b) fiken
 c) vannmelon
 d) ananas

19) apple
 a) valnøtt
 b) eple
 c) appelsin
 d) rosiner

20) fruit
 a) banan
 b) mandel
 c) kirsebær
 d) frukt

21) raisin
 a) rosiner
 b) fersken
 c) sitron
 d) valnøtt

22) rhubarb
 a) sitron
 b) eple
 c) rabarbra
 d) drue

23) date
 a) kirsebær
 b) ananas
 c) mandel
 d) daddel

24) raspberry
 a) daddel
 b) bringebær
 c) rabarbra
 d) mandarin

#116 - Fruit
Select the closest Norwegian word to match the English word.

1) apple
 a) hasselnøtt
 b) mandarin
 c) valnøtt
 d) eple

2) watermelon
 a) kirsebær
 b) vannmelon
 c) jordbær
 d) hasselnøtt

3) pineapple
 a) mandarin
 b) ananas
 c) rabarbra
 d) blåbær

4) melon
 a) appelsin
 b) melon
 c) ananas
 d) bringebær

5) apricot
 a) kokosnøtt
 b) rosiner
 c) pære
 d) aprikos

6) walnut
 a) kastanje
 b) valnøtt
 c) rabarbra
 d) jordbær

7) hazelnut
 a) melon
 b) hasselnøtt
 c) blåbær
 d) bringebær

8) raisin
 a) fiken
 b) sviske
 c) rosiner
 d) frukt

9) banana
 a) kokosnøtt
 b) banan
 c) aprikos
 d) ananas

10) grapefruit
 a) kirsebær
 b) mandel
 c) grapefrukt
 d) jordbær

11) date
 a) vannmelon
 b) fersken
 c) banan
 d) daddel

12) rhubarb
 a) bjørnebær
 b) daddel
 c) rabarbra
 d) fersken

13) coconut
 a) blåbær
 b) frukt
 c) kokosnøtt
 d) sviske

14) cherry
 a) kirsebær
 b) bringebær
 c) rabarbra
 d) bjørnebær

15) peanut
 a) peanøtt
 b) banan
 c) blåbær
 d) rosiner

16) blackberry
 a) bringebær
 b) valnøtt
 c) rabarbra
 d) bjørnebær

17) almond
 a) hasselnøtt
 b) daddel
 c) eple
 d) mandel

18) strawberry
 a) rosiner
 b) drue
 c) jordbær
 d) plomme

19) lime
 a) sitron
 b) kokosnøtt
 c) lime
 d) mandel

20) tangerine
 a) frukt
 b) sviske
 c) rabarbra
 d) mandarin

21) fruit
 a) grapefrukt
 b) melon
 c) pære
 d) frukt

22) blueberry
 a) banan
 b) pære
 c) aprikos
 d) blåbær

23) plum
 a) bjørnebær
 b) grapefrukt
 c) fiken
 d) plomme

24) pear
 a) hasselnøtt
 b) fersken
 c) lime
 d) pære

#117 - Fruit
Select the closest Norwegian word to match the English word.

1) raspberry
a) hasselnøtt
b) sitron
c) bringebær
d) rosiner

2) walnut
a) valnøtt
b) blåbær
c) banan
d) rabarbra

3) rhubarb
a) drue
b) fiken
c) mandarin
d) rabarbra

4) orange
a) blåbær
b) appelsin
c) kokosnøtt
d) grapefrukt

5) apricot
a) mandarin
b) banan
c) fersken
d) aprikos

6) fruit
a) mandarin
b) bjørnebær
c) frukt
d) ananas

7) peach
a) mandarin
b) peanøtt
c) pære
d) fersken

8) peanut
a) kastanje
b) peanøtt
c) eple
d) grapefrukt

9) hazelnut
a) hasselnøtt
b) valnøtt
c) sitron
d) drue

10) watermelon
a) lime
b) eple
c) plomme
d) vannmelon

11) pineapple
a) appelsin
b) ananas
c) lime
d) melon

12) banana
a) jordbær
b) appelsin
c) frukt
d) banan

13) plum
a) aprikos
b) plomme
c) fersken
d) kirsebær

14) apple
a) drue
b) kokosnøtt
c) eple
d) blåbær

15) grapefruit
a) daddel
b) vannmelon
c) lime
d) grapefrukt

16) coconut
a) hasselnøtt
b) kirsebær
c) grapefrukt
d) kokosnøtt

17) fig
a) fiken
b) appelsin
c) plomme
d) fersken

18) lemon
a) pære
b) sitron
c) fersken
d) appelsin

19) tangerine
a) fiken
b) bringebær
c) kokosnøtt
d) mandarin

20) lime
a) grapefrukt
b) fiken
c) appelsin
d) lime

21) almond
a) plomme
b) mandel
c) grapefrukt
d) drue

22) grape
a) drue
b) bringebær
c) ananas
d) sitron

23) blackberry
a) plomme
b) hasselnøtt
c) bjørnebær
d) banan

24) prune
a) grapefrukt
b) sitron
c) sviske
d) ananas

#118 - Fruit

Select the closest Norwegian word to match the English word.

1) raisin
 a) aprikos
 b) rosiner
 c) grapefrukt
 d) mandarin

2) prune
 a) sviske
 b) pære
 c) jordbær
 d) banan

3) blueberry
 a) blåbær
 b) plomme
 c) bjørnebær
 d) jordbær

4) tangerine
 a) fersken
 b) jordbær
 c) sitron
 d) mandarin

5) lime
 a) lime
 b) plomme
 c) peanøtt
 d) frukt

6) plum
 a) appelsin
 b) valnøtt
 c) vannmelon
 d) plomme

7) date
 a) valnøtt
 b) ananas
 c) eple
 d) daddel

8) lemon
 a) sitron
 b) jordbær
 c) melon
 d) mandel

9) grapefruit
 a) kokosnøtt
 b) pære
 c) banan
 d) grapefrukt

10) coconut
 a) pære
 b) frukt
 c) valnøtt
 d) kokosnøtt

11) banana
 a) vannmelon
 b) kirsebær
 c) plomme
 d) banan

12) pineapple
 a) ananas
 b) fiken
 c) vannmelon
 d) pære

13) blackberry
 a) hasselnøtt
 b) bjørnebær
 c) bringebær
 d) ananas

14) strawberry
 a) kirsebær
 b) bringebær
 c) jordbær
 d) rosiner

15) grape
 a) daddel
 b) drue
 c) grapefrukt
 d) kirsebær

16) cherry
 a) aprikos
 b) kirsebær
 c) eple
 d) mandarin

17) apple
 a) bringebær
 b) banan
 c) eple
 d) kokosnøtt

18) chestnut
 a) kastanje
 b) fiken
 c) vannmelon
 d) rabarbra

19) walnut
 a) valnøtt
 b) drue
 c) sviske
 d) rabarbra

20) peach
 a) drue
 b) sitron
 c) fersken
 d) bringebær

21) hazelnut
 a) sviske
 b) kokosnøtt
 c) hasselnøtt
 d) mandel

22) apricot
 a) pære
 b) bjørnebær
 c) aprikos
 d) melon

23) raspberry
 a) aprikos
 b) rosiner
 c) bringebær
 d) jordbær

24) fruit
 a) frukt
 b) bringebær
 c) mandel
 d) drue

#119 - Fruit

Select the closest Norwegian word to match the English word.

1) date
a) ananas
b) daddel
c) hasselnøtt
d) pære

2) apricot
a) aprikos
b) sitron
c) jordbær
d) vannmelon

3) banana
a) eple
b) hasselnøtt
c) kirsebær
d) banan

4) hazelnut
a) hasselnøtt
b) blåbær
c) rosiner
d) kastanje

5) prune
a) sviske
b) hasselnøtt
c) rosiner
d) ananas

6) grapefruit
a) grapefrukt
b) banan
c) blåbær
d) valnøtt

7) raspberry
a) hasselnøtt
b) melon
c) bringebær
d) grapefrukt

8) peanut
a) kastanje
b) mandarin
c) appelsin
d) peanøtt

9) chestnut
a) valnøtt
b) peanøtt
c) pære
d) kastanje

10) coconut
a) jordbær
b) rosiner
c) pære
d) kokosnøtt

11) lime
a) daddel
b) lime
c) rosiner
d) vannmelon

12) grape
a) melon
b) drue
c) peanøtt
d) appelsin

13) pear
a) pære
b) rosiner
c) drue
d) eple

14) blackberry
a) plomme
b) vannmelon
c) ananas
d) bjørnebær

15) fruit
a) peanøtt
b) vannmelon
c) melon
d) frukt

16) pineapple
a) kastanje
b) bringebær
c) ananas
d) rabarbra

17) peach
a) fersken
b) valnøtt
c) rosiner
d) mandarin

18) tangerine
a) mandarin
b) hasselnøtt
c) fersken
d) lime

19) blueberry
a) blåbær
b) kirsebær
c) fersken
d) hasselnøtt

20) raisin
a) hasselnøtt
b) banan
c) melon
d) rosiner

21) cherry
a) pære
b) appelsin
c) rabarbra
d) kirsebær

22) fig
a) bringebær
b) fiken
c) hasselnøtt
d) frukt

23) plum
a) grapefrukt
b) banan
c) plomme
d) mandarin

24) walnut
a) bringebær
b) banan
c) kokosnøtt
d) valnøtt

#120 - Fruit

Select the closest Norwegian word to match the English word.

1) apricot
a) aprikos
b) sitron
c) pære
d) frukt

2) hazelnut
a) valnøtt
b) sitron
c) eple
d) hasselnøtt

3) coconut
a) appelsin
b) peanøtt
c) fiken
d) kokosnøtt

4) pear
a) grapefrukt
b) aprikos
c) pære
d) peanøtt

5) grapefruit
a) melon
b) kastanje
c) sviske
d) grapefrukt

6) rhubarb
a) rabarbra
b) ananas
c) blåbær
d) jordbær

7) chestnut
a) frukt
b) grapefrukt
c) kastanje
d) appelsin

8) peach
a) pære
b) fersken
c) appelsin
d) kokosnøtt

9) strawberry
a) sviske
b) bringebær
c) grapefrukt
d) jordbær

10) banana
a) aprikos
b) frukt
c) banan
d) mandel

11) blackberry
a) bjørnebær
b) peanøtt
c) lime
d) plomme

12) watermelon
a) blåbær
b) fersken
c) appelsin
d) vannmelon

13) raisin
a) appelsin
b) sviske
c) rosiner
d) mandarin

14) almond
a) mandel
b) vannmelon
c) bjørnebær
d) hasselnøtt

15) orange
a) appelsin
b) mandarin
c) sitron
d) hasselnøtt

16) fig
a) banan
b) sviske
c) fiken
d) sitron

17) fruit
a) appelsin
b) banan
c) frukt
d) jordbær

18) plum
a) kirsebær
b) plomme
c) mandel
d) blåbær

19) melon
a) melon
b) sitron
c) daddel
d) fersken

20) lemon
a) sitron
b) plomme
c) ananas
d) mandarin

21) date
a) peanøtt
b) daddel
c) melon
d) lime

22) peanut
a) mandel
b) pære
c) peanøtt
d) blåbær

23) lime
a) peanøtt
b) lime
c) daddel
d) sviske

24) tangerine
a) mandel
b) vannmelon
c) peanøtt
d) mandarin

#121 - Hotel
Select the closest English word to match the Norwegian word.

1) gang
a) maid
b) living room
c) entrance
d) bellboy

2) rekreasjon
a) dining room
b) swimming pool
c) recreation
d) manager

3) første etasje
a) hotel
b) receptionist
c) ground floor
d) garage

4) stue
a) living room
b) swimming pool
c) dining room
d) bellboy

5) is
a) garage
b) to pay
c) ground floor
d) ice

6) svømmebasseng
a) entrance
b) booking
c) swimming pool
d) taxi

7) utsikt
a) manager
b) message
c) view
d) to pay

8) garasje
a) entrance
b) ground floor
c) taxi
d) garage

9) balkong
a) balcony
b) receptionist
c) suite
d) dining room

10) lobby
a) dining room
b) internet
c) lobby
d) taxi

11) resepsjonist
a) receptionist
b) room
c) recreation
d) maid

12) internett
a) internet
b) lobby
c) receipt
d) view

13) frokost
a) manager
b) ground floor
c) doorman
d) breakfast

14) beskjed
a) living room
b) message
c) balcony
d) check-out

15) drosje
a) ground floor
b) taxi
c) air conditioning
d) room

16) spisestue
a) dining room
b) reception desk
c) room
d) bill

17) dørvakt
a) bellboy
b) manager
c) room
d) doorman

18) klage
a) bellboy
b) complaint
c) internet
d) recreation

19) luftkondisjonering
a) bill
b) air conditioning
c) maid
d) suite

20) suite
a) bill
b) suite
c) recreation
d) balcony

21) stuepike
a) recreation
b) internet
c) maid
d) receptionist

22) bestilling
a) swimming pool
b) booking
c) check-out
d) garage

23) rom
a) maid
b) receipt
c) living room
d) room

24) heis
a) receptionist
b) room
c) lift
d) air conditioning

#122 - Hotel
Select the closest English word to match the Norwegian word.

1) hotell
a) message
b) hotel
c) check-out
d) suite

2) kvittering
a) bill
b) receipt
c) ground floor
d) message

3) beskjed
a) room
b) internet
c) message
d) taxi

4) rom
a) room
b) breakfast
c) taxi
d) internet

5) balkong
a) air conditioning
b) breakfast
c) balcony
d) entrance

6) luftkondisjonering
a) air conditioning
b) living room
c) reception desk
d) doorman

7) å betale
a) dining room
b) message
c) to pay
d) balcony

8) drosje
a) ice
b) taxi
c) check-out
d) booking

9) direktør
a) manager
b) message
c) lobby
d) room

10) internett
a) view
b) check-out
c) garage
d) internet

11) garasje
a) lobby
b) garage
c) recreation
d) ground floor

12) regning
a) garage
b) receipt
c) ice
d) bill

13) suite
a) view
b) ground floor
c) suite
d) air conditioning

14) gang
a) receptionist
b) doorman
c) reception desk
d) entrance

15) rekreasjon
a) recreation
b) hotel
c) ice
d) swimming pool

16) bestilling
a) taxi
b) receptionist
c) lobby
d) booking

17) stue
a) swimming pool
b) suite
c) message
d) living room

18) dørvakt
a) hotel
b) price
c) ice
d) doorman

19) pris
a) to pay
b) price
c) swimming pool
d) breakfast

20) heis
a) booking
b) lobby
c) hotel
d) lift

21) frokost
a) recreation
b) ground floor
c) breakfast
d) complaint

22) pikkoloen
a) lobby
b) maid
c) air conditioning
d) bellboy

23) stuepike
a) maid
b) booking
c) receipt
d) receptionist

24) is
a) reception desk
b) internet
c) price
d) ice

#123 - Hotel

Select the closest English word to match the Norwegian word.

1) stuepike
 a) reception desk
 b) suite
 c) check-out
 d) maid

2) suite
 a) internet
 b) suite
 c) price
 d) manager

3) internett
 a) lift
 b) lobby
 c) internet
 d) swimming pool

4) garasje
 a) price
 b) bellboy
 c) view
 d) garage

5) pikkoloen
 a) bellboy
 b) booking
 c) lobby
 d) hotel

6) hotell
 a) to pay
 b) check-out
 c) complaint
 d) hotel

7) beskjed
 a) ice
 b) view
 c) message
 d) garage

8) spisestue
 a) check-out
 b) entrance
 c) dining room
 d) maid

9) pris
 a) price
 b) balcony
 c) suite
 d) receipt

10) utsjekking
 a) check-out
 b) to pay
 c) taxi
 d) dining room

11) gang
 a) entrance
 b) view
 c) message
 d) doorman

12) drosje
 a) hotel
 b) complaint
 c) taxi
 d) manager

13) frokost
 a) dining room
 b) air conditioning
 c) suite
 d) breakfast

14) lobby
 a) lobby
 b) suite
 c) hotel
 d) doorman

15) regning
 a) bill
 b) manager
 c) view
 d) booking

16) balkong
 a) suite
 b) balcony
 c) manager
 d) complaint

17) utsikt
 a) view
 b) recreation
 c) complaint
 d) reception desk

18) dørvakt
 a) complaint
 b) suite
 c) to pay
 d) doorman

19) direktør
 a) balcony
 b) manager
 c) to pay
 d) hotel

20) kvittering
 a) living room
 b) hotel
 c) garage
 d) receipt

21) heis
 a) lift
 b) receptionist
 c) complaint
 d) hotel

22) svømmebasseng
 a) reception desk
 b) swimming pool
 c) price
 d) bellboy

23) resepsjonen
 a) receptionist
 b) manager
 c) reception desk
 d) room

24) rom
 a) receptionist
 b) reception desk
 c) room
 d) living room

#124 - Hotel

Select the closest English word to match the Norwegian word.

1) stue
a) complaint
b) living room
c) balcony
d) lift

2) garasje
a) entrance
b) garage
c) reception desk
d) message

3) internett
a) hotel
b) breakfast
c) internet
d) maid

4) første etasje
a) swimming pool
b) manager
c) to pay
d) ground floor

5) spisestue
a) message
b) garage
c) dining room
d) entrance

6) resepsjonen
a) reception desk
b) message
c) maid
d) receipt

7) utsjekking
a) doorman
b) reception desk
c) receptionist
d) check-out

8) direktør
a) manager
b) entrance
c) balcony
d) price

9) bestilling
a) booking
b) ice
c) check-out
d) lobby

10) drosje
a) suite
b) receptionist
c) taxi
d) reception desk

11) stuepike
a) room
b) maid
c) breakfast
d) internet

12) kvittering
a) receipt
b) check-out
c) balcony
d) to pay

13) klage
a) balcony
b) receipt
c) ice
d) complaint

14) lobby
a) booking
b) air conditioning
c) garage
d) lobby

15) resepsjonist
a) maid
b) booking
c) lift
d) receptionist

16) frokost
a) breakfast
b) manager
c) garage
d) recreation

17) dørvakt
a) garage
b) doorman
c) ice
d) view

18) pris
a) check-out
b) bill
c) air conditioning
d) price

19) utsikt
a) swimming pool
b) reception desk
c) to pay
d) view

20) beskjed
a) recreation
b) message
c) balcony
d) hotel

21) hotell
a) to pay
b) garage
c) price
d) hotel

22) å betale
a) booking
b) maid
c) to pay
d) balcony

23) pikkoloen
a) bellboy
b) entrance
c) taxi
d) receipt

24) regning
a) recreation
b) internet
c) ground floor
d) bill

#125 - Hotel
Select the closest English word to match the Norwegian word.

1) pikkoloen
 a) bellboy
 b) living room
 c) to pay
 d) breakfast

2) resepsjonen
 a) booking
 b) bellboy
 c) lobby
 d) reception desk

3) garasje
 a) price
 b) garage
 c) breakfast
 d) ground floor

4) svømmebasseng
 a) ground floor
 b) swimming pool
 c) bellboy
 d) to pay

5) bestilling
 a) booking
 b) swimming pool
 c) receipt
 d) breakfast

6) gang
 a) doorman
 b) entrance
 c) booking
 d) hotel

7) beskjed
 a) recreation
 b) living room
 c) lift
 d) message

8) internett
 a) hotel
 b) check-out
 c) taxi
 d) internet

9) stuepike
 a) hotel
 b) lift
 c) maid
 d) garage

10) rom
 a) lobby
 b) lift
 c) room
 d) bellboy

11) heis
 a) suite
 b) complaint
 c) check-out
 d) lift

12) utsjekking
 a) bill
 b) check-out
 c) lobby
 d) bellboy

13) drosje
 a) receptionist
 b) bellboy
 c) taxi
 d) booking

14) resepsjonist
 a) receptionist
 b) dining room
 c) view
 d) balcony

15) stue
 a) hotel
 b) living room
 c) dining room
 d) maid

16) klage
 a) complaint
 b) check-out
 c) ice
 d) to pay

17) is
 a) ice
 b) taxi
 c) recreation
 d) breakfast

18) rekreasjon
 a) swimming pool
 b) recreation
 c) to pay
 d) bellboy

19) luftkondisjonering
 a) lift
 b) air conditioning
 c) hotel
 d) manager

20) spisestue
 a) taxi
 b) air conditioning
 c) bellboy
 d) dining room

21) hotell
 a) breakfast
 b) dining room
 c) manager
 d) hotel

22) pris
 a) balcony
 b) receipt
 c) suite
 d) price

23) balkong
 a) view
 b) manager
 c) internet
 d) balcony

24) lobby
 a) dining room
 b) balcony
 c) suite
 d) lobby

#126 - Hotel

Select the closest English word to match the Norwegian word.

1) resepsjonen
 a) reception desk
 b) entrance
 c) dining room
 d) message

2) stue
 a) living room
 b) receipt
 c) booking
 d) lift

3) garasje
 a) room
 b) suite
 c) ice
 d) garage

4) første etasje
 a) ground floor
 b) garage
 c) internet
 d) view

5) stuepike
 a) maid
 b) reception desk
 c) view
 d) breakfast

6) pris
 a) manager
 b) price
 c) ground floor
 d) booking

7) bestilling
 a) air conditioning
 b) booking
 c) price
 d) complaint

8) frokost
 a) lift
 b) doorman
 c) recreation
 d) breakfast

9) is
 a) room
 b) ice
 c) entrance
 d) manager

10) luftkondisjonering
 a) doorman
 b) air conditioning
 c) balcony
 d) booking

11) rom
 a) recreation
 b) balcony
 c) lobby
 d) room

12) internett
 a) internet
 b) lift
 c) reception desk
 d) doorman

13) regning
 a) hotel
 b) internet
 c) bill
 d) receipt

14) utsikt
 a) price
 b) reception desk
 c) room
 d) view

15) å betale
 a) to pay
 b) price
 c) booking
 d) ground floor

16) balkong
 a) hotel
 b) doorman
 c) balcony
 d) room

17) rekreasjon
 a) recreation
 b) suite
 c) booking
 d) price

18) direktør
 a) message
 b) receipt
 c) manager
 d) recreation

19) drosje
 a) internet
 b) taxi
 c) reception desk
 d) dining room

20) pikkoloen
 a) bellboy
 b) suite
 c) view
 d) manager

21) suite
 a) recreation
 b) suite
 c) ice
 d) complaint

22) gang
 a) lift
 b) entrance
 c) swimming pool
 d) lobby

23) hotell
 a) lift
 b) manager
 c) hotel
 d) message

24) svømmebasseng
 a) receptionist
 b) receipt
 c) balcony
 d) swimming pool

#127 - Hotel

Select the closest English word to match the Norwegian word.

1) rom
 a) receptionist
 b) reception desk
 c) internet
 d) room

2) drosje
 a) check-out
 b) taxi
 c) hotel
 d) bill

3) stue
 a) price
 b) living room
 c) doorman
 d) internet

4) frokost
 a) breakfast
 b) lift
 c) booking
 d) manager

5) luftkondisjonering
 a) doorman
 b) air conditioning
 c) bellboy
 d) lobby

6) regning
 a) bill
 b) entrance
 c) to pay
 d) dining room

7) første etasje
 a) price
 b) ground floor
 c) living room
 d) receipt

8) spisestue
 a) bill
 b) dining room
 c) maid
 d) suite

9) kvittering
 a) breakfast
 b) balcony
 c) receipt
 d) message

10) klage
 a) garage
 b) complaint
 c) taxi
 d) doorman

11) rekreasjon
 a) complaint
 b) check-out
 c) bellboy
 d) recreation

12) å betale
 a) living room
 b) price
 c) to pay
 d) room

13) pris
 a) bellboy
 b) price
 c) receipt
 d) check-out

14) direktør
 a) manager
 b) reception desk
 c) booking
 d) entrance

15) garasje
 a) garage
 b) ice
 c) air conditioning
 d) swimming pool

16) internett
 a) internet
 b) booking
 c) suite
 d) swimming pool

17) svømmebasseng
 a) manager
 b) ice
 c) swimming pool
 d) to pay

18) resepsjonen
 a) ice
 b) complaint
 c) view
 d) reception desk

19) gang
 a) check-out
 b) balcony
 c) entrance
 d) internet

20) suite
 a) garage
 b) dining room
 c) suite
 d) internet

21) lobby
 a) garage
 b) lobby
 c) booking
 d) receipt

22) resepsjonist
 a) receptionist
 b) living room
 c) suite
 d) air conditioning

23) dørvakt
 a) receptionist
 b) taxi
 c) swimming pool
 d) doorman

24) utsjekking
 a) lift
 b) check-out
 c) ground floor
 d) room

#128 - Hotel

Select the closest English word to match the Norwegian word.

1) **balkong**
   a) dining room
   b) entrance
   c) bellboy
   d) balcony

2) **regning**
   a) doorman
   b) bellboy
   c) manager
   d) bill

3) **første etasje**
   a) garage
   b) ground floor
   c) recreation
   d) check-out

4) **dørvakt**
   a) doorman
   b) breakfast
   c) living room
   d) view

5) **gang**
   a) garage
   b) ice
   c) entrance
   d) balcony

6) **lobby**
   a) price
   b) maid
   c) lobby
   d) complaint

7) **stuepike**
   a) maid
   b) bill
   c) swimming pool
   d) entrance

8) **garasje**
   a) garage
   b) to pay
   c) maid
   d) bill

9) **heis**
   a) lift
   b) manager
   c) ground floor
   d) reception desk

10) **is**
    a) ice
    b) air conditioning
    c) entrance
    d) breakfast

11) **pikkoloen**
    a) ground floor
    b) manager
    c) bellboy
    d) taxi

12) **spisestue**
    a) ice
    b) hotel
    c) dining room
    d) booking

13) **å betale**
    a) receptionist
    b) ice
    c) maid
    d) to pay

14) **svømmebasseng**
    a) maid
    b) internet
    c) ice
    d) swimming pool

15) **pris**
    a) breakfast
    b) price
    c) lift
    d) ice

16) **beskjed**
    a) ground floor
    b) dining room
    c) doorman
    d) message

17) **utsikt**
    a) ground floor
    b) view
    c) receipt
    d) check-out

18) **direktør**
    a) view
    b) manager
    c) lobby
    d) balcony

19) **utsjekking**
    a) internet
    b) check-out
    c) entrance
    d) receipt

20) **frokost**
    a) breakfast
    b) to pay
    c) ground floor
    d) room

21) **klage**
    a) complaint
    b) doorman
    c) room
    d) ice

22) **resepsjonen**
    a) room
    b) balcony
    c) to pay
    d) reception desk

23) **resepsjonist**
    a) air conditioning
    b) receptionist
    c) breakfast
    d) living room

24) **rekreasjon**
    a) internet
    b) living room
    c) recreation
    d) dining room

#129 - Hotel

Select the closest Norwegian word to match the English word.

1) price
a) lobby
b) pris
c) spisestue
d) gang

2) hotel
a) bestilling
b) hotell
c) internett
d) resepsjonist

3) room
a) luftkondisjonering
b) rom
c) bestilling
d) garasje

4) receipt
a) utsikt
b) direktør
c) klage
d) kvittering

5) booking
a) garasje
b) kvittering
c) bestilling
d) å betale

6) lift
a) stuepike
b) heis
c) rekreasjon
d) pris

7) internet
a) internett
b) spisestue
c) resepsjonen
d) stuepike

8) doorman
a) internett
b) klage
c) dørvakt
d) rekreasjon

9) check-out
a) direktør
b) resepsjonen
c) utsjekking
d) pikkoloen

10) ice
a) is
b) balkong
c) beskjed
d) resepsjonen

11) dining room
a) spisestue
b) utsikt
c) svømmebasseng
d) klage

12) maid
a) stuepike
b) resepsjonist
c) utsikt
d) første etasje

13) bill
a) gang
b) is
c) regning
d) svømmebasseng

14) breakfast
a) luftkondisjonering
b) frokost
c) is
d) direktør

15) manager
a) drosje
b) direktør
c) kvittering
d) is

16) view
a) hotell
b) direktør
c) spisestue
d) utsikt

17) taxi
a) gang
b) is
c) stue
d) drosje

18) swimming pool
a) svømmebasseng
b) bestilling
c) resepsjonist
d) rekreasjon

19) balcony
a) pris
b) dørvakt
c) heis
d) balkong

20) ground floor
a) første etasje
b) suite
c) direktør
d) internett

21) lobby
a) drosje
b) kvittering
c) lobby
d) heis

22) receptionist
a) resepsjonist
b) gang
c) rom
d) hotell

23) entrance
a) is
b) gang
c) resepsjonen
d) drosje

24) living room
a) garasje
b) dørvakt
c) svømmebasseng
d) stue

#130 - Hotel
Select the closest Norwegian word to match the English word.

1) manager
   a) drosje
   b) direktør
   c) gang
   d) utsjekking

2) air conditioning
   a) balkong
   b) drosje
   c) pikkoloen
   d) luftkondisjonering

3) check-out
   a) utsikt
   b) drosje
   c) internett
   d) utsjekking

4) reception desk
   a) resepsjonist
   b) stue
   c) resepsjonen
   d) garasje

5) receipt
   a) utsjekking
   b) kvittering
   c) gang
   d) resepsjonist

6) living room
   a) suite
   b) stue
   c) kvittering
   d) å betale

7) entrance
   a) direktør
   b) svømmebasseng
   c) gang
   d) dørvakt

8) bill
   a) garasje
   b) direktør
   c) beskjed
   d) regning

9) recreation
   a) drosje
   b) luftkondisjonering
   c) beskjed
   d) rekreasjon

10) lobby
    a) drosje
    b) resepsjonist
    c) lobby
    d) utsjekking

11) view
    a) internett
    b) rom
    c) utsikt
    d) resepsjonist

12) complaint
    a) klage
    b) balkong
    c) svømmebasseng
    d) hotell

13) ice
    a) klage
    b) stue
    c) luftkondisjonering
    d) is

14) maid
    a) pris
    b) stuepike
    c) dørvakt
    d) regning

15) suite
    a) suite
    b) regning
    c) kvittering
    d) garasje

16) swimming pool
    a) utsikt
    b) svømmebasseng
    c) klage
    d) resepsjonen

17) booking
    a) bestilling
    b) svømmebasseng
    c) første etasje
    d) rom

18) breakfast
    a) frokost
    b) spisestue
    c) pikkoloen
    d) utsjekking

19) taxi
    a) drosje
    b) svømmebasseng
    c) resepsjonist
    d) direktør

20) message
    a) beskjed
    b) frokost
    c) svømmebasseng
    d) rom

21) balcony
    a) utsjekking
    b) is
    c) balkong
    d) rekreasjon

22) lift
    a) luftkondisjonering
    b) direktør
    c) heis
    d) svømmebasseng

23) to pay
    a) rekreasjon
    b) internett
    c) å betale
    d) direktør

24) room
    a) frokost
    b) rom
    c) luftkondisjonering
    d) lobby

#131 - Hotel
Select the closest Norwegian word to match the English word.

1) booking
a) rom
b) stuepike
c) pikkoloen
d) bestilling

2) room
a) heis
b) stue
c) rom
d) balkong

3) complaint
a) internett
b) klage
c) lobby
d) garasje

4) manager
a) resepsjonen
b) internett
c) rom
d) direktør

5) recreation
a) rekreasjon
b) luftkondisjonering
c) stuepike
d) kvittering

6) dining room
a) første etasje
b) spisestue
c) rom
d) rekreasjon

7) to pay
a) heis
b) pikkoloen
c) å betale
d) hotell

8) maid
a) is
b) svømmebasseng
c) stuepike
d) pikkoloen

9) lift
a) første etasje
b) heis
c) balkong
d) utsjekking

10) garage
a) rekreasjon
b) garasje
c) resepsjonist
d) frokost

11) ice
a) is
b) rom
c) heis
d) bestilling

12) price
a) rekreasjon
b) kvittering
c) resepsjonist
d) pris

13) entrance
a) svømmebasseng
b) utsikt
c) luftkondisjonering
d) gang

14) reception desk
a) svømmebasseng
b) dørvakt
c) resepsjonen
d) frokost

15) taxi
a) drosje
b) stue
c) rom
d) rekreasjon

16) swimming pool
a) svømmebasseng
b) regning
c) internett
d) suite

17) bellboy
a) heis
b) lobby
c) direktør
d) pikkoloen

18) bill
a) å betale
b) klage
c) spisestue
d) regning

19) internet
a) internett
b) luftkondisjonering
c) regning
d) klage

20) message
a) første etasje
b) utsjekking
c) spisestue
d) beskjed

21) receptionist
a) resepsjonist
b) drosje
c) første etasje
d) utsikt

22) air conditioning
a) is
b) hotell
c) rom
d) luftkondisjonering

23) suite
a) drosje
b) spisestue
c) suite
d) bestilling

24) hotel
a) resepsjonen
b) bestilling
c) hotell
d) resepsjonist

#132 - Hotel

Select the closest Norwegian word to match the English word.

1) **dining room**
   a) rekreasjon
   b) spisestue
   c) pris
   d) stue

2) **doorman**
   a) utsikt
   b) dørvakt
   c) stuepike
   d) hotell

3) **recreation**
   a) internett
   b) dørvakt
   c) rekreasjon
   d) suite

4) **suite**
   a) drosje
   b) bestilling
   c) suite
   d) å betale

5) **internet**
   a) internett
   b) klage
   c) drosje
   d) kvittering

6) **reception desk**
   a) rom
   b) resepsjonen
   c) utsikt
   d) gang

7) **to pay**
   a) regning
   b) beskjed
   c) å betale
   d) gang

8) **check-out**
   a) klage
   b) gang
   c) utsjekking
   d) å betale

9) **swimming pool**
   a) suite
   b) å betale
   c) pris
   d) svømmebasseng

10) **air conditioning**
    a) luftkondisjonering
    b) pris
    c) balkong
    d) direktør

11) **balcony**
    a) stuepike
    b) å betale
    c) balkong
    d) direktør

12) **taxi**
    a) rom
    b) å betale
    c) drosje
    d) kvittering

13) **bill**
    a) beskjed
    b) internett
    c) regning
    d) spisestue

14) **living room**
    a) stue
    b) pikkoloen
    c) lobby
    d) klage

15) **manager**
    a) kvittering
    b) direktør
    c) stue
    d) drosje

16) **view**
    a) første etasje
    b) svømmebasseng
    c) utsikt
    d) utsjekking

17) **complaint**
    a) utsjekking
    b) å betale
    c) hotell
    d) klage

18) **room**
    a) stue
    b) å betale
    c) heis
    d) rom

19) **maid**
    a) resepsjonen
    b) stuepike
    c) bestilling
    d) spisestue

20) **lift**
    a) pikkoloen
    b) utsjekking
    c) luftkondisjonering
    d) heis

21) **booking**
    a) første etasje
    b) dørvakt
    c) bestilling
    d) rekreasjon

22) **lobby**
    a) balkong
    b) stue
    c) lobby
    d) spisestue

23) **receptionist**
    a) resepsjonist
    b) svømmebasseng
    c) hotell
    d) internett

24) **bellboy**
    a) pikkoloen
    b) første etasje
    c) rom
    d) stue

#133 - Hotel
Select the closest Norwegian word to match the English word.

1) suite
 a) suite
 b) balkong
 c) klage
 d) utsjekking

2) complaint
 a) bestilling
 b) klage
 c) svømmebasseng
 d) første etasje

3) internet
 a) utsjekking
 b) stuepike
 c) direktør
 d) internett

4) maid
 a) pris
 b) pikkoloen
 c) drosje
 d) stuepike

5) taxi
 a) svømmebasseng
 b) bestilling
 c) drosje
 d) pris

6) room
 a) rekreasjon
 b) utsjekking
 c) rom
 d) dørvakt

7) entrance
 a) beskjed
 b) gang
 c) garasje
 d) svømmebasseng

8) bill
 a) beskjed
 b) svømmebasseng
 c) dørvakt
 d) regning

9) booking
 a) spisestue
 b) resepsjonist
 c) bestilling
 d) pris

10) reception desk
 a) resepsjonen
 b) balkong
 c) gang
 d) stue

11) price
 a) klage
 b) pris
 c) internett
 d) drosje

12) living room
 a) stue
 b) pris
 c) resepsjonist
 d) utsjekking

13) manager
 a) direktør
 b) gang
 c) garasje
 d) rekreasjon

14) bellboy
 a) klage
 b) pikkoloen
 c) første etasje
 d) frokost

15) swimming pool
 a) svømmebasseng
 b) dørvakt
 c) lobby
 d) frokost

16) check-out
 a) utsjekking
 b) drosje
 c) stue
 d) luftkondisjonering

17) ground floor
 a) første etasje
 b) internett
 c) utsikt
 d) luftkondisjonering

18) dining room
 a) luftkondisjonering
 b) spisestue
 c) hotell
 d) dørvakt

19) hotel
 a) pris
 b) bestilling
 c) hotell
 d) rom

20) ice
 a) utsikt
 b) frokost
 c) stuepike
 d) is

21) view
 a) drosje
 b) utsikt
 c) hotell
 d) resepsjonist

22) balcony
 a) gang
 b) stuepike
 c) hotell
 d) balkong

23) recreation
 a) klage
 b) bestilling
 c) luftkondisjonering
 d) rekreasjon

24) air conditioning
 a) luftkondisjonering
 b) stue
 c) heis
 d) balkong

#134 - Hotel

Select the closest Norwegian word to match the English word.

1) ground floor
a) garasje
b) første etasje
c) resepsjonist
d) is

2) living room
a) luftkondisjonering
b) dørvakt
c) stue
d) kvittering

3) doorman
a) utsjekking
b) suite
c) resepsjonen
d) dørvakt

4) complaint
a) lobby
b) gang
c) klage
d) regning

5) garage
a) svømmebasseng
b) rekreasjon
c) drosje
d) garasje

6) reception desk
a) pris
b) balkong
c) første etasje
d) resepsjonen

7) check-out
a) utsjekking
b) direktør
c) kvittering
d) pris

8) bellboy
a) pikkoloen
b) utsikt
c) luftkondisjonering
d) heis

9) ice
a) is
b) stuepike
c) heis
d) hotell

10) message
a) regning
b) pris
c) internett
d) beskjed

11) booking
a) spisestue
b) rekreasjon
c) bestilling
d) utsjekking

12) dining room
a) beskjed
b) spisestue
c) heis
d) balkong

13) lobby
a) bestilling
b) dørvakt
c) svømmebasseng
d) lobby

14) to pay
a) suite
b) direktør
c) første etasje
d) å betale

15) recreation
a) utsjekking
b) resepsjonen
c) pris
d) rekreasjon

16) balcony
a) heis
b) rekreasjon
c) lobby
d) balkong

17) breakfast
a) frokost
b) utsikt
c) dørvakt
d) klage

18) view
a) stuepike
b) gang
c) bestilling
d) utsikt

19) suite
a) rom
b) suite
c) heis
d) beskjed

20) entrance
a) resepsjonist
b) stue
c) gang
d) internett

21) lift
a) dørvakt
b) lobby
c) heis
d) suite

22) air conditioning
a) første etasje
b) utsjekking
c) luftkondisjonering
d) beskjed

23) swimming pool
a) heis
b) stue
c) dørvakt
d) svømmebasseng

24) taxi
a) stue
b) bestilling
c) drosje
d) balkong

#135 - Hotel
Select the closest Norwegian word to match the English word.

1) booking
 a) utsjekking
 b) bestilling
 c) stuepike
 d) å betale

2) hotel
 a) is
 b) resepsjonist
 c) hotell
 d) lobby

3) bellboy
 a) svømmebasseng
 b) pikkoloen
 c) resepsjonist
 d) dørvakt

4) ground floor
 a) kvittering
 b) luftkondisjonering
 c) heis
 d) første etasje

5) air conditioning
 a) rom
 b) luftkondisjonering
 c) direktør
 d) garasje

6) receipt
 a) internett
 b) utsikt
 c) kvittering
 d) hotell

7) manager
 a) direktør
 b) stue
 c) garasje
 d) gang

8) recreation
 a) rekreasjon
 b) stuepike
 c) resepsjonist
 d) heis

9) lift
 a) heis
 b) drosje
 c) kvittering
 d) beskjed

10) taxi
 a) utsjekking
 b) første etasje
 c) drosje
 d) internett

11) living room
 a) stue
 b) bestilling
 c) luftkondisjonering
 d) stuepike

12) lobby
 a) bestilling
 b) hotell
 c) direktør
 d) lobby

13) entrance
 a) gang
 b) stue
 c) stuepike
 d) hotell

14) doorman
 a) stuepike
 b) utsjekking
 c) dørvakt
 d) beskjed

15) internet
 a) luftkondisjonering
 b) garasje
 c) internett
 d) is

16) bill
 a) regning
 b) å betale
 c) heis
 d) utsjekking

17) room
 a) rekreasjon
 b) lobby
 c) gang
 d) rom

18) to pay
 a) rekreasjon
 b) drosje
 c) dørvakt
 d) å betale

19) view
 a) utsikt
 b) beskjed
 c) kvittering
 d) bestilling

20) suite
 a) å betale
 b) stue
 c) suite
 d) kvittering

21) ice
 a) spisestue
 b) is
 c) stue
 d) dørvakt

22) receptionist
 a) resepsjonist
 b) drosje
 c) hotell
 d) å betale

23) dining room
 a) spisestue
 b) drosje
 c) pris
 d) is

24) garage
 a) regning
 b) beskjed
 c) garasje
 d) internett

#136 - Parts of the Body
Select the closest English word to match the Norwegian word.

1) øre
 a) liver
 b) teeth
 c) backbone
 d) ear

2) mandler
 a) back
 b) skin
 c) tooth
 d) tonsils

3) lår
 a) thigh
 b) bone
 c) nose
 d) arm

4) hjerte
 a) shoulder
 b) hair
 c) liver
 d) heart

5) bart
 a) moustache
 b) parts of the body
 c) body
 d) nerve

6) lever
 a) mouth
 b) body
 c) calf
 d) liver

7) skjegg
 a) beard
 b) parts of the body
 c) elbow
 d) heart

8) ryggrad
 a) eyelid
 b) throat
 c) thorax
 d) backbone

9) kroppen
 a) knuckle
 b) toe
 c) ankle
 d) body

10) hår
 a) beard
 b) hair
 c) knuckle
 d) joint

11) ankel
 a) ankle
 b) skin
 c) ear
 d) thigh

12) hjerne
 a) brain
 b) blood
 c) fingernail
 d) jaw

13) blindtarm
 a) calf
 b) hair
 c) appendix
 d) neck

14) albue
 a) muscle
 b) elbow
 c) thigh
 d) fingernail

15) kne
 a) mouth
 b) ankle
 c) chin
 d) knee

16) leppe
 a) lip
 b) belly
 c) chin
 d) body

17) tenner
 a) fingernail
 b) liver
 c) teeth
 d) wrist

18) kinn
 a) body
 b) cheek
 c) neck
 d) bladder

19) ribbein
 a) rib
 b) tongue
 c) knee
 d) iris

20) mage
 a) gland
 b) parts of the body
 c) belly
 d) ear

21) øyelokk
 a) eyelid
 b) finger
 c) neck
 d) muscle

22) vene
 a) back
 b) foot
 c) vein
 d) hip

23) kroppsdeler
 a) thorax
 b) chin
 c) parts of the body
 d) fist

24) legg
 a) calf
 b) knuckle
 c) eye
 d) eyelash

#137 - Parts of the Body
Select the closest English word to match the Norwegian word.

1) nerve
 a) nerve
 b) hip
 c) thigh
 d) neck

2) hode
 a) eyelash
 b) throat
 c) eye
 d) head

3) øye
 a) ankle
 b) neck
 c) backbone
 d) eye

4) albue
 a) mouth
 b) elbow
 c) body
 d) eye

5) fregner
 a) tongue
 b) finger
 c) freckles
 d) hair

6) øyelokk
 a) eyelid
 b) thumb
 c) eyebrow
 d) cheek

7) tå
 a) knee
 b) toe
 c) jaw
 d) iris

8) bart
 a) moustache
 b) brain
 c) eye
 d) toe

9) tunge
 a) rib
 b) nerve
 c) tongue
 d) throat

10) leppe
 a) fingernail
 b) lip
 c) neck
 d) tongue

11) kroppsdeler
 a) nose
 b) parts of the body
 c) hand
 d) bone

12) skulder
 a) shoulder
 b) hand
 c) tongue
 d) thumb

13) sene
 a) eyelash
 b) tendon
 c) breast
 d) toe

14) vene
 a) fingernail
 b) thigh
 c) hair
 d) vein

15) blod
 a) blood
 b) forehead
 c) nerve
 d) throat

16) munn
 a) mouth
 b) skin
 c) hand
 d) tongue

17) øyevipp
 a) eyelash
 b) toe
 c) fist
 d) head

18) tommel
 a) body
 b) back
 c) thumb
 d) waist

19) lunge
 a) lung
 b) hair
 c) head
 d) heart

20) øre
 a) shoulder
 b) feet
 c) ear
 d) bone

21) ribbein
 a) thorax
 b) skin
 c) liver
 d) rib

22) hjerte
 a) body
 b) tongue
 c) heart
 d) brain

23) nakke
 a) neck
 b) artery
 c) head
 d) kidney

24) hake
 a) moustache
 b) rib
 c) chin
 d) wrist

#138 - Parts of the Body
Select the closest English word to match the Norwegian word.

1) **brystkasse**
   a) head
   b) thorax
   c) thigh
   d) ear

2) **negl**
   a) cheek
   b) rib
   c) mouth
   d) fingernail

3) **hjerne**
   a) backbone
   b) shoulder
   c) thorax
   d) brain

4) **kroppen**
   a) throat
   b) body
   c) thumb
   d) teeth

5) **kjeve**
   a) jaw
   b) feet
   c) muscle
   d) heart

6) **tenner**
   a) tooth
   b) jaw
   c) teeth
   d) blood

7) **pulsåre**
   a) forehead
   b) rib
   c) artery
   d) parts of the body

8) **ledd**
   a) joint
   b) nose
   c) liver
   d) arm

9) **midje**
   a) hip
   b) waist
   c) tongue
   d) thorax

10) **kne**
    a) joint
    b) heart
    c) eyelid
    d) knee

11) **muskel**
    a) mouth
    b) muscle
    c) artery
    d) forehead

12) **hånd**
    a) body
    b) artery
    c) breast
    d) hand

13) **skulder**
    a) throat
    b) shoulder
    c) appendix
    d) backbone

14) **vene**
    a) tendon
    b) hair
    c) kidney
    d) vein

15) **nerve**
    a) elbow
    b) moustache
    c) eyelid
    d) nerve

16) **tunge**
    a) jaw
    b) eyelash
    c) nose
    d) tongue

17) **rygg**
    a) waist
    b) kidney
    c) blood
    d) back

18) **panne**
    a) tendon
    b) forehead
    c) face
    d) tonsils

19) **blære**
    a) gland
    b) knuckle
    c) ankle
    d) bladder

20) **mage**
    a) blood
    b) eyelid
    c) belly
    d) bone

21) **nyre**
    a) ankle
    b) finger
    c) kidney
    d) forehead

22) **nese**
    a) kidney
    b) nose
    c) iris
    d) beard

23) **fregner**
    a) rib
    b) skin
    c) freckles
    d) backbone

24) **hake**
    a) appendix
    b) skin
    c) eyelid
    d) chin

#139 - Parts of the Body
Select the closest English word to match the Norwegian word.

1) **nyre**
   a) kidney
   b) backbone
   c) artery
   d) thorax

2) **nerve**
   a) nerve
   b) brain
   c) hair
   d) nose

3) **finger**
   a) finger
   b) tendon
   c) eyelid
   d) blood

4) **kinn**
   a) tongue
   b) jaw
   c) cheek
   d) chin

5) **skjegg**
   a) head
   b) beard
   c) backbone
   d) arm

6) **fregner**
   a) finger
   b) freckles
   c) appendix
   d) eyelid

7) **kroppsdeler**
   a) appendix
   b) parts of the body
   c) belly
   d) knuckle

8) **vene**
   a) vein
   b) rib
   c) thorax
   d) muscle

9) **hals**
   a) kidney
   b) rib
   c) knee
   d) throat

10) **skulder**
    a) belly
    b) brain
    c) shoulder
    d) cheek

11) **midje**
    a) waist
    b) body
    c) kidney
    d) beard

12) **fot**
    a) finger
    b) lip
    c) fingernail
    d) foot

13) **albue**
    a) appendix
    b) muscle
    c) elbow
    d) brain

14) **brystkasse**
    a) heart
    b) thorax
    c) cheek
    d) nose

15) **kroppen**
    a) waist
    b) body
    c) rib
    d) face

16) **leppe**
    a) lip
    b) jaw
    c) elbow
    d) belly

17) **bart**
    a) artery
    b) iris
    c) moustache
    d) joint

18) **sene**
    a) tendon
    b) eyelash
    c) parts of the body
    d) tooth

19) **ankel**
    a) blood
    b) heart
    c) joint
    d) ankle

20) **knoke**
    a) knee
    b) knuckle
    c) parts of the body
    d) foot

21) **rygg**
    a) parts of the body
    b) tendon
    c) back
    d) joint

22) **nakke**
    a) lung
    b) neck
    c) arm
    d) head

23) **hjerne**
    a) elbow
    b) throat
    c) brain
    d) parts of the body

24) **kne**
    a) tonsils
    b) knee
    c) ear
    d) blood

#140 - Parts of the Body
Select the closest English word to match the Norwegian word.

1) **iris**
   a) eyelid
   b) eyebrow
   c) iris
   d) eyelash

2) **pulsåre**
   a) hip
   b) lung
   c) teeth
   d) artery

3) **muskel**
   a) muscle
   b) hair
   c) jaw
   d) lung

4) **tunge**
   a) tongue
   b) artery
   c) chin
   d) head

5) **hofte**
   a) knuckle
   b) parts of the body
   c) hip
   d) lip

6) **hake**
   a) brain
   b) moustache
   c) ear
   d) chin

7) **bart**
   a) moustache
   b) wrist
   c) forehead
   d) nerve

8) **nerve**
   a) brain
   b) blood
   c) nerve
   d) gland

9) **tann**
   a) tooth
   b) tongue
   c) kidney
   d) tendon

10) **hjerte**
    a) foot
    b) mouth
    c) forehead
    d) heart

11) **mandler**
    a) thorax
    b) hip
    c) tonsils
    d) nose

12) **øre**
    a) neck
    b) ear
    c) hand
    d) hair

13) **ledd**
    a) joint
    b) moustache
    c) gland
    d) eyelash

14) **ben**
    a) tonsils
    b) thigh
    c) rib
    d) bone

15) **hals**
    a) throat
    b) liver
    c) nose
    d) knuckle

16) **skjegg**
    a) belly
    b) beard
    c) thumb
    d) hip

17) **tå**
    a) eye
    b) toe
    c) tendon
    d) hip

18) **albue**
    a) tongue
    b) elbow
    c) neck
    d) bladder

19) **føtter**
    a) nerve
    b) parts of the body
    c) feet
    d) tonsils

20) **munn**
    a) mouth
    b) artery
    c) belly
    d) appendix

21) **tommel**
    a) hand
    b) thumb
    c) body
    d) parts of the body

22) **blindtarm**
    a) toe
    b) eyelash
    c) appendix
    d) head

23) **kne**
    a) forehead
    b) ear
    c) joint
    d) knee

24) **negl**
    a) liver
    b) fingernail
    c) tongue
    d) thorax

#141 - Parts of the Body
Select the closest English word to match the Norwegian word.

1) fot
 a) hip
 b) knuckle
 c) gland
 d) foot

2) kjertel
 a) gland
 b) fist
 c) finger
 d) wrist

3) skjegg
 a) beard
 b) face
 c) head
 d) appendix

4) mage
 a) mouth
 b) tooth
 c) breast
 d) belly

5) finger
 a) cheek
 b) nose
 c) ear
 d) finger

6) albue
 a) feet
 b) ankle
 c) elbow
 d) tonsils

7) hud
 a) skin
 b) chin
 c) feet
 d) lip

8) hjerte
 a) heart
 b) liver
 c) chin
 d) elbow

9) hals
 a) brain
 b) heart
 c) teeth
 d) throat

10) panne
 a) iris
 b) forehead
 c) muscle
 d) skin

11) ledd
 a) hip
 b) joint
 c) gland
 d) kidney

12) kroppen
 a) jaw
 b) parts of the body
 c) fingernail
 d) body

13) øye
 a) eye
 b) belly
 c) blood
 d) fingernail

14) lår
 a) vein
 b) joint
 c) eyelash
 d) thigh

15) øyenbryn
 a) nerve
 b) eyebrow
 c) eyelash
 d) ear

16) ansikt
 a) iris
 b) ankle
 c) knee
 d) face

17) skulder
 a) blood
 b) finger
 c) shoulder
 d) arm

18) kne
 a) thorax
 b) knee
 c) eyebrow
 d) head

19) munn
 a) heart
 b) hand
 c) mouth
 d) feet

20) håndledd
 a) tendon
 b) elbow
 c) joint
 d) wrist

21) hake
 a) chin
 b) hand
 c) skin
 d) back

22) knoke
 a) tongue
 b) knuckle
 c) toe
 d) arm

23) sene
 a) freckles
 b) tendon
 c) back
 d) body

24) lever
 a) artery
 b) back
 c) liver
 d) eyelid

#142 - Parts of the Body

Select the closest English word to match the Norwegian word.

1) hjerte
a) knee
b) heart
c) liver
d) elbow

2) lever
a) feet
b) liver
c) tendon
d) ankle

3) iris
a) iris
b) nerve
c) rib
d) elbow

4) ansikt
a) teeth
b) knee
c) ankle
d) face

5) finger
a) finger
b) artery
c) wrist
d) freckles

6) sene
a) mouth
b) artery
c) muscle
d) tendon

7) arm
a) freckles
b) eyelid
c) nose
d) arm

8) blære
a) hip
b) bladder
c) fingernail
d) arm

9) albue
a) elbow
b) breast
c) head
d) artery

10) øyenbryn
a) gland
b) eye
c) eyebrow
d) tonsils

11) hofte
a) hip
b) rib
c) heart
d) bladder

12) lår
a) skin
b) parts of the body
c) vein
d) thigh

13) øre
a) tonsils
b) ear
c) thigh
d) muscle

14) skjegg
a) vein
b) elbow
c) beard
d) freckles

15) kjeve
a) cheek
b) thorax
c) jaw
d) vein

16) nyre
a) liver
b) eyebrow
c) iris
d) kidney

17) midje
a) ankle
b) gland
c) iris
d) waist

18) kroppen
a) shoulder
b) body
c) freckles
d) jaw

19) hake
a) chin
b) teeth
c) knuckle
d) breast

20) kroppsdeler
a) back
b) knuckle
c) hair
d) parts of the body

21) legg
a) bone
b) wrist
c) calf
d) foot

22) pulsåre
a) thigh
b) tonsils
c) artery
d) head

23) kjertel
a) thigh
b) mouth
c) gland
d) lip

24) munn
a) cheek
b) calf
c) mouth
d) knuckle

#143 - Parts of the Body

Select the closest English word to match the Norwegian word.

1) blod
 a) neck
 b) artery
 c) face
 d) blood

2) bart
 a) moustache
 b) nose
 c) backbone
 d) thigh

3) hud
 a) skin
 b) kidney
 c) cheek
 d) bladder

4) ansikt
 a) backbone
 b) face
 c) liver
 d) foot

5) knyttneve
 a) teeth
 b) fist
 c) muscle
 d) eye

6) ledd
 a) skin
 b) joint
 c) lip
 d) bladder

7) rygg
 a) eyelash
 b) back
 c) brain
 d) thigh

8) lever
 a) lip
 b) vein
 c) beard
 d) liver

9) skjegg
 a) fist
 b) moustache
 c) beard
 d) mouth

10) mage
 a) vein
 b) knuckle
 c) thigh
 d) belly

11) sene
 a) tendon
 b) body
 c) ankle
 d) foot

12) mandler
 a) tonsils
 b) freckles
 c) belly
 d) wrist

13) hår
 a) hair
 b) knuckle
 c) backbone
 d) gland

14) panne
 a) fist
 b) thumb
 c) bone
 d) forehead

15) tå
 a) jaw
 b) toe
 c) thigh
 d) hip

16) negl
 a) feet
 b) fingernail
 c) parts of the body
 d) cheek

17) hjerte
 a) heart
 b) iris
 c) bone
 d) teeth

18) hofte
 a) hip
 b) knee
 c) eyelash
 d) lip

19) øre
 a) eyebrow
 b) ear
 c) appendix
 d) moustache

20) tann
 a) tooth
 b) ear
 c) hip
 d) muscle

21) blære
 a) blood
 b) bladder
 c) head
 d) belly

22) knoke
 a) bone
 b) wrist
 c) beard
 d) knuckle

23) nakke
 a) iris
 b) wrist
 c) neck
 d) teeth

24) lunge
 a) lung
 b) rib
 c) nerve
 d) vein

#144 - Parts of the Body

Select the closest Norwegian word to match the English word.

1) toe
a) kroppen
b) hud
c) lunge
d) tå

2) backbone
a) tann
b) negl
c) ryggrad
d) hake

3) cheek
a) legg
b) kne
c) kinn
d) tann

4) joint
a) lunge
b) kne
c) ledd
d) rygg

5) iris
a) iris
b) negl
c) lår
d) fregner

6) vein
a) vene
b) føtter
c) ribbein
d) brystkasse

7) blood
a) øye
b) blod
c) panne
d) knyttneve

8) muscle
a) ankel
b) hake
c) tenner
d) muskel

9) face
a) bart
b) munn
c) ansikt
d) hofte

10) ankle
a) øyevipp
b) lunge
c) fregner
d) ankel

11) bone
a) kne
b) hud
c) ben
d) lår

12) parts of the body
a) leppe
b) kne
c) hud
d) kroppsdeler

13) kidney
a) ankel
b) hår
c) nyre
d) leppe

14) freckles
a) mage
b) fregner
c) øre
d) tommel

15) throat
a) tommel
b) ankel
c) nakke
d) hals

16) tooth
a) tann
b) føtter
c) bart
d) nyre

17) tendon
a) hud
b) sene
c) midje
d) hofte

18) artery
a) hud
b) øyelokk
c) pulsåre
d) skulder

19) moustache
a) kjeve
b) knyttneve
c) ledd
d) bart

20) skin
a) finger
b) hud
c) midje
d) mandler

21) knee
a) ryggrad
b) kne
c) knoke
d) legg

22) chin
a) skjegg
b) ankel
c) hake
d) kne

23) wrist
a) sene
b) håndledd
c) kroppen
d) ryggrad

24) teeth
a) tunge
b) hud
c) tann
d) tenner

#145 - Parts of the Body
Select the closest Norwegian word to match the English word.

1) **thumb**
   a) hår
   b) føtter
   c) tommel
   d) arm

2) **hand**
   a) hånd
   b) fot
   c) arm
   d) lever

3) **backbone**
   a) blære
   b) fregner
   c) ryggrad
   d) tå

4) **blood**
   a) tunge
   b) finger
   c) ankel
   d) blod

5) **lung**
   a) hals
   b) lunge
   c) kjertel
   d) ben

6) **calf**
   a) knoke
   b) albue
   c) legg
   d) muskel

7) **iris**
   a) hånd
   b) nyre
   c) tann
   d) iris

8) **ankle**
   a) ankel
   b) kinn
   c) albue
   d) hode

9) **lip**
   a) leppe
   b) sene
   c) hode
   d) negl

10) **kidney**
    a) tå
    b) negl
    c) knoke
    d) nyre

11) **eyelash**
    a) kne
    b) øyevipp
    c) ben
    d) leppe

12) **knee**
    a) hjerne
    b) kne
    c) rygg
    d) legg

13) **throat**
    a) hals
    b) ribbein
    c) sene
    d) finger

14) **thorax**
    a) hår
    b) brystkasse
    c) hånd
    d) ankel

15) **joint**
    a) vene
    b) kjeve
    c) skulder
    d) ledd

16) **bladder**
    a) håndledd
    b) blære
    c) føtter
    d) kjeve

17) **back**
    a) rygg
    b) bryst
    c) hjerte
    d) mage

18) **heart**
    a) hjerte
    b) lever
    c) ryggrad
    d) nerve

19) **waist**
    a) pulsåre
    b) midje
    c) kne
    d) ben

20) **fist**
    a) knyttneve
    b) lår
    c) hode
    d) vene

21) **wrist**
    a) hjerne
    b) håndledd
    c) nakke
    d) nerve

22) **neck**
    a) skulder
    b) skjegg
    c) bart
    d) nakke

23) **skin**
    a) ankel
    b) munn
    c) panne
    d) hud

24) **muscle**
    a) hjerte
    b) knoke
    c) tenner
    d) muskel

#146 - Parts of the Body
Select the closest Norwegian word to match the English word.

1) shoulder
 a) håndledd
 b) blære
 c) skulder
 d) iris

2) jaw
 a) leppe
 b) kjeve
 c) knyttneve
 d) blære

3) tongue
 a) brystkasse
 b) tunge
 c) ryggrad
 d) kroppen

4) moustache
 a) bart
 b) bryst
 c) knoke
 d) hjerne

5) tendon
 a) kjeve
 b) sene
 c) hud
 d) knoke

6) wrist
 a) håndledd
 b) knyttneve
 c) ribbein
 d) kne

7) bone
 a) finger
 b) ben
 c) arm
 d) munn

8) eyelid
 a) øyelokk
 b) munn
 c) hjerte
 d) sene

9) hair
 a) hjerne
 b) øre
 c) hår
 d) nese

10) mouth
 a) øre
 b) mandler
 c) midje
 d) munn

11) tooth
 a) tann
 b) skulder
 c) kjeve
 d) kne

12) arm
 a) arm
 b) knoke
 c) mandler
 d) negl

13) hand
 a) øyevipp
 b) ben
 c) nyre
 d) hånd

14) toe
 a) hjerne
 b) bryst
 c) pulsåre
 d) tå

15) artery
 a) blod
 b) rygg
 c) pulsåre
 d) nyre

16) kidney
 a) nakke
 b) nerve
 c) nyre
 d) bart

17) lung
 a) lunge
 b) ribbein
 c) bryst
 d) tå

18) neck
 a) øyenbryn
 b) kjeve
 c) nakke
 d) nerve

19) cheek
 a) kinn
 b) hud
 c) hjerne
 d) hofte

20) throat
 a) kjertel
 b) hals
 c) panne
 d) blære

21) forehead
 a) rygg
 b) panne
 c) pulsåre
 d) skulder

22) elbow
 a) bryst
 b) legg
 c) lår
 d) albue

23) tonsils
 a) mandler
 b) iris
 c) bart
 d) nese

24) body
 a) føtter
 b) øye
 c) kroppen
 d) hjerne

#147 - Parts of the Body
Select the closest Norwegian word to match the English word.

1) rib
a) ribbein
b) muskel
c) hjerte
d) lever

2) head
a) legg
b) hode
c) vene
d) bart

3) thorax
a) vene
b) brystkasse
c) kjeve
d) tenner

4) brain
a) hode
b) blod
c) legg
d) hjerne

5) toe
a) tå
b) leppe
c) ryggrad
d) blære

6) throat
a) hals
b) nyre
c) hånd
d) blod

7) appendix
a) hud
b) fot
c) muskel
d) blindtarm

8) body
a) negl
b) legg
c) muskel
d) kroppen

9) eye
a) bryst
b) øye
c) kne
d) lunge

10) face
a) ansikt
b) øyenbryn
c) blære
d) midje

11) heart
a) ledd
b) tommel
c) hjerte
d) blod

12) bladder
a) blære
b) øyelokk
c) hode
d) fot

13) mouth
a) tenner
b) lår
c) munn
d) tå

14) tongue
a) tunge
b) kjeve
c) mandler
d) tommel

15) neck
a) nakke
b) ledd
c) panne
d) ankel

16) blood
a) tunge
b) blod
c) tann
d) albue

17) bone
a) kne
b) vene
c) ribbein
d) ben

18) thumb
a) tommel
b) lunge
c) ledd
d) hår

19) freckles
a) fregner
b) hånd
c) brystkasse
d) albue

20) ear
a) øre
b) albue
c) tann
d) ben

21) nose
a) øyelokk
b) nese
c) vene
d) øyenbryn

22) hip
a) kjertel
b) ribbein
c) brystkasse
d) hofte

23) jaw
a) knyttneve
b) hode
c) kjeve
d) skjegg

24) fingernail
a) hake
b) negl
c) panne
d) nyre

#148 - Parts of the Body

Select the closest Norwegian word to match the English word.

1) neck
 a) negl
 b) nakke
 c) øyenbryn
 d) ledd

2) eye
 a) øye
 b) kne
 c) kjeve
 d) skjegg

3) hip
 a) fot
 b) kinn
 c) tommel
 d) hofte

4) appendix
 a) blindtarm
 b) bryst
 c) negl
 d) øyelokk

5) thumb
 a) bryst
 b) tommel
 c) fregner
 d) nerve

6) rib
 a) ribbein
 b) føtter
 c) hjerne
 d) nyre

7) muscle
 a) pulsåre
 b) hånd
 c) muskel
 d) lunge

8) gland
 a) kjertel
 b) kroppsdeler
 c) albue
 d) lår

9) heart
 a) lever
 b) hjerte
 c) hake
 d) negl

10) waist
 a) midje
 b) ryggrad
 c) tå
 d) blindtarm

11) chin
 a) sene
 b) hake
 c) arm
 d) tunge

12) bone
 a) kjertel
 b) ankel
 c) øre
 d) ben

13) moustache
 a) bart
 b) ribbein
 c) tommel
 d) øyenbryn

14) shoulder
 a) bryst
 b) skulder
 c) blære
 d) iris

15) cheek
 a) kinn
 b) tå
 c) bryst
 d) nese

16) head
 a) tenner
 b) hode
 c) vene
 d) nese

17) fist
 a) blod
 b) hår
 c) hake
 d) knyttneve

18) tooth
 a) tann
 b) føtter
 c) ankel
 d) panne

19) nose
 a) blindtarm
 b) munn
 c) nese
 d) tunge

20) face
 a) mage
 b) lever
 c) ansikt
 d) knyttneve

21) belly
 a) iris
 b) mage
 c) øyenbryn
 d) negl

22) ankle
 a) tunge
 b) hode
 c) kne
 d) ankel

23) finger
 a) finger
 b) legg
 c) øyevipp
 d) føtter

24) iris
 a) hofte
 b) iris
 c) munn
 d) fot

#149 - Parts of the Body

Select the closest Norwegian word to match the English word.

1) thumb
a) finger
b) lår
c) tommel
d) tunge

2) face
a) tann
b) øyevipp
c) ansikt
d) sene

3) knee
a) skjegg
b) øyenbryn
c) munn
d) kne

4) kidney
a) føtter
b) hånd
c) ledd
d) nyre

5) tooth
a) leppe
b) kroppsdeler
c) rygg
d) tann

6) iris
a) ryggrad
b) iris
c) mage
d) negl

7) body
a) kroppen
b) hud
c) iris
d) håndledd

8) tendon
a) brystkasse
b) nerve
c) sene
d) øyelokk

9) ear
a) øre
b) hofte
c) skjegg
d) kinn

10) rib
a) fregner
b) finger
c) mandler
d) ribbein

11) eyebrow
a) øyenbryn
b) lunge
c) nese
d) kjertel

12) feet
a) føtter
b) ribbein
c) håndledd
d) ben

13) eye
a) brystkasse
b) hals
c) panne
d) øye

14) parts of the body
a) hår
b) blindtarm
c) kroppsdeler
d) fot

15) freckles
a) hofte
b) fregner
c) tå
d) muskel

16) waist
a) midje
b) kroppen
c) tenner
d) ledd

17) head
a) tann
b) muskel
c) hode
d) tunge

18) shoulder
a) munn
b) muskel
c) rygg
d) skulder

19) joint
a) lever
b) fot
c) hånd
d) ledd

20) vein
a) vene
b) kinn
c) muskel
d) tenner

21) cheek
a) blindtarm
b) munn
c) kinn
d) lår

22) hair
a) sene
b) øyenbryn
c) fregner
d) hår

23) belly
a) nerve
b) ledd
c) mage
d) kroppen

24) toe
a) hånd
b) tå
c) skjegg
d) nakke

#150 - Parts of the Body
Select the closest Norwegian word to match the English word.

1) **kidney**
   a) nyre
   b) øyenbryn
   c) kjertel
   d) bart

2) **tongue**
   a) fot
   b) hjerte
   c) muskel
   d) tunge

3) **freckles**
   a) knoke
   b) øye
   c) fregner
   d) finger

4) **feet**
   a) leppe
   b) hår
   c) føtter
   d) øyelokk

5) **wrist**
   a) håndledd
   b) leppe
   c) fot
   d) hår

6) **nerve**
   a) hånd
   b) nerve
   c) finger
   d) nese

7) **knee**
   a) øyelokk
   b) øre
   c) kne
   d) tunge

8) **gland**
   a) skulder
   b) kjertel
   c) tenner
   d) øyevipp

9) **hair**
   a) hår
   b) hake
   c) ledd
   d) kroppsdeler

10) **backbone**
    a) ryggrad
    b) nakke
    c) hånd
    d) arm

11) **finger**
    a) finger
    b) ledd
    c) ansikt
    d) ryggrad

12) **foot**
    a) panne
    b) tann
    c) fot
    d) ledd

13) **belly**
    a) knoke
    b) mage
    c) nyre
    d) hånd

14) **hip**
    a) lunge
    b) hofte
    c) pulsåre
    d) nerve

15) **arm**
    a) hår
    b) nakke
    c) arm
    d) iris

16) **thorax**
    a) nyre
    b) iris
    c) øyevipp
    d) brystkasse

17) **heart**
    a) tommel
    b) hjerte
    c) nakke
    d) iris

18) **artery**
    a) skjegg
    b) pulsåre
    c) blære
    d) brystkasse

19) **face**
    a) nese
    b) brystkasse
    c) ansikt
    d) kjertel

20) **fist**
    a) ribbein
    b) brystkasse
    c) knyttneve
    d) blære

21) **calf**
    a) skulder
    b) legg
    c) negl
    d) mage

22) **elbow**
    a) hår
    b) kne
    c) tommel
    d) albue

23) **liver**
    a) kne
    b) munn
    c) blindtarm
    d) lever

24) **lung**
    a) kroppsdeler
    b) føtter
    c) lunge
    d) tommel

#151 - Restaurant

Select the closest English word to match the Norwegian word.

1) **ete**
   a) beverage
   b) to eat
   c) to drink
   d) menu

2) **duk**
   a) dinner
   b) setting
   c) thirsty
   d) tablecloth

3) **hovedrett**
   a) setting
   b) tablecloth
   c) main course
   d) lunch

4) **meny**
   a) main course
   b) menu
   c) waiter
   d) beverage

5) **middag**
   a) to drink
   b) to reserve
   c) dinner
   d) menu

6) **bestille**
   a) thirsty
   b) tablecloth
   c) waitress
   d) to order

7) **tørst**
   a) dessert
   b) thirsty
   c) to order
   d) to drink

8) **billig**
   a) cheap
   b) to reserve
   c) salad bowl
   d) menu

9) **sulten**
   a) waiter
   b) thirsty
   c) main course
   d) hungry

10) **salatbolle**
    a) beverage
    b) dessert
    c) salad bowl
    d) tablecloth

11) **dessert**
    a) to reserve
    b) dessert
    c) setting
    d) to order

12) **servitør**
    a) setting
    b) to reserve
    c) waiter
    d) to eat

13) **bordsetting**
    a) to eat
    b) restaurant
    c) waitress
    d) setting

14) **reservere**
    a) dinner
    b) to eat
    c) restaurant
    d) to reserve

15) **drikke**
    a) menu
    b) to drink
    c) salad fork
    d) dessert

16) **lunsj**
    a) tablecloth
    b) waiter
    c) lunch
    d) waitress

17) **drikkevare**
    a) beverage
    b) setting
    c) to drink
    d) salad bowl

18) **salat gaffel**
    a) to drink
    b) waitress
    c) salad fork
    d) dessert

19) **vinkart**
    a) meal
    b) lunch
    c) wine list
    d) setting

20) **måltid**
    a) lunch
    b) tablecloth
    c) wine list
    d) meal

21) **servitøren**
    a) main course
    b) to drink
    c) waitress
    d) wine list

22) **restaurant**
    a) dessert
    b) waiter
    c) restaurant
    d) to drink

23) **bordsetting**
    a) thirsty
    b) wine list
    c) to eat
    d) setting

24) **servitøren**
    a) cheap
    b) to reserve
    c) main course
    d) waitress

#152 - Restaurant

Select the closest English word to match the Norwegian word.

1) **dessert**
   a) meal
   b) dessert
   c) beverage
   d) lunch

2) **servitøren**
   a) restaurant
   b) waitress
   c) menu
   d) waiter

3) **salatbolle**
   a) to order
   b) waiter
   c) salad bowl
   d) waitress

4) **meny**
   a) setting
   b) dinner
   c) menu
   d) hungry

5) **reservere**
   a) to reserve
   b) lunch
   c) to drink
   d) waitress

6) **billig**
   a) cheap
   b) salad fork
   c) to eat
   d) dessert

7) **tørst**
   a) thirsty
   b) waitress
   c) tablecloth
   d) beverage

8) **vinkart**
   a) wine list
   b) salad fork
   c) dessert
   d) dinner

9) **duk**
   a) tablecloth
   b) restaurant
   c) dessert
   d) to order

10) **sulten**
    a) hungry
    b) tablecloth
    c) lunch
    d) salad fork

11) **bordsetting**
    a) lunch
    b) restaurant
    c) to drink
    d) setting

12) **middag**
    a) dinner
    b) to reserve
    c) cheap
    d) salad bowl

13) **restaurant**
    a) waiter
    b) to drink
    c) hungry
    d) restaurant

14) **servitør**
    a) waiter
    b) beverage
    c) meal
    d) to drink

15) **drikkevare**
    a) hungry
    b) salad fork
    c) to reserve
    d) beverage

16) **ete**
    a) menu
    b) to eat
    c) cheap
    d) waiter

17) **bestille**
    a) to order
    b) hungry
    c) wine list
    d) dessert

18) **hovedrett**
    a) lunch
    b) main course
    c) salad fork
    d) waiter

19) **drikke**
    a) to drink
    b) dinner
    c) waiter
    d) beverage

20) **måltid**
    a) restaurant
    b) lunch
    c) salad fork
    d) meal

21) **salat gaffel**
    a) to order
    b) beverage
    c) hungry
    d) salad fork

22) **lunsj**
    a) lunch
    b) wine list
    c) hungry
    d) cheap

23) **servitør**
    a) dessert
    b) meal
    c) waiter
    d) restaurant

24) **duk**
    a) dessert
    b) main course
    c) tablecloth
    d) setting

#153 - Restaurant
Select the closest English word to match the Norwegian word.

1) sulten
 a) cheap
 b) salad fork
 c) hungry
 d) restaurant

2) middag
 a) to eat
 b) dessert
 c) dinner
 d) salad fork

3) måltid
 a) meal
 b) waitress
 c) main course
 d) dessert

4) hovedrett
 a) setting
 b) main course
 c) hungry
 d) waitress

5) duk
 a) main course
 b) hungry
 c) to drink
 d) tablecloth

6) ete
 a) waiter
 b) tablecloth
 c) salad fork
 d) to eat

7) salat gaffel
 a) restaurant
 b) wine list
 c) meal
 d) salad fork

8) vinkart
 a) tablecloth
 b) thirsty
 c) to drink
 d) wine list

9) bestille
 a) beverage
 b) main course
 c) dessert
 d) to order

10) servitøren
 a) dessert
 b) waitress
 c) salad fork
 d) menu

11) bordsetting
 a) wine list
 b) setting
 c) main course
 d) dinner

12) meny
 a) main course
 b) menu
 c) beverage
 d) salad fork

13) drikkevare
 a) salad fork
 b) beverage
 c) dessert
 d) thirsty

14) dessert
 a) cheap
 b) dessert
 c) thirsty
 d) wine list

15) drikke
 a) salad fork
 b) waitress
 c) dinner
 d) to drink

16) lunsj
 a) to eat
 b) dinner
 c) lunch
 d) thirsty

17) billig
 a) beverage
 b) tablecloth
 c) hungry
 d) cheap

18) restaurant
 a) restaurant
 b) waiter
 c) salad bowl
 d) to drink

19) reservere
 a) to reserve
 b) restaurant
 c) waitress
 d) tablecloth

20) tørst
 a) waitress
 b) thirsty
 c) salad fork
 d) salad bowl

21) salatbolle
 a) beverage
 b) hungry
 c) salad fork
 d) salad bowl

22) servitør
 a) restaurant
 b) setting
 c) waiter
 d) lunch

23) tørst
 a) to reserve
 b) to order
 c) thirsty
 d) salad fork

24) salatbolle
 a) to eat
 b) dessert
 c) salad bowl
 d) tablecloth

#154 - Restaurant

Select the closest English word to match the Norwegian word.

1) middag
a) dessert
b) dinner
c) hungry
d) main course

2) bestille
a) waitress
b) cheap
c) to eat
d) to order

3) bordsetting
a) setting
b) main course
c) thirsty
d) wine list

4) måltid
a) meal
b) to eat
c) restaurant
d) wine list

5) billig
a) menu
b) thirsty
c) meal
d) cheap

6) servitør
a) salad fork
b) waiter
c) hungry
d) to order

7) servitøren
a) meal
b) hungry
c) to eat
d) waitress

8) salatbolle
a) salad bowl
b) salad fork
c) thirsty
d) cheap

9) restaurant
a) restaurant
b) thirsty
c) to eat
d) to order

10) dessert
a) meal
b) dessert
c) main course
d) menu

11) drikke
a) dinner
b) salad bowl
c) to eat
d) to drink

12) lunsj
a) to order
b) lunch
c) to eat
d) salad bowl

13) salat gaffel
a) waiter
b) thirsty
c) waitress
d) salad fork

14) duk
a) lunch
b) menu
c) tablecloth
d) wine list

15) tørst
a) restaurant
b) thirsty
c) setting
d) lunch

16) hovedrett
a) salad bowl
b) main course
c) dessert
d) restaurant

17) vinkart
a) wine list
b) beverage
c) to drink
d) thirsty

18) meny
a) waitress
b) to order
c) menu
d) salad bowl

19) drikkevare
a) beverage
b) to reserve
c) dessert
d) to order

20) ete
a) salad fork
b) meal
c) to eat
d) wine list

21) sulten
a) hungry
b) to order
c) beverage
d) to drink

22) reservere
a) to reserve
b) menu
c) lunch
d) waitress

23) drikkevare
a) setting
b) to drink
c) beverage
d) tablecloth

24) salat gaffel
a) to eat
b) to reserve
c) wine list
d) salad fork

#155 - Restaurant
Select the closest English word to match the Norwegian word.

1) **ete**
   a) to drink
   b) dessert
   c) to eat
   d) restaurant

2) **sulten**
   a) dessert
   b) hungry
   c) tablecloth
   d) to reserve

3) **vinkart**
   a) thirsty
   b) to eat
   c) wine list
   d) cheap

4) **servitør**
   a) main course
   b) dinner
   c) meal
   d) waiter

5) **duk**
   a) wine list
   b) tablecloth
   c) thirsty
   d) dessert

6) **reservere**
   a) waitress
   b) beverage
   c) thirsty
   d) to reserve

7) **hovedrett**
   a) beverage
   b) waiter
   c) main course
   d) salad fork

8) **dessert**
   a) to order
   b) restaurant
   c) tablecloth
   d) dessert

9) **salat gaffel**
   a) meal
   b) tablecloth
   c) lunch
   d) salad fork

10) **drikke**
    a) to drink
    b) salad bowl
    c) to eat
    d) salad fork

11) **bestille**
    a) restaurant
    b) to order
    c) cheap
    d) thirsty

12) **servitøren**
    a) dinner
    b) restaurant
    c) waitress
    d) setting

13) **restaurant**
    a) restaurant
    b) beverage
    c) meal
    d) to drink

14) **meny**
    a) hungry
    b) menu
    c) dinner
    d) meal

15) **drikkevare**
    a) beverage
    b) dessert
    c) main course
    d) cheap

16) **tørst**
    a) salad bowl
    b) thirsty
    c) lunch
    d) tablecloth

17) **lunsj**
    a) hungry
    b) waiter
    c) lunch
    d) to order

18) **billig**
    a) menu
    b) to drink
    c) cheap
    d) salad bowl

19) **salatbolle**
    a) to drink
    b) main course
    c) salad bowl
    d) lunch

20) **middag**
    a) wine list
    b) salad fork
    c) dinner
    d) thirsty

21) **bordsetting**
    a) waitress
    b) setting
    c) menu
    d) wine list

22) **måltid**
    a) meal
    b) to drink
    c) wine list
    d) menu

23) **drikke**
    a) meal
    b) lunch
    c) main course
    d) to drink

24) **restaurant**
    a) main course
    b) wine list
    c) dessert
    d) restaurant

#156 - Restaurant

Select the closest English word to match the Norwegian word.

1) tørst
a) waiter
b) thirsty
c) meal
d) dinner

2) bestille
a) main course
b) setting
c) to order
d) thirsty

3) lunsj
a) to reserve
b) lunch
c) menu
d) wine list

4) reservere
a) setting
b) cheap
c) to reserve
d) hungry

5) vinkart
a) tablecloth
b) wine list
c) dinner
d) waiter

6) måltid
a) to reserve
b) beverage
c) meal
d) wine list

7) salat gaffel
a) waiter
b) salad fork
c) salad bowl
d) lunch

8) sulten
a) hungry
b) menu
c) to eat
d) lunch

9) bordsetting
a) to eat
b) setting
c) salad bowl
d) to reserve

10) restaurant
a) dessert
b) setting
c) restaurant
d) menu

11) dessert
a) dessert
b) salad fork
c) hungry
d) waitress

12) meny
a) to reserve
b) thirsty
c) menu
d) salad bowl

13) servitøren
a) dinner
b) waitress
c) to reserve
d) cheap

14) billig
a) cheap
b) main course
c) waitress
d) dinner

15) hovedrett
a) main course
b) restaurant
c) to reserve
d) beverage

16) duk
a) hungry
b) restaurant
c) tablecloth
d) waiter

17) ete
a) meal
b) menu
c) to eat
d) to drink

18) middag
a) dinner
b) salad fork
c) salad bowl
d) setting

19) servitør
a) wine list
b) tablecloth
c) salad bowl
d) waiter

20) drikkevare
a) to reserve
b) cheap
c) wine list
d) beverage

21) salatbolle
a) to drink
b) salad bowl
c) restaurant
d) cheap

22) drikke
a) dinner
b) to drink
c) tablecloth
d) thirsty

23) reservere
a) to reserve
b) to eat
c) restaurant
d) setting

24) dessert
a) hungry
b) setting
c) thirsty
d) dessert

#157 - Restaurant
Select the closest English word to match the Norwegian word.

1) servitør
 a) waiter
 b) main course
 c) setting
 d) menu

2) tørst
 a) thirsty
 b) to drink
 c) to reserve
 d) meal

3) reservere
 a) dessert
 b) to reserve
 c) to drink
 d) beverage

4) salat gaffel
 a) to eat
 b) tablecloth
 c) cheap
 d) salad fork

5) duk
 a) to reserve
 b) tablecloth
 c) to order
 d) setting

6) salatbolle
 a) main course
 b) to eat
 c) dessert
 d) salad bowl

7) ete
 a) to eat
 b) salad fork
 c) dinner
 d) to drink

8) drikke
 a) main course
 b) to drink
 c) salad bowl
 d) restaurant

9) servitøren
 a) thirsty
 b) dinner
 c) waitress
 d) waiter

10) meny
 a) to drink
 b) menu
 c) dinner
 d) hungry

11) restaurant
 a) beverage
 b) main course
 c) waitress
 d) restaurant

12) drikkevare
 a) to reserve
 b) restaurant
 c) beverage
 d) menu

13) dessert
 a) dessert
 b) restaurant
 c) beverage
 d) to order

14) vinkart
 a) dinner
 b) wine list
 c) thirsty
 d) salad bowl

15) bordsetting
 a) dinner
 b) salad fork
 c) tablecloth
 d) setting

16) billig
 a) to eat
 b) main course
 c) cheap
 d) dinner

17) hovedrett
 a) waitress
 b) main course
 c) to drink
 d) lunch

18) måltid
 a) lunch
 b) waitress
 c) meal
 d) thirsty

19) middag
 a) waiter
 b) dinner
 c) to drink
 d) to reserve

20) sulten
 a) dessert
 b) hungry
 c) waiter
 d) dinner

21) lunsj
 a) thirsty
 b) waitress
 c) lunch
 d) salad fork

22) bestille
 a) setting
 b) main course
 c) dessert
 d) to order

23) hovedrett
 a) main course
 b) to drink
 c) to eat
 d) hungry

24) middag
 a) salad fork
 b) dinner
 c) waiter
 d) dessert

#158 - Restaurant

Select the closest English word to match the Norwegian word.

1) **drikkevare**
   a) to order
   b) beverage
   c) dessert
   d) cheap

2) **drikke**
   a) menu
   b) to drink
   c) restaurant
   d) setting

3) **dessert**
   a) to eat
   b) dessert
   c) thirsty
   d) restaurant

4) **middag**
   a) wine list
   b) thirsty
   c) beverage
   d) dinner

5) **lunsj**
   a) lunch
   b) salad bowl
   c) to order
   d) meal

6) **meny**
   a) to reserve
   b) to eat
   c) menu
   d) restaurant

7) **ete**
   a) dessert
   b) to eat
   c) main course
   d) tablecloth

8) **bestille**
   a) salad fork
   b) thirsty
   c) tablecloth
   d) to order

9) **bordsetting**
   a) meal
   b) setting
   c) to eat
   d) salad bowl

10) **hovedrett**
    a) meal
    b) to reserve
    c) tablecloth
    d) main course

11) **servitør**
    a) wine list
    b) meal
    c) waiter
    d) to drink

12) **billig**
    a) to eat
    b) restaurant
    c) hungry
    d) cheap

13) **salat gaffel**
    a) to drink
    b) beverage
    c) lunch
    d) salad fork

14) **restaurant**
    a) restaurant
    b) salad bowl
    c) meal
    d) to order

15) **sulten**
    a) tablecloth
    b) lunch
    c) waiter
    d) hungry

16) **reservere**
    a) to reserve
    b) wine list
    c) menu
    d) tablecloth

17) **måltid**
    a) to drink
    b) cheap
    c) restaurant
    d) meal

18) **salatbolle**
    a) salad bowl
    b) beverage
    c) tablecloth
    d) wine list

19) **duk**
    a) dinner
    b) cheap
    c) main course
    d) tablecloth

20) **servitøren**
    a) waitress
    b) wine list
    c) beverage
    d) to drink

21) **tørst**
    a) salad fork
    b) salad bowl
    c) thirsty
    d) waitress

22) **vinkart**
    a) wine list
    b) menu
    c) salad bowl
    d) dessert

23) **lunsj**
    a) salad fork
    b) meal
    c) main course
    d) lunch

24) **sulten**
    a) setting
    b) hungry
    c) dessert
    d) lunch

#159 - Restaurant

Select the closest Norwegian word to match the English word.

1) to reserve
 a) tørst
 b) vinkart
 c) hovedrett
 d) reservere

2) waitress
 a) meny
 b) servitøren
 c) salat gaffel
 d) bestille

3) beverage
 a) duk
 b) salatbolle
 c) ete
 d) drikkevare

4) salad bowl
 a) salatbolle
 b) servitør
 c) vinkart
 d) hovedrett

5) cheap
 a) meny
 b) drikkevare
 c) billig
 d) restaurant

6) to eat
 a) salatbolle
 b) restaurant
 c) bordsetting
 d) ete

7) dinner
 a) måltid
 b) vinkart
 c) middag
 d) ete

8) to drink
 a) middag
 b) drikke
 c) duk
 d) ete

9) setting
 a) salat gaffel
 b) salatbolle
 c) bordsetting
 d) drikke

10) meal
 a) måltid
 b) drikkevare
 c) ete
 d) middag

11) lunch
 a) lunsj
 b) bestille
 c) måltid
 d) salatbolle

12) waiter
 a) drikkevare
 b) servitør
 c) billig
 d) salatbolle

13) main course
 a) middag
 b) bordsetting
 c) reservere
 d) hovedrett

14) tablecloth
 a) servitør
 b) middag
 c) vinkart
 d) duk

15) menu
 a) salat gaffel
 b) bordsetting
 c) tørst
 d) meny

16) wine list
 a) ete
 b) reservere
 c) billig
 d) vinkart

17) thirsty
 a) vinkart
 b) salat gaffel
 c) duk
 d) tørst

18) salad fork
 a) reservere
 b) tørst
 c) sulten
 d) salat gaffel

19) hungry
 a) sulten
 b) måltid
 c) bordsetting
 d) servitøren

20) dessert
 a) hovedrett
 b) bordsetting
 c) bestille
 d) dessert

21) to order
 a) bestille
 b) meny
 c) servitøren
 d) salatbolle

22) restaurant
 a) bestille
 b) restaurant
 c) drikkevare
 d) meny

23) cheap
 a) duk
 b) billig
 c) ete
 d) restaurant

24) waitress
 a) middag
 b) drikke
 c) sulten
 d) servitøren

#160 - Restaurant

Select the closest Norwegian word to match the English word.

1) **waitress**
   a) servitøren
   b) billig
   c) servitør
   d) lunsj

2) **lunch**
   a) billig
   b) hovedrett
   c) lunsj
   d) servitør

3) **to order**
   a) bestille
   b) tørst
   c) vinkart
   d) måltid

4) **salad bowl**
   a) bestille
   b) vinkart
   c) lunsj
   d) salatbolle

5) **cheap**
   a) bordsetting
   b) middag
   c) drikke
   d) billig

6) **meal**
   a) måltid
   b) restaurant
   c) dessert
   d) meny

7) **salad fork**
   a) middag
   b) billig
   c) salat gaffel
   d) lunsj

8) **wine list**
   a) middag
   b) vinkart
   c) bestille
   d) dessert

9) **restaurant**
   a) restaurant
   b) sulten
   c) måltid
   d) bordsetting

10) **menu**
    a) salat gaffel
    b) meny
    c) bordsetting
    d) duk

11) **to drink**
    a) restaurant
    b) lunsj
    c) drikke
    d) hovedrett

12) **dinner**
    a) middag
    b) måltid
    c) lunsj
    d) salat gaffel

13) **hungry**
    a) reservere
    b) sulten
    c) salat gaffel
    d) dessert

14) **thirsty**
    a) duk
    b) tørst
    c) bordsetting
    d) lunsj

15) **to reserve**
    a) reservere
    b) tørst
    c) salatbolle
    d) bordsetting

16) **setting**
    a) drikke
    b) restaurant
    c) måltid
    d) bordsetting

17) **tablecloth**
    a) duk
    b) servitøren
    c) hovedrett
    d) drikkevare

18) **dessert**
    a) bordsetting
    b) salat gaffel
    c) dessert
    d) lunsj

19) **beverage**
    a) drikkevare
    b) restaurant
    c) bordsetting
    d) reservere

20) **waiter**
    a) billig
    b) tørst
    c) restaurant
    d) servitør

21) **to eat**
    a) vinkart
    b) ete
    c) duk
    d) servitøren

22) **main course**
    a) billig
    b) hovedrett
    c) servitør
    d) servitøren

23) **to drink**
    a) drikke
    b) ete
    c) måltid
    d) tørst

24) **setting**
    a) middag
    b) bestille
    c) tørst
    d) bordsetting

#161 - Restaurant

Select the closest Norwegian word to match the English word.

1) **to eat**
   a) sulten
   b) ete
   c) restaurant
   d) reservere

2) **salad bowl**
   a) billig
   b) hovedrett
   c) tørst
   d) salatbolle

3) **to reserve**
   a) ete
   b) servitøren
   c) reservere
   d) servitør

4) **cheap**
   a) drikkevare
   b) billig
   c) reservere
   d) sulten

5) **meal**
   a) servitør
   b) bestille
   c) dessert
   d) måltid

6) **menu**
   a) middag
   b) duk
   c) drikke
   d) meny

7) **to order**
   a) bestille
   b) meny
   c) ete
   d) servitøren

8) **dinner**
   a) middag
   b) reservere
   c) bestille
   d) salatbolle

9) **setting**
   a) drikkevare
   b) bordsetting
   c) duk
   d) billig

10) **hungry**
    a) sulten
    b) billig
    c) drikkevare
    d) salatbolle

11) **salad fork**
    a) salat gaffel
    b) billig
    c) servitøren
    d) måltid

12) **beverage**
    a) hovedrett
    b) servitøren
    c) drikkevare
    d) vinkart

13) **main course**
    a) restaurant
    b) bestille
    c) hovedrett
    d) servitør

14) **tablecloth**
    a) restaurant
    b) drikkevare
    c) duk
    d) tørst

15) **to drink**
    a) restaurant
    b) drikke
    c) bestille
    d) servitør

16) **thirsty**
    a) duk
    b) bordsetting
    c) tørst
    d) dessert

17) **wine list**
    a) måltid
    b) vinkart
    c) lunsj
    d) drikkevare

18) **dessert**
    a) salat gaffel
    b) dessert
    c) salatbolle
    d) duk

19) **restaurant**
    a) restaurant
    b) servitør
    c) duk
    d) servitøren

20) **waitress**
    a) middag
    b) dessert
    c) billig
    d) servitøren

21) **lunch**
    a) middag
    b) drikkevare
    c) billig
    d) lunsj

22) **waiter**
    a) vinkart
    b) middag
    c) ete
    d) servitør

23) **cheap**
    a) vinkart
    b) middag
    c) drikkevare
    d) billig

24) **setting**
    a) bordsetting
    b) drikke
    c) reservere
    d) servitøren

#162 - Restaurant

Select the closest Norwegian word to match the English word.

1) to reserve
 a) dessert
 b) ete
 c) drikkevare
 d) reservere

2) restaurant
 a) måltid
 b) billig
 c) salat gaffel
 d) restaurant

3) to order
 a) bestille
 b) servitør
 c) bordsetting
 d) salatbolle

4) lunch
 a) reservere
 b) billig
 c) tørst
 d) lunsj

5) dinner
 a) lunsj
 b) salatbolle
 c) dessert
 d) middag

6) hungry
 a) måltid
 b) sulten
 c) salatbolle
 d) bordsetting

7) thirsty
 a) duk
 b) tørst
 c) ete
 d) billig

8) meal
 a) måltid
 b) tørst
 c) duk
 d) hovedrett

9) salad bowl
 a) bordsetting
 b) salatbolle
 c) drikke
 d) måltid

10) tablecloth
 a) salat gaffel
 b) duk
 c) drikkevare
 d) middag

11) cheap
 a) servitøren
 b) billig
 c) salatbolle
 d) bestille

12) menu
 a) billig
 b) vinkart
 c) restaurant
 d) meny

13) main course
 a) drikke
 b) lunsj
 c) servitør
 d) hovedrett

14) setting
 a) drikkevare
 b) drikke
 c) bordsetting
 d) middag

15) waitress
 a) salat gaffel
 b) bestille
 c) servitøren
 d) sulten

16) dessert
 a) tørst
 b) servitør
 c) duk
 d) dessert

17) salad fork
 a) salat gaffel
 b) bestille
 c) tørst
 d) billig

18) to drink
 a) meny
 b) salat gaffel
 c) drikke
 d) lunsj

19) waiter
 a) lunsj
 b) ete
 c) drikke
 d) servitør

20) to eat
 a) drikke
 b) meny
 c) ete
 d) vinkart

21) beverage
 a) salatbolle
 b) duk
 c) bestille
 d) drikkevare

22) wine list
 a) vinkart
 b) hovedrett
 c) sulten
 d) meny

23) menu
 a) meny
 b) måltid
 c) hovedrett
 d) dessert

24) to reserve
 a) duk
 b) salatbolle
 c) reservere
 d) drikke

#163 - Restaurant
Select the closest Norwegian word to match the English word.

1) waiter
a) restaurant
b) servitøren
c) salat gaffel
d) servitør

2) tablecloth
a) middag
b) drikkevare
c) reservere
d) duk

3) menu
a) drikke
b) salatbolle
c) meny
d) hovedrett

4) to drink
a) tørst
b) bestille
c) middag
d) drikke

5) wine list
a) meny
b) vinkart
c) reservere
d) duk

6) waitress
a) salat gaffel
b) sulten
c) servitøren
d) drikke

7) dessert
a) servitør
b) dessert
c) salatbolle
d) servitøren

8) thirsty
a) drikke
b) tørst
c) servitør
d) duk

9) setting
a) bordsetting
b) servitør
c) tørst
d) billig

10) restaurant
a) middag
b) tørst
c) restaurant
d) bordsetting

11) salad fork
a) tørst
b) duk
c) restaurant
d) salat gaffel

12) lunch
a) reservere
b) lunsj
c) servitør
d) hovedrett

13) main course
a) servitøren
b) hovedrett
c) drikke
d) duk

14) to eat
a) restaurant
b) duk
c) sulten
d) ete

15) beverage
a) salat gaffel
b) meny
c) drikkevare
d) reservere

16) dinner
a) duk
b) middag
c) hovedrett
d) dessert

17) cheap
a) tørst
b) lunsj
c) billig
d) bestille

18) meal
a) billig
b) tørst
c) måltid
d) duk

19) to reserve
a) drikke
b) reservere
c) salatbolle
d) vinkart

20) salad bowl
a) ete
b) måltid
c) restaurant
d) salatbolle

21) hungry
a) hovedrett
b) bordsetting
c) bestille
d) sulten

22) to order
a) servitøren
b) lunsj
c) salat gaffel
d) bestille

23) salad bowl
a) bestille
b) måltid
c) salatbolle
d) ete

24) meal
a) måltid
b) lunsj
c) meny
d) salat gaffel

#164 - Restaurant

Select the closest Norwegian word to match the English word.

1) meal
a) billig
b) bordsetting
c) måltid
d) dessert

2) restaurant
a) restaurant
b) ete
c) bestille
d) reservere

3) salad fork
a) tørst
b) drikkevare
c) salat gaffel
d) reservere

4) main course
a) drikke
b) salatbolle
c) billig
d) hovedrett

5) to reserve
a) duk
b) vinkart
c) lunsj
d) reservere

6) tablecloth
a) ete
b) salatbolle
c) reservere
d) duk

7) dinner
a) restaurant
b) bestille
c) middag
d) salatbolle

8) to order
a) drikkevare
b) måltid
c) bestille
d) servitør

9) cheap
a) dessert
b) meny
c) restaurant
d) billig

10) setting
a) måltid
b) drikkevare
c) bordsetting
d) sulten

11) menu
a) tørst
b) servitør
c) meny
d) måltid

12) beverage
a) middag
b) drikkevare
c) ete
d) meny

13) hungry
a) lunsj
b) salat gaffel
c) middag
d) sulten

14) wine list
a) vinkart
b) reservere
c) sulten
d) bordsetting

15) lunch
a) dessert
b) reservere
c) lunsj
d) tørst

16) waitress
a) salat gaffel
b) servitøren
c) sulten
d) meny

17) salad bowl
a) servitør
b) salatbolle
c) tørst
d) sulten

18) dessert
a) måltid
b) dessert
c) servitøren
d) salatbolle

19) to drink
a) drikke
b) dessert
c) meny
d) bestille

20) thirsty
a) servitøren
b) middag
c) billig
d) tørst

21) waiter
a) tørst
b) drikkevare
c) servitør
d) ete

22) to eat
a) ete
b) tørst
c) dessert
d) restaurant

23) meal
a) middag
b) drikkevare
c) måltid
d) reservere

24) thirsty
a) billig
b) bestille
c) tørst
d) reservere

#165 - Restaurant
Select the closest Norwegian word to match the English word.

1) salad bowl
a) salatbolle
b) tørst
c) billig
d) duk

2) tablecloth
a) billig
b) tørst
c) duk
d) servitør

3) lunch
a) reservere
b) servitør
c) lunsj
d) billig

4) hungry
a) ete
b) sulten
c) bestille
d) bordsetting

5) salad fork
a) ete
b) lunsj
c) måltid
d) salat gaffel

6) meal
a) reservere
b) måltid
c) servitør
d) meny

7) main course
a) duk
b) salatbolle
c) bordsetting
d) hovedrett

8) to order
a) vinkart
b) ete
c) måltid
d) bestille

9) wine list
a) restaurant
b) vinkart
c) bestille
d) ete

10) to eat
a) ete
b) bordsetting
c) restaurant
d) duk

11) menu
a) salat gaffel
b) meny
c) bestille
d) drikke

12) to drink
a) middag
b) drikke
c) lunsj
d) billig

13) restaurant
a) bestille
b) salat gaffel
c) vinkart
d) restaurant

14) waitress
a) bestille
b) servitøren
c) tørst
d) hovedrett

15) thirsty
a) tørst
b) sulten
c) lunsj
d) drikke

16) waiter
a) servitør
b) dessert
c) restaurant
d) sulten

17) dinner
a) duk
b) middag
c) måltid
d) salat gaffel

18) cheap
a) salat gaffel
b) dessert
c) billig
d) måltid

19) dessert
a) middag
b) drikke
c) servitør
d) dessert

20) to reserve
a) bordsetting
b) vinkart
c) reservere
d) ete

21) beverage
a) meny
b) servitøren
c) måltid
d) drikkevare

22) setting
a) bordsetting
b) reservere
c) salatbolle
d) duk

23) waitress
a) servitøren
b) bestille
c) måltid
d) hovedrett

24) dessert
a) drikkevare
b) servitøren
c) dessert
d) hovedrett

#166 - Vegetables
Select the closest English word to match the Norwegian word.

1) artisjokk
 a) fennel
 b) beans
 c) artichoke
 d) garlic

2) squash
 a) chick-peas
 b) tomato
 c) garlic
 d) zucchini

3) fenikkel
 a) fennel
 b) artichoke
 c) beans
 d) celery

4) hvitløk
 a) beans
 b) garlic
 c) onion
 d) beet

5) agurk
 a) zucchini
 b) cucumber
 c) vegetable
 d) radish

6) brokkoli
 a) tomato
 b) broccoli
 c) beet
 d) mushroom

7) persille
 a) zucchini
 b) parsley
 c) broccoli
 d) pumpkin

8) gulrot
 a) beet
 b) parsley
 c) carrot
 d) tomato

9) sylteagurk
 a) radish
 b) spinach
 c) gherkins
 d) corn

10) aubergin
 a) aubergine
 b) potato
 c) tomato
 d) gherkins

11) bønner
 a) beet
 b) beans
 c) tomato
 d) peas

12) korn
 a) corn
 b) aubergine
 c) cauliflower
 d) vegetable

13) tomat
 a) radish
 b) corn
 c) tomato
 d) onion

14) sopp
 a) aubergine
 b) mushroom
 c) cauliflower
 d) vegetable

15) spinat
 a) spinach
 b) parsley
 c) aubergine
 d) tomato

16) potet
 a) potato
 b) corn
 c) carrot
 d) cabbage

17) erter
 a) peas
 b) artichoke
 c) chick-peas
 d) cauliflower

18) grønnsak
 a) artichoke
 b) vegetable
 c) parsley
 d) cabbage

19) kikerter
 a) radish
 b) pumpkin
 c) spinach
 d) chick-peas

20) løk
 a) parsley
 b) cauliflower
 c) onion
 d) aubergine

21) reddik
 a) pepper
 b) beet
 c) peas
 d) radish

22) pepper
 a) cabbage
 b) pumpkin
 c) parsley
 d) pepper

23) rødbete
 a) vegetable
 b) cabbage
 c) beet
 d) zucchini

24) selleri
 a) parsley
 b) zucchini
 c) pepper
 d) celery

#167 - Vegetables
Select the closest English word to match the Norwegian word.

1) reddik
a) onion
b) radish
c) vegetable
d) spinach

2) tomat
a) onion
b) tomato
c) gherkins
d) cabbage

3) squash
a) chick-peas
b) zucchini
c) fennel
d) broccoli

4) rødbete
a) beet
b) pepper
c) aubergine
d) chick-peas

5) kål
a) asparagus
b) cabbage
c) corn
d) broccoli

6) brokkoli
a) broccoli
b) onion
c) spinach
d) parsley

7) asparges
a) cucumber
b) asparagus
c) potato
d) beet

8) løk
a) onion
b) fennel
c) parsley
d) cucumber

9) fenikkel
a) fennel
b) broccoli
c) gherkins
d) tomato

10) spinat
a) chick-peas
b) spinach
c) corn
d) cabbage

11) potet
a) potato
b) tomato
c) garlic
d) cucumber

12) persille
a) aubergine
b) parsley
c) cauliflower
d) garlic

13) korn
a) asparagus
b) corn
c) spinach
d) beans

14) grønnsak
a) vegetable
b) zucchini
c) radish
d) asparagus

15) hvitløk
a) garlic
b) tomato
c) beet
d) aubergine

16) sopp
a) aubergine
b) mushroom
c) chick-peas
d) cauliflower

17) aubergin
a) aubergine
b) celery
c) radish
d) peas

18) artisjokk
a) cucumber
b) mushroom
c) corn
d) artichoke

19) erter
a) broccoli
b) peas
c) pumpkin
d) vegetable

20) pepper
a) cauliflower
b) pepper
c) potato
d) broccoli

21) sylteagurk
a) parsley
b) asparagus
c) garlic
d) gherkins

22) gresskar
a) aubergine
b) cucumber
c) pumpkin
d) zucchini

23) selleri
a) gherkins
b) radish
c) artichoke
d) celery

24) agurk
a) onion
b) fennel
c) cucumber
d) tomato

#168 - Vegetables
Select the closest English word to match the Norwegian word.

1) persille
a) parsley
b) cucumber
c) spinach
d) celery

2) kål
a) cucumber
b) onion
c) peas
d) cabbage

3) agurk
a) onion
b) radish
c) cucumber
d) corn

4) spinat
a) cauliflower
b) spinach
c) garlic
d) parsley

5) sylteagurk
a) spinach
b) gherkins
c) parsley
d) cabbage

6) selleri
a) aubergine
b) fennel
c) gherkins
d) celery

7) kikerter
a) onion
b) gherkins
c) chick-peas
d) garlic

8) gresskar
a) zucchini
b) pumpkin
c) asparagus
d) beans

9) artisjokk
a) mushroom
b) pepper
c) gherkins
d) artichoke

10) aubergin
a) pepper
b) beet
c) aubergine
d) garlic

11) erter
a) corn
b) garlic
c) peas
d) celery

12) pepper
a) carrot
b) vegetable
c) mushroom
d) pepper

13) grønnsak
a) chick-peas
b) asparagus
c) tomato
d) vegetable

14) gulrot
a) carrot
b) fennel
c) vegetable
d) pumpkin

15) tomat
a) asparagus
b) corn
c) tomato
d) fennel

16) bønner
a) celery
b) chick-peas
c) pumpkin
d) beans

17) korn
a) cucumber
b) corn
c) fennel
d) spinach

18) asparges
a) pepper
b) asparagus
c) beans
d) radish

19) squash
a) artichoke
b) mushroom
c) celery
d) zucchini

20) potet
a) potato
b) pumpkin
c) beans
d) artichoke

21) sopp
a) carrot
b) mushroom
c) artichoke
d) pumpkin

22) rødbete
a) beet
b) cabbage
c) garlic
d) gherkins

23) hvitløk
a) garlic
b) celery
c) asparagus
d) beans

24) løk
a) pepper
b) fennel
c) onion
d) corn

#169 - Vegetables
Select the closest English word to match the Norwegian word.

1) persille
a) parsley
b) pepper
c) vegetable
d) artichoke

2) aubergin
a) cauliflower
b) pumpkin
c) aubergine
d) artichoke

3) blomkål
a) cauliflower
b) cucumber
c) chick-peas
d) parsley

4) fenikkel
a) aubergine
b) zucchini
c) fennel
d) peas

5) selleri
a) garlic
b) pepper
c) carrot
d) celery

6) brokkoli
a) pumpkin
b) zucchini
c) broccoli
d) beet

7) squash
a) asparagus
b) zucchini
c) pepper
d) radish

8) bønner
a) radish
b) spinach
c) artichoke
d) beans

9) pepper
a) cabbage
b) garlic
c) pepper
d) spinach

10) kål
a) peas
b) cabbage
c) spinach
d) asparagus

11) korn
a) potato
b) cabbage
c) peas
d) corn

12) erter
a) vegetable
b) peas
c) fennel
d) aubergine

13) agurk
a) parsley
b) cucumber
c) celery
d) beans

14) tomat
a) vegetable
b) tomato
c) corn
d) gherkins

15) hvitløk
a) garlic
b) cauliflower
c) radish
d) onion

16) løk
a) onion
b) parsley
c) celery
d) garlic

17) sopp
a) beans
b) fennel
c) mushroom
d) broccoli

18) gulrot
a) asparagus
b) carrot
c) pepper
d) garlic

19) kikerter
a) chick-peas
b) aubergine
c) carrot
d) gherkins

20) rødbete
a) cabbage
b) beet
c) potato
d) broccoli

21) artisjokk
a) beet
b) parsley
c) artichoke
d) pepper

22) asparges
a) asparagus
b) beans
c) corn
d) pumpkin

23) spinat
a) spinach
b) broccoli
c) cabbage
d) beet

24) grønnsak
a) cauliflower
b) peas
c) vegetable
d) fennel

#170 - Vegetables
Select the closest English word to match the Norwegian word.

1) **erter**
   a) beet
   b) peas
   c) aubergine
   d) garlic

2) **selleri**
   a) zucchini
   b) broccoli
   c) celery
   d) gherkins

3) **brokkoli**
   a) tomato
   b) radish
   c) corn
   d) broccoli

4) **spinat**
   a) spinach
   b) cauliflower
   c) pepper
   d) peas

5) **pepper**
   a) pepper
   b) celery
   c) carrot
   d) aubergine

6) **kål**
   a) fennel
   b) zucchini
   c) garlic
   d) cabbage

7) **aubergin**
   a) beet
   b) peas
   c) cucumber
   d) aubergine

8) **tomat**
   a) tomato
   b) broccoli
   c) cabbage
   d) fennel

9) **squash**
   a) beans
   b) gherkins
   c) pumpkin
   d) zucchini

10) **rødbete**
    a) zucchini
    b) spinach
    c) parsley
    d) beet

11) **gresskar**
    a) pumpkin
    b) fennel
    c) beet
    d) gherkins

12) **asparges**
    a) radish
    b) chick-peas
    c) asparagus
    d) parsley

13) **løk**
    a) garlic
    b) onion
    c) aubergine
    d) radish

14) **hvitløk**
    a) gherkins
    b) garlic
    c) pepper
    d) celery

15) **kikerter**
    a) potato
    b) radish
    c) cauliflower
    d) chick-peas

16) **blomkål**
    a) corn
    b) artichoke
    c) radish
    d) cauliflower

17) **grønnsak**
    a) broccoli
    b) vegetable
    c) peas
    d) zucchini

18) **gulrot**
    a) carrot
    b) potato
    c) pepper
    d) artichoke

19) **fenikkel**
    a) artichoke
    b) cabbage
    c) fennel
    d) zucchini

20) **potet**
    a) broccoli
    b) corn
    c) carrot
    d) potato

21) **sylteagurk**
    a) chick-peas
    b) beans
    c) gherkins
    d) parsley

22) **persille**
    a) carrot
    b) zucchini
    c) parsley
    d) beet

23) **bønner**
    a) mushroom
    b) tomato
    c) beans
    d) artichoke

24) **agurk**
    a) gherkins
    b) beans
    c) cucumber
    d) pepper

#171 - Vegetables

Select the closest English word to match the Norwegian word.

1) artisjokk
 a) artichoke
 b) broccoli
 c) corn
 d) mushroom

2) korn
 a) cabbage
 b) celery
 c) spinach
 d) corn

3) gresskar
 a) fennel
 b) cucumber
 c) pumpkin
 d) peas

4) aubergin
 a) radish
 b) asparagus
 c) pumpkin
 d) aubergine

5) fenikkel
 a) mushroom
 b) fennel
 c) corn
 d) artichoke

6) spinat
 a) spinach
 b) zucchini
 c) cucumber
 d) radish

7) tomat
 a) tomato
 b) onion
 c) cucumber
 d) fennel

8) squash
 a) onion
 b) beet
 c) zucchini
 d) tomato

9) sopp
 a) vegetable
 b) mushroom
 c) parsley
 d) beans

10) gulrot
 a) cucumber
 b) carrot
 c) chick-peas
 d) broccoli

11) asparges
 a) gherkins
 b) fennel
 c) asparagus
 d) broccoli

12) kål
 a) celery
 b) chick-peas
 c) cabbage
 d) potato

13) selleri
 a) chick-peas
 b) zucchini
 c) celery
 d) pepper

14) rødbete
 a) peas
 b) beans
 c) beet
 d) chick-peas

15) persille
 a) artichoke
 b) tomato
 c) parsley
 d) cabbage

16) grønnsak
 a) spinach
 b) vegetable
 c) gherkins
 d) beet

17) reddik
 a) spinach
 b) radish
 c) tomato
 d) chick-peas

18) bønner
 a) vegetable
 b) beans
 c) artichoke
 d) tomato

19) blomkål
 a) spinach
 b) pumpkin
 c) radish
 d) cauliflower

20) pepper
 a) pumpkin
 b) pepper
 c) vegetable
 d) celery

21) erter
 a) gherkins
 b) peas
 c) cucumber
 d) mushroom

22) sylteagurk
 a) potato
 b) pepper
 c) gherkins
 d) broccoli

23) brokkoli
 a) pumpkin
 b) celery
 c) cabbage
 d) broccoli

24) kikerter
 a) spinach
 b) gherkins
 c) chick-peas
 d) beans

#172 - Vegetables

Select the closest English word to match the Norwegian word.

1) kikerter
 a) chick-peas
 b) fennel
 c) beet
 d) mushroom

2) squash
 a) zucchini
 b) spinach
 c) carrot
 d) tomato

3) asparges
 a) zucchini
 b) broccoli
 c) asparagus
 d) onion

4) erter
 a) spinach
 b) peas
 c) celery
 d) gherkins

5) brokkoli
 a) carrot
 b) vegetable
 c) beans
 d) broccoli

6) løk
 a) carrot
 b) corn
 c) pumpkin
 d) onion

7) potet
 a) corn
 b) mushroom
 c) gherkins
 d) potato

8) selleri
 a) peas
 b) celery
 c) garlic
 d) chick-peas

9) rødbete
 a) corn
 b) beet
 c) fennel
 d) cauliflower

10) gulrot
 a) cabbage
 b) parsley
 c) carrot
 d) potato

11) kål
 a) cabbage
 b) spinach
 c) artichoke
 d) beet

12) blomkål
 a) peas
 b) broccoli
 c) cauliflower
 d) fennel

13) artisjokk
 a) onion
 b) artichoke
 c) vegetable
 d) carrot

14) sylteagurk
 a) radish
 b) cabbage
 c) gherkins
 d) fennel

15) gresskar
 a) pepper
 b) aubergine
 c) chick-peas
 d) pumpkin

16) tomat
 a) radish
 b) cauliflower
 c) tomato
 d) chick-peas

17) persille
 a) parsley
 b) mushroom
 c) celery
 d) asparagus

18) bønner
 a) beans
 b) garlic
 c) broccoli
 d) cucumber

19) korn
 a) vegetable
 b) corn
 c) mushroom
 d) cucumber

20) spinat
 a) spinach
 b) chick-peas
 c) aubergine
 d) garlic

21) agurk
 a) cauliflower
 b) aubergine
 c) cucumber
 d) potato

22) hvitløk
 a) garlic
 b) aubergine
 c) potato
 d) celery

23) fenikkel
 a) cucumber
 b) fennel
 c) aubergine
 d) chick-peas

24) sopp
 a) radish
 b) broccoli
 c) mushroom
 d) pumpkin

#173 - Vegetables

Select the closest English word to match the Norwegian word.

1) blomkål
 a) cauliflower
 b) zucchini
 c) aubergine
 d) potato

2) rødbete
 a) beet
 b) cabbage
 c) asparagus
 d) peas

3) gresskar
 a) cauliflower
 b) pumpkin
 c) cucumber
 d) artichoke

4) sopp
 a) celery
 b) mushroom
 c) parsley
 d) carrot

5) sylteagurk
 a) gherkins
 b) zucchini
 c) peas
 d) cabbage

6) kål
 a) chick-peas
 b) beet
 c) carrot
 d) cabbage

7) hvitløk
 a) beet
 b) broccoli
 c) garlic
 d) fennel

8) aubergin
 a) fennel
 b) aubergine
 c) pepper
 d) cabbage

9) potet
 a) carrot
 b) pumpkin
 c) potato
 d) gherkins

10) fenikkel
 a) spinach
 b) zucchini
 c) fennel
 d) broccoli

11) asparges
 a) parsley
 b) potato
 c) pumpkin
 d) asparagus

12) spinat
 a) spinach
 b) aubergine
 c) potato
 d) mushroom

13) grønnsak
 a) garlic
 b) gherkins
 c) vegetable
 d) spinach

14) reddik
 a) pumpkin
 b) beet
 c) radish
 d) broccoli

15) bønner
 a) carrot
 b) beans
 c) peas
 d) asparagus

16) agurk
 a) carrot
 b) gherkins
 c) garlic
 d) cucumber

17) erter
 a) mushroom
 b) zucchini
 c) peas
 d) parsley

18) tomat
 a) aubergine
 b) peas
 c) tomato
 d) cucumber

19) korn
 a) radish
 b) tomato
 c) fennel
 d) corn

20) persille
 a) parsley
 b) pepper
 c) gherkins
 d) tomato

21) squash
 a) gherkins
 b) zucchini
 c) onion
 d) radish

22) kikerter
 a) chick-peas
 b) tomato
 c) asparagus
 d) gherkins

23) brokkoli
 a) beans
 b) zucchini
 c) spinach
 d) broccoli

24) pepper
 a) radish
 b) cucumber
 c) pepper
 d) onion

#174 - Vegetables

Select the closest Norwegian word to match the English word.

1) chick-peas
 a) gulrot
 b) kikerter
 c) fenikkel
 d) sylteagurk

2) asparagus
 a) asparges
 b) aubergin
 c) løk
 d) persille

3) artichoke
 a) artisjokk
 b) bønner
 c) gresskar
 d) tomat

4) pepper
 a) squash
 b) reddik
 c) løk
 d) pepper

5) potato
 a) artisjokk
 b) grønnsak
 c) kål
 d) potet

6) celery
 a) selleri
 b) spinat
 c) gresskar
 d) erter

7) broccoli
 a) brokkoli
 b) asparges
 c) selleri
 d) artisjokk

8) beet
 a) bønner
 b) selleri
 c) rødbete
 d) kål

9) cabbage
 a) kål
 b) persille
 c) bønner
 d) aubergin

10) garlic
 a) blomkål
 b) hvitløk
 c) løk
 d) pepper

11) zucchini
 a) rødbete
 b) gresskar
 c) squash
 d) tomat

12) gherkins
 a) sylteagurk
 b) korn
 c) sopp
 d) tomat

13) corn
 a) kål
 b) aubergin
 c) asparges
 d) korn

14) vegetable
 a) gulrot
 b) sylteagurk
 c) asparges
 d) grønnsak

15) fennel
 a) artisjokk
 b) rødbete
 c) gresskar
 d) fenikkel

16) parsley
 a) persille
 b) aubergin
 c) bønner
 d) sopp

17) aubergine
 a) aubergin
 b) erter
 c) spinat
 d) løk

18) carrot
 a) potet
 b) asparges
 c) gulrot
 d) korn

19) mushroom
 a) sopp
 b) squash
 c) blomkål
 d) løk

20) cauliflower
 a) gresskar
 b) artisjokk
 c) potet
 d) blomkål

21) cucumber
 a) agurk
 b) aubergin
 c) bønner
 d) spinat

22) radish
 a) aubergin
 b) reddik
 c) rødbete
 d) blomkål

23) onion
 a) bønner
 b) løk
 c) agurk
 d) asparges

24) tomato
 a) agurk
 b) potet
 c) artisjokk
 d) tomat

#175 - Vegetables
Select the closest Norwegian word to match the English word.

1) peas
a) blomkål
b) sopp
c) gulrot
d) erter

2) zucchini
a) reddik
b) gresskar
c) squash
d) erter

3) artichoke
a) løk
b) asparges
c) sopp
d) artisjokk

4) carrot
a) potet
b) bønner
c) gulrot
d) brokkoli

5) cabbage
a) aubergin
b) kål
c) sylteagurk
d) squash

6) pumpkin
a) fenikkel
b) gresskar
c) bønner
d) artisjokk

7) beet
a) hvitløk
b) sylteagurk
c) squash
d) rødbete

8) vegetable
a) løk
b) korn
c) grønnsak
d) selleri

9) aubergine
a) agurk
b) korn
c) gulrot
d) aubergin

10) broccoli
a) potet
b) kål
c) brokkoli
d) kikerter

11) gherkins
a) sylteagurk
b) aubergin
c) potet
d) selleri

12) beans
a) bønner
b) squash
c) erter
d) gresskar

13) cauliflower
a) sylteagurk
b) kikerter
c) rødbete
d) blomkål

14) fennel
a) fenikkel
b) korn
c) kål
d) gresskar

15) parsley
a) persille
b) tomat
c) gresskar
d) aubergin

16) asparagus
a) squash
b) kikerter
c) artisjokk
d) asparges

17) spinach
a) gulrot
b) blomkål
c) pepper
d) spinat

18) radish
a) reddik
b) spinat
c) blomkål
d) agurk

19) cucumber
a) kål
b) aubergin
c) agurk
d) spinat

20) garlic
a) løk
b) agurk
c) reddik
d) hvitløk

21) mushroom
a) sopp
b) artisjokk
c) fenikkel
d) brokkoli

22) celery
a) selleri
b) erter
c) artisjokk
d) grønnsak

23) pepper
a) kål
b) pepper
c) sopp
d) persille

24) potato
a) gresskar
b) potet
c) agurk
d) rødbete

#176 - Vegetables

Select the closest Norwegian word to match the English word.

1) chick-peas
a) squash
b) kikerter
c) bønner
d) erter

2) mushroom
a) asparges
b) kål
c) sopp
d) kikerter

3) cabbage
a) kål
b) asparges
c) selleri
d) aubergin

4) cucumber
a) rødbete
b) agurk
c) erter
d) blomkål

5) fennel
a) kikerter
b) kål
c) fenikkel
d) bønner

6) asparagus
a) kikerter
b) grønnsak
c) blomkål
d) asparges

7) parsley
a) agurk
b) persille
c) korn
d) pepper

8) tomato
a) reddik
b) tomat
c) bønner
d) rødbete

9) artichoke
a) sylteagurk
b) squash
c) hvitløk
d) artisjokk

10) garlic
a) artisjokk
b) hvitløk
c) squash
d) selleri

11) aubergine
a) aubergin
b) persille
c) korn
d) tomat

12) beans
a) gresskar
b) korn
c) bønner
d) selleri

13) carrot
a) agurk
b) artisjokk
c) gulrot
d) kikerter

14) broccoli
a) gulrot
b) fenikkel
c) brokkoli
d) gresskar

15) zucchini
a) squash
b) agurk
c) hvitløk
d) sylteagurk

16) pumpkin
a) pepper
b) gresskar
c) blomkål
d) sopp

17) potato
a) tomat
b) fenikkel
c) potet
d) løk

18) vegetable
a) grønnsak
b) sopp
c) persille
d) squash

19) cauliflower
a) brokkoli
b) squash
c) erter
d) blomkål

20) peas
a) pepper
b) agurk
c) erter
d) løk

21) radish
a) reddik
b) korn
c) potet
d) artisjokk

22) beet
a) gulrot
b) persille
c) korn
d) rødbete

23) pepper
a) reddik
b) pepper
c) potet
d) grønnsak

24) gherkins
a) løk
b) sopp
c) reddik
d) sylteagurk

#177 - Vegetables

Select the closest Norwegian word to match the English word.

1) pepper
a) grønnsak
b) asparges
c) rødbete
d) pepper

2) potato
a) sopp
b) persille
c) potet
d) sylteagurk

3) cucumber
a) pepper
b) agurk
c) grønnsak
d) tomat

4) cauliflower
a) gulrot
b) blomkål
c) korn
d) sylteagurk

5) vegetable
a) hvitløk
b) artisjokk
c) grønnsak
d) agurk

6) peas
a) erter
b) selleri
c) løk
d) bønner

7) corn
a) korn
b) løk
c) asparges
d) spinat

8) cabbage
a) bønner
b) brokkoli
c) kål
d) reddik

9) radish
a) bønner
b) reddik
c) artisjokk
d) korn

10) tomato
a) artisjokk
b) tomat
c) rødbete
d) potet

11) beet
a) sylteagurk
b) bønner
c) rødbete
d) brokkoli

12) spinach
a) spinat
b) agurk
c) persille
d) gresskar

13) broccoli
a) asparges
b) sopp
c) gresskar
d) brokkoli

14) onion
a) gresskar
b) sopp
c) løk
d) gulrot

15) celery
a) brokkoli
b) selleri
c) grønnsak
d) rødbete

16) asparagus
a) tomat
b) korn
c) selleri
d) asparges

17) artichoke
a) sopp
b) tomat
c) spinat
d) artisjokk

18) beans
a) erter
b) pepper
c) bønner
d) asparges

19) zucchini
a) pepper
b) squash
c) kikerter
d) agurk

20) garlic
a) kikerter
b) sylteagurk
c) hvitløk
d) erter

21) aubergine
a) artisjokk
b) sylteagurk
c) kikerter
d) aubergin

22) parsley
a) rødbete
b) tomat
c) erter
d) persille

23) chick-peas
a) persille
b) kikerter
c) selleri
d) blomkål

24) carrot
a) spinat
b) reddik
c) kikerter
d) gulrot

#178 - Vegetables
Select the closest Norwegian word to match the English word.

1) **pumpkin**
   a) brokkoli
   b) gresskar
   c) tomat
   d) sylteagurk

2) **broccoli**
   a) brokkoli
   b) pepper
   c) potet
   d) bønner

3) **vegetable**
   a) artisjokk
   b) grønnsak
   c) kål
   d) bønner

4) **gherkins**
   a) brokkoli
   b) artisjokk
   c) sylteagurk
   d) pepper

5) **fennel**
   a) fenikkel
   b) squash
   c) kikerter
   d) gresskar

6) **peas**
   a) gresskar
   b) erter
   c) selleri
   d) rødbete

7) **pepper**
   a) pepper
   b) potet
   c) kikerter
   d) reddik

8) **corn**
   a) erter
   b) brokkoli
   c) sopp
   d) korn

9) **cucumber**
   a) agurk
   b) tomat
   c) pepper
   d) løk

10) **potato**
    a) korn
    b) squash
    c) gulrot
    d) potet

11) **carrot**
    a) pepper
    b) sopp
    c) korn
    d) gulrot

12) **onion**
    a) blomkål
    b) løk
    c) hvitløk
    d) spinat

13) **beans**
    a) sylteagurk
    b) bønner
    c) løk
    d) rødbete

14) **cabbage**
    a) sylteagurk
    b) fenikkel
    c) kål
    d) gulrot

15) **garlic**
    a) fenikkel
    b) rødbete
    c) brokkoli
    d) hvitløk

16) **radish**
    a) blomkål
    b) reddik
    c) fenikkel
    d) hvitløk

17) **zucchini**
    a) squash
    b) kikerter
    c) gresskar
    d) aubergin

18) **spinach**
    a) spinat
    b) artisjokk
    c) potet
    d) kikerter

19) **tomato**
    a) tomat
    b) artisjokk
    c) bønner
    d) selleri

20) **chick-peas**
    a) kikerter
    b) potet
    c) selleri
    d) persille

21) **beet**
    a) aubergin
    b) pepper
    c) rødbete
    d) erter

22) **aubergine**
    a) brokkoli
    b) aubergin
    c) rødbete
    d) potet

23) **mushroom**
    a) blomkål
    b) asparges
    c) pepper
    d) sopp

24) **cauliflower**
    a) gulrot
    b) korn
    c) blomkål
    d) kål

#179 - Vegetables
Select the closest Norwegian word to match the English word.

1) onion
a) bønner
b) fenikkel
c) løk
d) artisjokk

2) zucchini
a) squash
b) tomat
c) artisjokk
d) erter

3) carrot
a) gulrot
b) gresskar
c) aubergin
d) squash

4) pumpkin
a) sopp
b) blomkål
c) gresskar
d) løk

5) broccoli
a) gresskar
b) selleri
c) rødbete
d) brokkoli

6) corn
a) korn
b) brokkoli
c) erter
d) rødbete

7) peas
a) selleri
b) fenikkel
c) sylteagurk
d) erter

8) celery
a) grønnsak
b) bønner
c) reddik
d) selleri

9) artichoke
a) tomat
b) artisjokk
c) potet
d) sopp

10) beet
a) pepper
b) rødbete
c) korn
d) selleri

11) fennel
a) asparges
b) tomat
c) erter
d) fenikkel

12) cabbage
a) persille
b) kål
c) pepper
d) erter

13) gherkins
a) sylteagurk
b) løk
c) brokkoli
d) squash

14) radish
a) grønnsak
b) artisjokk
c) reddik
d) tomat

15) potato
a) rødbete
b) potet
c) asparges
d) kål

16) tomato
a) persille
b) tomat
c) kål
d) erter

17) aubergine
a) aubergin
b) kål
c) rødbete
d) pepper

18) mushroom
a) tomat
b) artisjokk
c) sopp
d) selleri

19) beans
a) grønnsak
b) bønner
c) artisjokk
d) kikerter

20) cauliflower
a) spinat
b) tomat
c) sopp
d) blomkål

21) parsley
a) tomat
b) selleri
c) sylteagurk
d) persille

22) spinach
a) pepper
b) spinat
c) grønnsak
d) selleri

23) chick-peas
a) sopp
b) selleri
c) kikerter
d) spinat

24) asparagus
a) kål
b) agurk
c) asparges
d) spinat

#180 - Vegetables
Select the closest Norwegian word to match the English word.

1) cucumber
 a) persille
 b) agurk
 c) blomkål
 d) bønner

2) beans
 a) bønner
 b) brokkoli
 c) korn
 d) potet

3) pumpkin
 a) aubergin
 b) gresskar
 c) reddik
 d) rødbete

4) beet
 a) tomat
 b) blomkål
 c) grønnsak
 d) rødbete

5) aubergine
 a) korn
 b) artisjokk
 c) aubergin
 d) spinat

6) asparagus
 a) asparges
 b) hvitløk
 c) blomkål
 d) korn

7) corn
 a) reddik
 b) bønner
 c) potet
 d) korn

8) mushroom
 a) sopp
 b) tomat
 c) bønner
 d) blomkål

9) pepper
 a) pepper
 b) fenikkel
 c) brokkoli
 d) kål

10) onion
 a) gulrot
 b) artisjokk
 c) rødbete
 d) løk

11) artichoke
 a) tomat
 b) brokkoli
 c) artisjokk
 d) potet

12) parsley
 a) kål
 b) kikerter
 c) sylteagurk
 d) persille

13) potato
 a) sopp
 b) pepper
 c) asparges
 d) potet

14) celery
 a) reddik
 b) hvitløk
 c) selleri
 d) løk

15) fennel
 a) gresskar
 b) fenikkel
 c) blomkål
 d) erter

16) gherkins
 a) brokkoli
 b) sylteagurk
 c) selleri
 d) sopp

17) tomato
 a) tomat
 b) gulrot
 c) asparges
 d) grønnsak

18) cabbage
 a) kål
 b) gresskar
 c) potet
 d) brokkoli

19) garlic
 a) hvitløk
 b) rødbete
 c) reddik
 d) gresskar

20) radish
 a) kål
 b) løk
 c) reddik
 d) tomat

21) spinach
 a) selleri
 b) spinat
 c) asparges
 d) erter

22) carrot
 a) grønnsak
 b) asparges
 c) gulrot
 d) fenikkel

23) zucchini
 a) korn
 b) squash
 c) sopp
 d) potet

24) broccoli
 a) kikerter
 b) brokkoli
 c) reddik
 d) spinat

Solutions

#1 - 1) b - gangway 2) b - to cancel 3) b - late 4) b - single ticket 5) d - hangar 6) c - oxygen 7) d - early 8) a - airport 9) a - weight 10) b - domestic 11) b - departure 12) d - gate 13) a - to land 14) a - connection 15) c - to sit down 16) b - information 17) d - to take off 18) d - flight 19) b - pilot 20) b - ticket 21) a - to book 22) c - arrival 23) c - metal detector 24) d - exit

#2 - 1) c - non-smoking 2) a - helicopter 3) c - turbulence 4) d - early 5) d - first class 6) c - information 7) a - security 8) a - no smoking 9) c - international 10) d - to carry 11) d - departure 12) d - take off 13) d - to cancel 14) b - travel agency 15) a - rucksack 16) d - late 17) c - smoking 18) a - altitude 19) a - luggage 20) b - to sit down 21) c - ticket 22) d - gate 23) c - ticket agent 24) a - land

#3 - 1) d - gate 2) c - altitude 3) d - to declare 4) a - international 5) c - destination 6) a - to cancel 7) d - luggage 8) a - travel agency 9) c - window 10) b - runway 11) d - wing 12) c - wheel 13) d - to fly 14) c - land 15) d - metal detector 16) d - passenger 17) d - flight 18) b - information 19) a - officer 20) d - weight 21) b - exit 22) a - passport 23) d - no smoking 24) d - connection

#4 - 1) c - gangway 2) a - domestic 3) b - check-in 4) c - airport 5) a - to take off 6) a - departure 7) c - passport 8) c - officer 9) d - duty-free 10) b - to cancel 11) d - copilot 12) d - travel agency 13) c - headphones 14) a - luggage 15) c - toilet 16) b - take off 17) a - airplane 18) a - life preserver 19) d - ticket agent 20) d - seat 21) b - altitude 22) b - gate 23) d - destination 24) a - exit

#5 - 1) b - seat 2) c - to board 3) c - direct 4) c - headphones 5) b - passenger 6) b - early 7) b - wing 8) a - oxygen 9) d - helicopter 10) c - connection 11) c - smoking 12) a - copilot 13) c - life preserver 14) c - to take off 15) a - rucksack 16) a - ticket agent 17) a - late 18) a - to cancel 19) c - travel agency 20) a - crew 21) c - first class 22) d - window 23) a - information 24) b - to carry

#6 - 1) b - ticket agent 2) a - gangway 3) c - officer 4) d - to take off 5) b - destination 6) b - cabin 7) d - connection 8) a - security 9) d - airplane 10) c - rucksack 11) b - to book 12) b - passenger 13) c - arrival 14) b - round trip ticket 15) b - to check bags 16) b - turbulence 17) d - to board 18) d - non-smoking 19) c - seat 20) c - altitude 21) c - direct 22) d - flight 23) c - metal detector 24) c - crew

#7 - 1) b - exit 2) b - air hostess 3) c - early 4) b - arrival 5) b - suitcase 6) c - passport 7) c - destination 8) c - airplane 9) b - oxygen 10) d - cabin 11) a - gangway 12) b - seat 13) d - land 14) a - smoking 15) b - economy class 16) c - round trip ticket 17) b - weight 18) c - to carry 19) b - runway 20) c - turbulence 21) c - metal detector 22) a - officer 23) c - wing 24) d - headphones

#8 - 1) c - to board 2) b - no smoking 3) d - wing 4) c - non-smoking 5) a - check-in 6) c - to sit down 7) b - to take off 8) a - to cancel 9) a - headphones 10) a - weight 11) a - take off 12) b - ticket 13) b - air hostess 14) d - departure 15) d - life preserver 16) d - wheel 17) b - rucksack 18) d - emergency 19) a - gangway 20) c - round trip ticket 21) a - to land 22) d - officer 23) d - connection 24) a - to carry

Solutions

#9 - 1) d - fly 2) b - avgang 3) d - sikkerhet 4) c - tidlig 5) a - ankomst 6) b - enkeltbillett
7) b - flyvertinne 8) b - rullebane 9) d - pass 10) c - kabin 11) b - innsjekking 12) c - landgang
13) a - mannskap 14) d - å reservere 15) b - ombordstigning 16) a - oksygen 17) d - lande
18) d - direkte 19) c - reisebyrå 20) b - billettinspektør 21) d - røyking forbudt 22) a - flygning
23) d - røykfritt 24) b - offiser

#10 - 1) c - bagasje 2) c - hangar 3) b - redningsvest 4) a - røyking 5) d - oksygen 6) c - sete
7) a - koffert 8) c - vindu 9) c - ankomst 10) c - utgang 11) d - sikkerhet 12) d - kabin 13) c - vinge
14) a - informasjon 15) b - røykfritt 16) d - kopilot 17) c - tax-free 18) a - flyplass 19) a - lande
20) b - tur-retur billett 21) b - vekt 22) c - fly 23) b - sette seg ned 24) c - ryggsekk

#11 - 1) b - økonomiklasse 2) c - enkeltbillett 3) d - å avbryte 4) d - ankomst 5) d - mannskap
6) b - brett 7) d - sette seg ned 8) a - avgang 9) d - ombordstigning 10) a - pass 11) c - å lette
12) b - røyking 13) a - sete 14) c - flygning 15) a - informasjon 16) b - nødsituasjon
17) b - ombordstigningskort 18) c - å deklarere 19) b - reisebyrå 20) c - tur-retur billett
21) b - redningsvest 22) d - gate 23) a - turbulens 24) a - billett

#12 - 1) d - røyking 2) d - vinge 3) a - kabin 4) d - sete 5) a - enkeltbillett 6) d - flyvertinne
7) c - utgang 8) c - kopilot 9) c - offiser 10) b - å lande 11) d - sikkerhet 12) c - flygning 13) a - å fly
14) a - gate 15) b - flyplass 16) a - hjul 17) b - destinasjon 18) b - innsjekking 19) d - ta av
20) c - sent 21) a - tidlig 22) b - ombordstigningskort 23) b - koffert 24) b - tur-retur billett

#13 - 1) d - turbulens 2) b - å reservere 3) c - reisebyrå 4) d - flyvertinne 5) b - å lande
6) d - billettinspektør 7) d - mannskap 8) b - vekt 9) c - lande 10) c - forbindelse 11) b - hangar
12) c - sent 13) c - å bære 14) b - første klasse 15) b - enkeltbillett 16) c - ombordstigning
17) c - gate 18) b - flyplass 19) b - fly 20) a - direkte 21) d - informasjon 22) c - øretelefoner
23) b - å lette 24) a - innsjekking

#14 - 1) b - vindu 2) d - ryggsekk 3) b - tur-retur billett 4) a - ta av 5) d - rullebane 6) c - å lette
7) c - flyvertinne 8) b - destinasjon 9) b - helikopter 10) a - flygning 11) b - lande 12) b - reisebyrå
13) b - å reservere 14) c - sikkerhet 15) d - gate 16) a - vinge 17) b - å lande 18) a - røykfritt
19) d - hangar 20) a - oksygen 21) a - internasjonal 22) b - landgang 23) c - øretelefoner
24) d - kopilot

#15 - 1) c - øretelefoner 2) b - tur-retur billett 3) b - pilot 4) b - røyking forbudt 5) c - gate 6) a - første
klasse 7) d - metalldetektor 8) a - tax-free 9) c - å lette 10) c - å reservere 11) a - å fly 12) a - bagasje
13) d - pass 14) c - ryggsekk 15) c - billettinspektør 16) b - innsjekking 17) a - ombordstigningskort
18) d - utgang 19) a - billett 20) d - fly 21) b - ombordstigning 22) b - innenlands 23) a - lande
24) b - internasjonal

#16 - 1) c - chipmunk 2) a - panda 3) a - horse 4) c - deer 5) a - llama 6) d - panther 7) a - gorilla
8) b - rabbit 9) b - gazelle 10) c - frog 11) b - cat 12) b - buffalo 13) c - zebra 14) b - monkey
15) a - wallaby 16) c - koala 17) c - snake 18) a - alligator 19) b - squirrel 20) a - ocelot
21) b - beaver 22) a - anteater 23) a - cheetah 24) c - bull

Solutions

#17 - 1) b - gazelle 2) d - frog 3) a - monkey 4) d - beaver 5) d - rhinoceros 6) c - donkey
7) c - rabbit 8) a - animal 9) b - buffalo 10) b - mouse 11) c - wolf 12) a - armadillo 13) a - jaguar
14) b - crocodile 15) a - camel 16) d - koala 17) b - pup 18) c - cat 19) c - cow 20) b - fox
21) d - deer 22) b - bobcat 23) c - badger 24) a - anteater

#18 - 1) c - alligator 2) c - bear 3) d - little dog 4) a - hippopotamus 5) b - elephant 6) c - baboon
7) d - zebra 8) b - monkey 9) b - lamb 10) d - deer 11) b - chipmunk 12) d - gazelle 13) d - goat
14) b - lion 15) c - rabbit 16) a - tortoise 17) a - mule 18) c - tiger 19) b - donkey 20) a - horse
21) d - mouse 22) b - giraffe 23) a - camel 24) c - armadillo

#19 - 1) d - buffalo 2) a - anteater 3) b - baboon 4) d - little dog 5) d - rat 6) a - bear 7) b - lynx
8) a - zebra 9) b - bobcat 10) d - badger 11) c - llama 12) b - elephant 13) b - bull 14) d - camel
15) d - hyena 16) c - goat 17) c - snake 18) b - deer 19) d - crocodile 20) a - cow 21) d - aardvark
22) d - pup 23) a - gorilla 24) d - panda

#20 - 1) a - monkey 2) d - snake 3) d - aardvark 4) c - cat 5) a - armadillo 6) c - sheep 7) c - animal
8) b - toad 9) a - badger 10) a - frog 11) b - panda 12) d - rhinoceros 13) a - gazelle 14) c - crocodile
15) c - cow 16) c - beaver 17) d - pup 18) d - wolf 19) d - chipmunk 20) b - giraffe
21) b - hippopotamus 22) a - cheetah 23) c - ocelot 24) a - rabbit

#21 - 1) b - porcupine 2) d - alligator 3) d - horse 4) a - pup 5) d - cougar 6) d - zebra 7) d - cat
8) d - beaver 9) a - aardvark 10) c - panda 11) c - bobcat 12) b - llama 13) c - anteater 14) c - rabbit
15) a - armadillo 16) b - camel 17) a - cheetah 18) d - tortoise 19) a - rat 20) d - mule 21) a - bull
22) b - lamb 23) b - buffalo 24) c - dog

#22 - 1) b - panther 2) b - gazelle 3) b - porcupine 4) b - cow 5) b - leopard 6) c - goat 7) b - alligator
8) c - giraffe 9) a - horse 10) a - zebra 11) d - wallaby 12) b - frog 13) d - hyena 14) c - dog
15) b - rabbit 16) a - hippopotamus 17) a - cat 18) b - buffalo 19) c - llama 20) b - tortoise
21) a - aardvark 22) a - pup 23) a - armadillo 24) d - beaver

#23 - 1) c - donkey 2) d - jaguar 3) c - bear 4) a - panda 5) b - cat 6) c - tiger 7) b - hippopotamus
8) c - cheetah 9) a - mouse 10) b - rat 11) b - dog 12) b - panther 13) a - wolf 14) c - beaver
15) d - deer 16) a - anteater 17) c - zebra 18) a - giraffe 19) b - hyena 20) b - rabbit 21) b - bull
22) c - animal 23) d - koala 24) a - porcupine

#24 - 1) a - gorilla 2) a - wallaby 3) c - jaguar 4) d - jordekorn 5) c - dyr 6) c - panda 7) c - rødgaupe
8) a - maursluker 9) d - tiger 10) d - beltedyr 11) a - jordpinnsvin 12) d - kanin 13) a - esel
14) b - lam 15) d - jordsvin 16) c - gaupe 17) a - sau 18) c - mus 19) c - katt 20) b - alligator
21) b - landskilpadde 22) b - sjiraff 23) a - kamel 24) b - nesehorn

Solutions

#25 - 1) c - leopard 2) d - tiger 3) a - koala 4) b - dyr 5) a - hyene 6) b - landskilpadde 7) a - kanin 8) d - krokodille 9) d - okse 10) b - jordpinnsvin 11) d - muldyr 12) b - liten hund 13) d - padde 14) c - geit 15) d - gaselle 16) c - gaupe 17) d - valp 18) a - katt 19) a - panter 20) a - flodhest 21) a - jordsvin 22) a - mus 23) a - hest 24) d - gorilla

#26 - 1) c - bjørn 2) d - bever 3) a - kenguru 4) b - løve 5) b - lama 6) c - esel 7) b - beltedyr 8) d - rev 9) a - elefant 10) d - alligator 11) a - sjiraff 12) c - jordpinnsvin 13) c - ekorn 14) b - dyr 15) d - lam 16) a - mus 17) a - hyene 18) d - koala 19) c - flodhest 20) a - frosk 21) c - kamel 22) d - slange 23) d - ku 24) d - panda

#27 - 1) b - bøffel 2) c - lama 3) d - jordekorn 4) a - dyr 5) b - bavian 6) a - esel 7) a - flodhest 8) b - muldyr 9) d - geit 10) d - padde 11) b - kenguru 12) d - gorilla 13) d - leopard 14) a - tiger 15) b - jordpinnsvin 16) a - gris 17) c - jordsvin 18) b - slange 19) a - landskilpadde 20) b - beltedyr 21) b - wallaby 22) b - sau 23) a - panter 24) b - grevling

#28 - 1) a - slange 2) d - bever 3) b - grevling 4) b - hest 5) b - ku 6) d - leopard 7) c - hyene 8) b - jordekorn 9) d - hjort 10) a - dyr 11) b - geit 12) c - landskilpadde 13) c - gaupe 14) c - jordsvin 15) d - elefant 16) c - nesehorn 17) b - puma 18) c - jordpinnsvin 19) d - apekatt 20) d - løve 21) b - hund 22) b - padde 23) d - koala 24) b - lam

#29 - 1) d - kenguru 2) d - nesehorn 3) b - hjort 4) d - sebra 5) a - okse 6) c - landskilpadde 7) b - alligator 8) d - bever 9) d - ku 10) b - rotte 11) c - kamel 12) b - wallaby 13) a - sau 14) a - bøffel 15) a - frosk 16) b - rev 17) a - jordpinnsvin 18) c - mus 19) d - liten hund 20) d - koala 21) a - hyene 22) a - bjørn 23) b - esel 24) d - rødgaupe

#30 - 1) a - kanin 2) d - valp 3) c - rotte 4) b - liten hund 5) c - puma 6) c - bjørn 7) d - landskilpadde 8) c - jordpinnsvin 9) b - ozelot 10) a - lam 11) c - okse 12) c - grevling 13) c - rødgaupe 14) d - rev 15) b - panda 16) a - kenguru 17) d - katt 18) c - gorilla 19) d - ulv 20) c - sebra 21) c - esel 22) c - gepard 23) d - sau 24) b - flodhest

#31 - 1) a - water 2) d - shower 3) c - door 4) b - ceiling 5) d - shelf 6) a - soap 7) d - coffee pot 8) a - mirror 9) a - refrigerator 10) c - key 11) d - plate 12) a - rubbish can 13) b - table 14) b - kettle 15) a - bath (tub) 16) a - floor 17) a - lamp 18) b - cup 19) d - wardrobe 20) b - couch 21) a - pot 22) c - drier 23) d - drinking glass 24) d - ashtray

#32 - 1) c - bookcase 2) b - cabinet 3) a - sheet 4) a - cot 5) b - painting 6) c - drier 7) c - mirror 8) d - cup 9) d - telephone 10) b - carpet 11) c - kitchen 12) c - dish 13) a - torch 14) b - door 15) b - house 16) a - television 17) d - radio 18) c - chair 19) c - fork 20) d - lamp 21) b - mixer 22) b - freezer 23) d - ashtray 24) b - bottle

Solutions

#33 - 1) b - hoover 2) d - mirror 3) d - washing machine 4) d - toaster 5) d - glass 6) a - shelf 7) a - water 8) d - wallet 9) a - kitchen 10) d - kettle 11) a - staircase 12) a - shower 13) a - freezer 14) a - image 15) a - tap 16) d - sleeping bag 17) d - blender 18) c - floor 19) d - switch 20) a - dishwasher 21) d - handbag 22) c - sheet 23) b - coffee pot 24) c - bottle

#34 - 1) d - radio 2) b - drawer 3) b - plate 4) b - sleeping bag 5) d - bowl 6) b - cup 7) b - kettle 8) d - spoon 9) b - image 10) d - bag 11) b - box 12) c - vase 13) d - table 14) b - torch 15) c - broom 16) c - glass 17) c - clock 18) c - toaster 19) c - bookcase 20) b - bottle 21) c - cabinet 22) d - house 23) a - handbag 24) a - chair

#35 - 1) c - ashtray 2) c - table 3) b - kettle 4) b - fork 5) c - door 6) d - wardrobe 7) b - spoon 8) c - refrigerator 9) d - key 10) b - coffee pot 11) c - shower 12) b - bed 13) b - bottle 14) d - shower curtain 15) c - drinking glass 16) c - alarm clock 17) b - wall 18) b - carpet 19) d - soap 20) d - furniture 21) a - drawer 22) b - mirror 23) d - switch 24) c - cabinet

#36 - 1) c - key 2) b - bag 3) d - soap 4) a - dish 5) b - napkin 6) c - mirror 7) a - freezer 8) d - glass 9) b - kettle 10) c - pail 11) d - plate 12) c - image 13) c - wallet 14) b - cup 15) d - toaster 16) c - table 17) d - shelf 18) a - television 19) b - box 20) a - water 21) b - drinking glass 22) c - hoover 23) a - drawer 24) d - torch

#37 - 1) c - bag 2) b - table 3) b - kitchen 4) b - house 5) b - toaster 6) d - key 7) a - ashtray 8) a - cot 9) a - vase 10) c - radio 11) a - dresser 12) b - torch 13) a - floor 14) c - handbag 15) c - pot 16) b - stove 17) a - painting 18) b - telephone 19) b - clock 20) d - dish 21) c - furniture 22) a - spoon 23) a - tap 24) c - wardrobe

#38 - 1) b - blender 2) d - shower 3) b - napkin 4) d - torch 5) b - mixer 6) a - kettle 7) c - telephone 8) b - frying pan 9) d - cabinet 10) d - water 11) d - handbag 12) c - drier 13) c - dresser 14) c - chair 15) c - freezer 16) b - shelf 17) a - wall 18) c - mirror 19) a - pillow 20) a - knife 21) d - curtain 22) c - key 23) d - alarm clock 24) c - toaster

#39 - 1) a - mikser 2) a - bryter 3) b - vase 4) d - TV 5) d - teppe 6) c - maleri 7) d - laken 8) c - skje 9) a - fryser 10) c - gaffel 11) d - vannkjele 12) c - Vekkerklokke 13) a - bolle 14) a - flaske 15) a - gardin 16) b - kopp 17) a - komfyr 18) d - bokhylle 19) b - radio 20) b - lommebok 21) c - skuff 22) b - køye 23) d - dusj 24) d - boks

#40 - 1) c - garderobeskap 2) b - askebeger 3) c - Skap 4) a - kniv 5) a - vann 6) a - bolle 7) b - skje 8) a - bryter 9) c - tak 10) c - vase 11) d - veske 12) d - støvsuger 13) b - TV 14) d - søppelbøtte 15) b - klokke 16) d - oppvaskmaskin 17) a - bokhylle 18) a - gaffel 19) b - nøkkel 20) c - Vekkerklokke 21) c - fat 22) a - flaske 23) a - møbler 24) c - boks

Solutions

#41 - 1) a - håndveske 2) c - maleri 3) c - seng 4) d - trapp 5) d - tørketrommel 6) c - vaskemaskin
7) d - gardin 8) b - kran 9) a - badekar 10) a - vannkjele 11) a - Skap 12) d - hylle 13) a - gaffel
14) b - bord 15) d - søppelsekk 16) d - radio 17) d - søppelbøtte 18) d - spann 19) d - fryser
20) a - laken 21) d - boks 22) d - garderobeskap 23) b - kommode 24) b - kaffekanne

#42 - 1) a - gardin 2) a - kommode 3) c - tørketrommel 4) a - badekar 5) a - miksmaster 6) d - nøkkel
7) c - gaffel 8) b - komfyr 9) c - oppvaskmaskin 10) b - laken 11) a - bokhylle 12) b - fryser
13) b - kjøkken 14) c - drikkeglass 15) d - hus 16) d - søppelsekk 17) c - vann 18) d - sofa
19) b - tak 20) d - bolle 21) b - seng 22) d - mikser 23) b - askebeger 24) c - serviett

#43 - 1) a - radio 2) c - badekar 3) c - brødrister 4) a - oppvaskmaskin 5) b - dør 6) a - flaske
7) a - kjøkken 8) b - Skap 9) d - kopp 10) c - seng 11) c - speil 12) d - håndveske 13) b - bord
14) c - skje 15) d - telefon 16) c - vannkjele 17) d - fryser 18) d - køye 19) c - kjøleskap
20) b - trapp 21) c - såpe 22) d - sofa 23) b - kjøkkenvask 24) a - kran

#44 - 1) a - miksmaster 2) b - møbler 3) b - sovepose 4) c - etasje 5) b - bokhylle 6) d - boks
7) b - kran 8) a - radio 9) a - hus 10) a - bolle 11) c - TV 12) c - kniv 13) d - serviett
14) b - søppelbøtte 15) c - sofa 16) c - veske 17) c - komfyr 18) d - gardin 19) b - gaffel 20) c - stol
21) a - dusj 22) a - lommelykt 23) a - lommebok 24) c - bilde

#45 - 1) d - Vekkerklokke 2) d - vase 3) d - hus 4) c - seng 5) d - kniv 6) d - vegg 7) a - støvsuger
8) a - spann 9) c - TV 10) a - sofa 11) d - veske 12) b - nøkkel 13) a - askebeger 14) c - bokhylle
15) a - vannkjele 16) b - kjøleskap 17) d - fat 18) d - fryser 19) b - lommelykt 20) d - køye
21) d - bryter 22) a - etasje 23) a - såpe 24) a - klokke

#46 - 1) c - goose 2) b - crow 3) c - sparrow 4) d - owl 5) d - parrot 6) b - ostrich 7) b - eagle
8) d - heron 9) d - vulture 10) d - dove 11) b - flamingo 12) b - hawk 13) a - pheasant 14) b - rooster
15) a - seagull 16) c - nightingale 17) a - hen 18) d - pelican 19) a - duck 20) d - turkey 21) d - swan
22) a - bird 23) c - stork 24) b - owl

#47 - 1) d - nightingale 2) a - parrot 3) d - pelican 4) b - ostrich 5) d - vulture 6) d - hen
7) b - sparrow 8) d - bird 9) b - owl 10) b - stork 11) c - goose 12) d - pheasant 13) d - eagle
14) a - dove 15) b - hawk 16) b - crow 17) a - seagull 18) a - turkey 19) b - flamingo 20) a - swan
21) d - rooster 22) b - duck 23) c - heron 24) b - duck

#48 - 1) b - seagull 2) b - owl 3) b - turkey 4) d - goose 5) c - ostrich 6) b - bird 7) a - dove
8) a - hawk 9) d - rooster 10) b - duck 11) b - pelican 12) b - stork 13) b - heron 14) b - parrot
15) c - crow 16) a - flamingo 17) c - vulture 18) b - nightingale 19) a - sparrow 20) a - swan
21) d - hen 22) c - eagle 23) a - pheasant 24) c - vulture

Solutions

#49 - 1) c - heron 2) b - hen 3) a - stork 4) a - bird 5) c - dove 6) c - pheasant 7) a - sparrow 8) c - goose 9) a - ostrich 10) a - owl 11) b - eagle 12) d - crow 13) c - turkey 14) b - swan 15) b - nightingale 16) c - parrot 17) b - duck 18) b - flamingo 19) b - rooster 20) b - vulture 21) b - pelican 22) a - seagull 23) b - hawk 24) c - pelican

#50 - 1) b - pelican 2) c - nightingale 3) c - hawk 4) d - seagull 5) d - goose 6) a - dove 7) b - sparrow 8) d - vulture 9) b - duck 10) d - eagle 11) d - turkey 12) b - crow 13) d - heron 14) c - pheasant 15) b - rooster 16) d - swan 17) b - ostrich 18) b - flamingo 19) b - stork 20) a - bird 21) a - owl 22) b - hen 23) c - parrot 24) b - seagull

#51 - 1) b - eagle 2) a - heron 3) a - dove 4) d - seagull 5) c - vulture 6) d - pheasant 7) c - crow 8) c - owl 9) b - swan 10) d - bird 11) c - goose 12) d - ostrich 13) a - nightingale 14) a - duck 15) c - parrot 16) d - pelican 17) c - stork 18) a - hen 19) b - hawk 20) c - turkey 21) b - sparrow 22) b - flamingo 23) a - rooster 24) b - dove

#52 - 1) c - owl 2) a - hen 3) c - crow 4) b - seagull 5) b - stork 6) a - heron 7) a - pelican 8) d - flamingo 9) c - eagle 10) a - dove 11) b - nightingale 12) a - pheasant 13) b - duck 14) a - sparrow 15) b - parrot 16) b - hawk 17) b - rooster 18) b - bird 19) b - swan 20) d - ostrich 21) b - goose 22) b - vulture 23) c - turkey 24) c - heron

#53 - 1) d - ostrich 2) a - nightingale 3) c - hawk 4) b - vulture 5) b - sparrow 6) a - crow 7) b - pelican 8) b - flamingo 9) d - eagle 10) c - pheasant 11) a - rooster 12) c - owl 13) b - stork 14) d - turkey 15) d - seagull 16) b - dove 17) d - bird 18) c - duck 19) b - goose 20) a - swan 21) b - heron 22) d - hen 23) b - parrot 24) c - hawk

#54 - 1) d - hane 2) d - høne 3) d - hegre 4) a - kalkun 5) d - gribb 6) d - ugle 7) a - ørn 8) d - fasan 9) d - due 10) b - måke 11) c - papegøye 12) d - and 13) b - pelikan 14) b - nattergal 15) d - struts 16) c - spurv 17) c - kråke 18) c - svane 19) b - flamingo 20) b - stork 21) b - gås 22) d - hauk 23) d - fugl 24) a - papegøye

#55 - 1) a - høne 2) a - kalkun 3) a - spurv 4) a - hane 5) b - svane 6) b - hegre 7) b - flamingo 8) b - fugl 9) c - kråke 10) a - papegøye 11) b - ugle 12) c - nattergal 13) a - gribb 14) a - ørn 15) d - due 16) b - stork 17) c - måke 18) d - and 19) b - fasan 20) c - gås 21) a - struts 22) d - pelikan 23) d - hauk 24) d - pelikan

#56 - 1) c - svane 2) c - due 3) b - struts 4) d - and 5) c - kråke 6) d - gås 7) a - pelikan 8) c - flamingo 9) d - fasan 10) c - nattergal 11) b - ugle 12) b - ørn 13) c - måke 14) a - spurv 15) a - høne 16) d - gribb 17) c - hauk 18) a - hane 19) a - kalkun 20) b - stork 21) d - papegøye 22) b - fugl 23) c - hegre 24) a - svane

Solutions

#57 - 1) a - struts 2) d - and 3) c - gribb 4) b - gås 5) d - flamingo 6) c - nattergal 7) b - svane
8) d - fasan 9) d - fugl 10) b - papegøye 11) c - kråke 12) b - måke 13) b - due 14) c - hauk
15) c - ørn 16) d - stork 17) a - pelikan 18) d - ugle 19) b - høne 20) d - spurv 21) d - hane
22) a - hegre 23) a - kalkun 24) b - gås

#58 - 1) c - fasan 2) b - nattergal 3) c - spurv 4) d - høne 5) b - due 6) c - ugle 7) b - måke
8) d - and 9) a - hauk 10) d - hane 11) d - gribb 12) c - kalkun 13) b - svane 14) d - hegre
15) d - ørn 16) d - struts 17) a - pelikan 18) d - stork 19) c - fugl 20) b - papegøye 21) c - gås
22) b - kråke 23) b - flamingo 24) b - ørn

#59 - 1) b - gribb 2) c - papegøye 3) b - kråke 4) d - kalkun 5) a - nattergal 6) a - gås 7) c - hegre
8) a - stork 9) a - and 10) c - svane 11) d - spurv 12) a - flamingo 13) b - due 14) a - måke
15) a - hauk 16) b - høne 17) d - struts 18) d - fugl 19) a - ørn 20) c - ugle 21) a - pelikan
22) c - fasan 23) b - hane 24) b - høne

#60 - 1) a - fasan 2) c - hauk 3) a - ørn 4) a - svane 5) a - hegre 6) a - stork 7) a - kråke 8) d - gås
9) d - fugl 10) c - due 11) d - kalkun 12) d - måke 13) b - papegøye 14) b - and 15) d - struts
16) b - hane 17) d - pelikan 18) a - spurv 19) b - gribb 20) c - nattergal 21) d - høne 22) a - ugle
23) c - flamingo 24) a - and

#61 - 1) a - bikini 2) c - scarf 3) d - handkerchief 4) d - umbrella 5) c - bathing suit 6) a - sandals
7) b - dressing gown 8) d - jumpsuit 9) a - gloves 10) c - size 11) a - suit 12) a - zip 13) a - overcoat
14) d - dress 15) c - jeans 16) b - trousers 17) c - running shoes 18) d - jumper 19) a - necktie
20) b - knickers 21) c - belt 22) c - anorak 23) d - shirt 24) c - tights

#62 - 1) c - slippers 2) d - bikini 3) a - size 4) b - sandals 5) a - blouse 6) b - jumper 7) c - socks
8) c - necktie 9) a - knickers 10) d - trousers 11) c - stockings 12) c - dressing gown 13) b - anorak
14) c - glove 15) a - jacket 16) b - dress 17) a - skirt 18) b - clothes 19) c - bow tie
20) c - braces/suspenders 21) c - cap 22) a - sweatshirt 23) a - bathing suit 24) a - tights

#63 - 1) b - sandals 2) a - waistcoat 3) b - dressing gown 4) c - suit 5) c - scarf 6) b - trousers
7) a - sweatshirt 8) a - handkerchief 9) d - slippers 10) a - running shoes 11) d - jacket
12) d - knickers 13) c - socks 14) b - bra 15) c - bikini 16) d - shirt 17) b - anorak 18) d - overcoat
19) d - zip 20) c - glove 21) b - briefs 22) c - clothes 23) b - overalls 24) c - belt

#64 - 1) b - glove 2) d - skirt 3) a - necktie 4) a - mackintosh 5) a - bikini 6) d - knickers 7) d - jacket
8) c - waistcoat 9) a - jumper 10) c - sandals 11) a - shirt 12) d - overcoat 13) c - belt
14) a - jumpsuit 15) b - corset 16) d - size 17) b - socks 18) b - gloves 19) a - bra 20) a - trousers
21) d - coat 22) c - scarf 23) d - dressing gown 24) c - sweatshirt

Solutions

#65 - 1) b - bow tie 2) b - hiking boots 3) d - stockings 4) b - dress 5) d - overalls 6) c - sweatshirt 7) a - T-shirt 8) a - jacket 9) b - overcoat 10) c - pyjamas 11) d - braces/suspenders 12) c - socks 13) a - jumper 14) b - sandals 15) d - jumpsuit 16) b - necktie 17) c - clothes 18) c - slippers 19) b - waistcoat 20) b - size 21) b - suit 22) a - coat 23) a - tights 24) b - dressing gown

#66 - 1) d - coat 2) a - sandals 3) b - trousers 4) d - jacket 5) c - bikini 6) c - necktie 7) a - skirt 8) b - handkerchief 9) a - umbrella 10) a - suit 11) b - dress 12) d - cardigan 13) a - overalls 14) c - bow tie 15) c - bra 16) a - anorak 17) b - dressing gown 18) d - blouse 19) c - pyjamas 20) c - slippers 21) a - glove 22) a - cap 23) d - corset 24) c - belt

#67 - 1) c - corset 2) b - overcoat 3) b - anorak 4) d - size 5) c - bra 6) b - necktie 7) b - knickers 8) b - sweatshirt 9) d - suit 10) b - coat 11) a - stockings 12) c - umbrella 13) a - mackintosh 14) b - socks 15) c - bikini 16) b - shirt 17) a - cap 18) c - zip 19) a - cardigan 20) b - slippers 21) c - running shoes 22) c - T-shirt 23) d - jacket 24) d - jeans

#68 - 1) c - slippers 2) a - tights 3) d - corset 4) b - size 5) d - umbrella 6) c - sweatshirt 7) b - hiking boots 8) a - briefs 9) a - handkerchief 10) d - T-shirt 11) d - anorak 12) a - gloves 13) b - jumpsuit 14) d - sandals 15) b - braces/suspenders 16) c - stockings 17) c - coat 18) d - socks 19) a - overalls 20) c - zip 21) b - bathing suit 22) c - bra 23) c - bow tie 24) b - mackintosh

#69 - 1) d - hanske 2) a - snekkerbukse 3) a - cardigan 4) a - strømpebukse 5) a - bukseseler 6) b - strømper 7) b - dress 8) b - paraply 9) b - sløyfe 10) d - lue 11) b - hofteholder 12) b - glidelås 13) d - frakk 14) c - bukse 15) b - pyjamas 16) d - collegegenser 17) b - BH 18) a - dongeribukse 19) a - tøfler 20) c - jumpsuit 21) b - underbukse 22) a - hansker 23) b - jakke 24) a - sandaler

#70 - 1) a - sandaler 2) a - tøfler 3) a - belte 4) a - slips 5) c - anorakk 6) d - størrelse 7) b - klær 8) d - frakk 9) a - dress 10) d - snekkerbukse 11) c - fjellstøvler 12) c - bluse 13) a - sløyfe 14) a - t-skjorte 15) b - strømper 16) d - sokker 17) d - slåbrok 18) a - underbukse 19) b - vest 20) b - collegegenser 21) b - strømpebukse 22) b - lommetørkle 23) a - hanske 24) b - badedrakt

#71 - 1) a - vest 2) b - skjørt 3) d - lue 4) b - collegegenser 5) d - sløyfe 6) b - BH 7) c - bukse 8) a - hansker 9) a - pyjamas 10) b - bluse 11) d - cardigan 12) d - sandaler 13) b - t-skjorte 14) b - fjellstøvler 15) c - underbukse 16) b - klær 17) d - lommetørkle 18) a - jumpsuit 19) c - genser 20) d - strømper 21) d - kjole 22) a - paraply 23) d - bukseseler 24) b - skjorte

#72 - 1) c - frakk 2) b - belte 3) c - hofteholder 4) a - tøfler 5) c - glidelås 6) b - joggesko 7) b - dongeribukse 8) a - bukse 9) c - t-skjorte 10) c - skjorte 11) b - strømper 12) b - badedrakt 13) d - anorakk 14) c - bluse 15) d - paraply 16) d - fjellstøvler 17) b - snekkerbukse 18) d - collegegenser 19) b - cardigan 20) c - bikini 21) c - vest 22) d - sandaler 23) d - sløyfe 24) d - skjerf

Solutions

#73 - 1) d - hofteholder 2) b - slips 3) b - frakk 4) d - belte 5) a - tøfler 6) a - snekkerbukse 7) a - sandaler 8) a - hanske 9) a - jakke 10) a - fjellstøvler 11) b - bukse 12) d - strømper 13) c - slåbrok 14) b - bikini 15) c - sløyfe 16) a - skjørt 17) b - t-skjorte 18) c - BH 19) a - underbukse 20) c - genser 21) b - cardigan 22) d - glidelås 23) c - bluse 24) c - kjole

#74 - 1) b - hansker 2) c - genser 3) c - frakk 4) c - BH 5) c - kjole 6) a - fjellstøvler 7) a - jakke 8) a - t-skjorte 9) c - bukseseler 10) d - strømpebukse 11) b - snekkerbukse 12) d - collegegenser 13) a - bluse 14) b - regnjakke 15) c - sandaler 16) d - lue 17) d - truse 18) b - glidelås 19) d - underbukse 20) c - anorakk 21) a - jumpsuit 22) a - hofteholder 23) d - størrelse 24) c - dongeribukse

#75 - 1) d - vest 2) a - bluse 3) d - slips 4) a - pyjamas 5) b - strømpebukse 6) b - strømper 7) b - regnjakke 8) d - jumpsuit 9) b - underbukse 10) b - hanske 11) b - cardigan 12) d - bikini 13) a - hofteholder 14) d - paraply 15) c - anorakk 16) d - tøfler 17) c - lue 18) d - BH 19) c - jakke 20) d - kjole 21) d - slåbrok 22) a - frakk 23) d - fjellstøvler 24) c - badedrakt

#76 - 1) d - parents 2) d - grandfather 3) b - sister 4) b - relatives 5) a - stepbrother 6) b - family 7) d - husband 8) c - stepmother 9) a - brother 10) c - son 11) d - grandchild 12) b - nephew 13) b - dad 14) b - stepdaughter 15) a - relative 16) d - father 17) d - daughter 18) a - bride 19) d - cousin 20) d - stepsister 21) d - stepfather 22) b - wife 23) d - aunt 24) a - uncle

#77 - 1) a - dad 2) a - daughter 3) a - grandchild 4) d - bride 5) a - stepson 6) a - wife 7) d - niece 8) c - sister 9) a - nephew 10) a - parent 11) b - grandfather 12) b - stepdaughter 13) b - family 14) a - mum 15) a - mother 16) a - stepbrother 17) a - relatives 18) a - stepmother 19) b - grandmother 20) b - parents 21) a - cousin 22) c - aunt 23) a - stepfather 24) d - brother

#78 - 1) c - cousin 2) a - husband 3) d - son 4) c - niece 5) a - bride 6) b - mother 7) d - parent 8) c - dad 9) c - relative 10) a - brother 11) c - stepbrother 12) c - nephew 13) a - wife 14) a - daughter 15) b - relatives 16) d - grandfather 17) a - stepson 18) b - stepfather 19) d - mum 20) a - stepdaughter 21) d - father 22) c - sister 23) d - grandchild 24) d - parents

#79 - 1) c - wife 2) b - brother 3) a - stepdaughter 4) c - father 5) c - grandchild 6) a - husband 7) a - stepfather 8) d - nephew 9) a - mum 10) b - cousin 11) a - niece 12) d - stepson 13) c - stepmother 14) a - grandfather 15) b - daughter 16) d - aunt 17) d - family 18) a - dad 19) c - son 20) a - relatives 21) b - uncle 22) d - mother 23) d - stepsister 24) d - parent

#80 - 1) c - bride 2) c - stepson 3) a - wife 4) c - uncle 5) d - sister 6) b - stepsister 7) d - mother 8) b - cousin 9) b - dad 10) a - stepmother 11) b - stepdaughter 12) a - stepbrother 13) d - niece 14) c - mum 15) c - grandchild 16) a - stepfather 17) d - grandmother 18) c - parents 19) a - parent 20) a - aunt 21) d - relatives 22) c - brother 23) c - relative 24) d - father

Solutions

#81 - 1) c - grandfather 2) d - son 3) d - parent 4) d - family 5) b - daughter 6) d - stepdaughter 7) d - stepmother 8) c - husband 9) d - stepbrother 10) b - brother 11) b - stepsister 12) d - dad 13) a - cousin 14) b - aunt 15) d - niece 16) b - grandchild 17) d - bride 18) a - uncle 19) a - relative 20) a - stepson 21) b - parents 22) c - sister 23) b - relatives 24) a - grandmother

#82 - 1) b - sister 2) b - family 3) a - father 4) c - grandchild 5) c - daughter 6) d - grandmother 7) b - bride 8) a - stepbrother 9) d - stepfather 10) d - husband 11) d - relatives 12) c - wife 13) c - uncle 14) d - niece 15) c - brother 16) a - grandfather 17) d - stepdaughter 18) d - stepsister 19) c - stepson 20) c - cousin 21) d - stepmother 22) c - parent 23) c - aunt 24) d - relative

#83 - 1) c - brother 2) d - grandchild 3) d - stepsister 4) a - father 5) b - husband 6) a - niece 7) b - stepdaughter 8) c - uncle 9) b - grandfather 10) b - stepfather 11) c - family 12) b - relatives 13) b - grandmother 14) b - stepmother 15) c - nephew 16) d - aunt 17) c - relative 18) c - cousin 19) a - mother 20) d - sister 21) d - daughter 22) d - parent 23) c - bride 24) d - mum

#84 - 1) d - stemor 2) c - barnebarn 3) a - stefar 4) c - familie 5) a - pappa 6) d - tante 7) d - brud 8) c - mann 9) c - bestemor 10) a - datter 11) a - fetter 12) a - stesønn 13) a - onkel 14) c - stesøster 15) a - slektning 16) a - bror 17) a - mor 18) c - slektninger 19) b - foreldre 20) d - stebror 21) a - stedatter 22) a - forelder 23) a - bestefar 24) a - søster

#85 - 1) c - datter 2) d - sønn 3) d - brud 4) b - pappa 5) c - stedatter 6) b - stesønn 7) d - søster 8) a - slektning 9) d - bestemor 10) c - far 11) c - forelder 12) a - stebror 13) b - onkel 14) c - kone 15) d - bestefar 16) d - mor 17) c - barnebarn 18) a - stesøster 19) d - familie 20) d - fetter 21) a - mann 22) b - mamma 23) c - slektninger 24) d - bror

#86 - 1) c - onkel 2) d - far 3) b - mann 4) a - slektninger 5) a - søster 6) d - stesønn 7) c - datter 8) b - stemor 9) a - stedatter 10) c - foreldre 11) d - niese 12) c - bestefar 13) d - bror 14) b - pappa 15) c - slektning 16) b - bestemor 17) b - brud 18) c - sønn 19) a - tante 20) d - kone 21) d - nevø 22) a - fetter 23) a - forelder 24) a - mor

#87 - 1) c - bestemor 2) b - stefar 3) c - tante 4) d - far 5) c - onkel 6) b - mamma 7) c - bestefar 8) d - barnebarn 9) c - foreldre 10) a - forelder 11) a - nevø 12) d - mann 13) d - slektning 14) a - brud 15) c - mor 16) a - bror 17) a - søster 18) b - niese 19) d - familie 20) a - stemor 21) a - sønn 22) a - fetter 23) d - datter 24) a - stesønn

#88 - 1) b - slektning 2) d - fetter 3) b - stefar 4) b - mann 5) b - slektninger 6) a - far 7) c - søster 8) d - stesønn 9) d - stebror 10) a - sønn 11) d - familie 12) d - onkel 13) d - stesøster 14) c - pappa 15) d - bror 16) b - niese 17) b - kone 18) d - bestefar 19) c - stedatter 20) b - mamma 21) d - mor 22) b - stemor 23) b - tante 24) b - bestemor

Solutions

#89 - 1) b - mann 2) a - brud 3) b - stesøster 4) d - mor 5) d - stemor 6) c - bestefar 7) d - tante 8) d - sønn 9) d - datter 10) a - mamma 11) a - foreldre 12) d - kone 13) b - familie 14) b - stesønn 15) a - pappa 16) d - nevø 17) a - slektning 18) d - stedatter 19) c - forelder 20) a - bestemor 21) a - bror 22) a - slektninger 23) c - far 24) c - søster

#90 - 1) b - stebror 2) c - bestefar 3) b - onkel 4) a - datter 5) d - brud 6) c - bestemor 7) c - sønn 8) d - slektninger 9) a - niese 10) a - tante 11) c - bror 12) a - barnebarn 13) a - mor 14) b - stedatter 15) d - mann 16) c - stesønn 17) c - far 18) d - stefar 19) c - familie 20) d - slektning 21) d - søster 22) a - mamma 23) d - fetter 24) a - foreldre

#91 - 1) c - ice-cream 2) c - sugar 3) d - vinegar 4) a - milk 5) d - egg 6) b - cheese 7) d - yoghurt 8) a - cake 9) a - biscuit 10) a - food 11) c - chocolate bar 12) d - salt 13) a - mustard 14) a - bread 15) c - pastry 16) a - salad 17) c - vegetable soup 18) c - olive oil 19) a - butter 20) a - roll 21) d - mustard 22) d - biscuit 23) d - butter 24) c - chocolate bar

#92 - 1) a - pastry 2) c - vegetable soup 3) b - bread 4) b - ice-cream 5) b - biscuit 6) d - yoghurt 7) c - roll 8) c - food 9) c - chocolate bar 10) d - milk 11) b - salt 12) a - cheese 13) a - salad 14) c - vinegar 15) a - butter 16) d - sugar 17) c - egg 18) a - olive oil 19) b - mustard 20) b - cake 21) c - vinegar 22) b - sugar 23) a - food 24) d - mustard

#93 - 1) a - olive oil 2) d - salt 3) a - bread 4) c - mustard 5) d - vegetable soup 6) b - butter 7) c - biscuit 8) a - chocolate bar 9) a - pastry 10) d - milk 11) b - roll 12) c - yoghurt 13) b - egg 14) b - salad 15) b - cheese 16) b - cake 17) a - vinegar 18) b - ice-cream 19) b - sugar 20) c - food 21) b - vinegar 22) d - mustard 23) d - bread 24) c - food

#94 - 1) c - bread 2) c - cheese 3) c - pastry 4) d - ice-cream 5) a - cake 6) b - vinegar 7) c - vegetable soup 8) c - food 9) c - chocolate bar 10) d - olive oil 11) b - biscuit 12) b - yoghurt 13) b - roll 14) c - butter 15) c - sugar 16) b - milk 17) d - mustard 18) c - egg 19) c - salad 20) a - salt 21) b - chocolate bar 22) d - vinegar 23) b - bread 24) c - pastry

#95 - 1) a - chocolate bar 2) c - cake 3) c - roll 4) d - mustard 5) d - olive oil 6) c - milk 7) a - yoghurt 8) d - butter 9) a - food 10) c - bread 11) a - vinegar 12) b - biscuit 13) b - ice-cream 14) d - cheese 15) d - salad 16) c - sugar 17) a - vegetable soup 18) b - pastry 19) b - egg 20) a - salt 21) b - vegetable soup 22) c - milk 23) c - yoghurt 24) d - cake

#96 - 1) b - yoghurt 2) a - vinegar 3) c - sugar 4) d - chocolate bar 5) b - cake 6) b - cheese 7) d - egg 8) d - mustard 9) d - biscuit 10) a - salt 11) b - food 12) a - salad 13) c - bread 14) c - olive oil 15) d - ice-cream 16) b - butter 17) c - vegetable soup 18) b - milk 19) c - roll 20) d - pastry 21) b - vegetable soup 22) c - butter 23) a - sugar 24) d - olive oil

Solutions

#97 - 1) c - pastry 2) c - yoghurt 3) c - butter 4) c - sugar 5) d - egg 6) b - cheese 7) d - bread 8) c - ice-cream 9) d - salad 10) b - food 11) d - biscuit 12) c - mustard 13) a - vinegar 14) a - chocolate bar 15) c - salt 16) c - milk 17) d - cake 18) d - roll 19) d - vegetable soup 20) a - olive oil 21) b - sugar 22) a - salt 23) a - bread 24) d - salad

#98 - 1) c - pastry 2) c - ice-cream 3) d - vegetable soup 4) a - butter 5) d - food 6) b - cheese 7) c - olive oil 8) d - bread 9) d - mustard 10) a - egg 11) c - sugar 12) a - salt 13) a - roll 14) a - yoghurt 15) d - vinegar 16) c - chocolate bar 17) c - milk 18) c - salad 19) c - biscuit 20) b - cake 21) d - cake 22) c - chocolate bar 23) b - egg 24) b - sugar

#99 - 1) a - sennep 2) d - egg 3) d - sukker 4) a - kake 5) b - grønnsakssuppe 6) a - eddik 7) b - yoghurt 8) c - mat 9) a - olivenolje 10) a - salat 11) a - rundstykke 12) d - brød 13) c - bakverk 14) b - sjokoladeplate 15) b - melk 16) a - smør 17) d - salt 18) c - iskrem 19) a - kjeks 20) b - ost 21) d - bakverk 22) a - olivenolje 23) b - grønnsakssuppe 24) d - sukker

#100 - 1) b - brød 2) c - melk 3) d - mat 4) b - iskrem 5) c - sjokoladeplate 6) a - egg 7) a - kake 8) d - grønnsakssuppe 9) a - eddik 10) c - kjeks 11) b - salat 12) d - rundstykke 13) b - smør 14) b - yoghurt 15) a - sukker 16) a - salt 17) c - bakverk 18) b - ost 19) a - olivenolje 20) b - sennep 21) c - yoghurt 22) b - ost 23) c - sennep 24) b - brød

#101 - 1) a - melk 2) b - brød 3) b - yoghurt 4) c - olivenolje 5) a - egg 6) d - salat 7) b - iskrem 8) c - bakverk 9) b - mat 10) a - sjokoladeplate 11) c - salt 12) c - sennep 13) b - rundstykke 14) b - ost 15) b - kake 16) d - kjeks 17) a - sukker 18) d - grønnsakssuppe 19) b - smør 20) c - eddik 21) d - smør 22) d - ost 23) a - salat 24) c - grønnsakssuppe

#102 - 1) a - smør 2) b - kake 3) a - egg 4) d - salat 5) c - brød 6) a - ost 7) c - mat 8) d - salt 9) a - iskrem 10) d - bakverk 11) c - rundstykke 12) d - sennep 13) c - kjeks 14) a - melk 15) c - grønnsakssuppe 16) b - sukker 17) d - yoghurt 18) a - sjokoladeplate 19) a - eddik 20) a - olivenolje 21) b - eddik 22) b - brød 23) a - rundstykke 24) d - salat

#103 - 1) b - iskrem 2) c - ost 3) a - eddik 4) a - sennep 5) d - olivenolje 6) b - salat 7) c - kake 8) c - mat 9) d - yoghurt 10) a - egg 11) a - salt 12) d - melk 13) d - sjokoladeplate 14) b - grønnsakssuppe 15) a - kjeks 16) a - sukker 17) d - rundstykke 18) c - bakverk 19) a - brød 20) d - smør 21) b - sukker 22) c - sennep 23) c - rundstykke 24) c - iskrem

#104 - 1) d - eddik 2) c - rundstykke 3) b - grønnsakssuppe 4) a - sukker 5) c - mat 6) c - kake 7) a - salat 8) a - salt 9) b - sjokoladeplate 10) d - olivenolje 11) a - smør 12) a - yoghurt 13) d - kjeks 14) d - ost 15) c - brød 16) b - bakverk 17) a - iskrem 18) a - sennep 19) d - melk 20) d - egg 21) d - salat 22) c - yoghurt 23) b - kake 24) c - sennep

Solutions

#105 - 1) d - melk 2) d - salt 3) d - sukker 4) b - yoghurt 5) a - sennep 6) a - kake 7) d - ost 8) c - smør 9) c - grønnsakssuppe 10) c - salat 11) d - rundstykke 12) b - iskrem 13) a - egg 14) d - kjeks 15) c - sjokoladeplate 16) d - bakverk 17) a - mat 18) c - eddik 19) a - olivenolje 20) c - brød 21) d - salt 22) c - mat 23) d - iskrem 24) b - rundstykke

#106 - 1) b - lime 2) a - blackberry 3) d - cherry 4) a - fig 5) c - raisin 6) b - apple 7) a - date 8) d - pear 9) d - lemon 10) d - fruit 11) c - tangerine 12) b - prune 13) d - watermelon 14) b - blueberry 15) c - apricot 16) d - raspberry 17) a - grapefruit 18) a - banana 19) a - rhubarb 20) a - melon 21) a - grape 22) b - peanut 23) a - almond 24) d - strawberry

#107 - 1) b - fruit 2) d - plum 3) d - watermelon 4) a - tangerine 5) c - walnut 6) c - banana 7) a - peach 8) d - cherry 9) c - rhubarb 10) a - strawberry 11) a - apple 12) a - apricot 13) b - prune 14) a - peanut 15) a - blackberry 16) b - grape 17) a - pineapple 18) a - lemon 19) b - melon 20) c - raspberry 21) a - pear 22) d - raisin 23) b - coconut 24) b - blueberry

#108 - 1) a - pear 2) b - prune 3) c - chestnut 4) d - fig 5) a - orange 6) d - lime 7) d - lemon 8) a - watermelon 9) a - plum 10) c - almond 11) b - peach 12) c - cherry 13) d - blueberry 14) d - apricot 15) d - hazelnut 16) c - rhubarb 17) d - apple 18) b - walnut 19) a - coconut 20) a - fruit 21) c - melon 22) d - date 23) c - pineapple 24) b - raspberry

#109 - 1) c - melon 2) c - blueberry 3) a - hazelnut 4) d - banana 5) c - raspberry 6) d - apple 7) c - strawberry 8) a - plum 9) d - prune 10) d - lemon 11) b - watermelon 12) b - fruit 13) b - peach 14) d - pineapple 15) d - coconut 16) b - date 17) d - orange 18) d - walnut 19) a - grape 20) d - cherry 21) c - chestnut 22) a - blackberry 23) c - peanut 24) d - apricot

#110 - 1) d - raisin 2) d - almond 3) c - date 4) c - watermelon 5) d - apple 6) d - fruit 7) b - pineapple 8) a - blueberry 9) c - orange 10) b - rhubarb 11) a - apricot 12) b - melon 13) d - cherry 14) a - walnut 15) d - raspberry 16) a - prune 17) a - lemon 18) d - grape 19) a - peach 20) a - strawberry 21) b - blackberry 22) c - peanut 23) a - chestnut 24) b - hazelnut

#111 - 1) c - watermelon 2) b - lime 3) c - plum 4) b - tangerine 5) b - date 6) b - melon 7) d - walnut 8) a - almond 9) b - lemon 10) c - chestnut 11) d - pear 12) a - blackberry 13) c - apple 14) a - orange 15) d - raspberry 16) d - rhubarb 17) a - peach 18) a - fig 19) b - grapefruit 20) c - cherry 21) c - pineapple 22) d - fruit 23) b - grape 24) d - coconut

#112 - 1) b - melon 2) d - orange 3) a - date 4) c - fruit 5) c - blueberry 6) b - grape 7) c - walnut 8) b - strawberry 9) a - lime 10) a - coconut 11) a - hazelnut 12) c - plum 13) a - almond 14) c - prune 15) b - cherry 16) b - apricot 17) a - fig 18) d - peach 19) a - tangerine 20) b - pear 21) d - raspberry 22) b - rhubarb 23) d - banana 24) c - peanut

Solutions

#113 - 1) a - plum 2) d - pear 3) b - cherry 4) d - date 5) d - fig 6) b - walnut 7) d - coconut 8) b - grapefruit 9) a - raspberry 10) a - lime 11) c - raisin 12) d - peanut 13) c - chestnut 14) a - strawberry 15) a - almond 16) d - pineapple 17) a - watermelon 18) b - rhubarb 19) a - lemon 20) d - prune 21) b - tangerine 22) d - melon 23) a - apple 24) c - apricot

#114 - 1) b - rosiner 2) c - rabarbra 3) a - frukt 4) d - jordbær 5) a - fiken 6) a - drue 7) c - mandarin 8) a - fersken 9) c - lime 10) c - kirsebær 11) c - mandel 12) a - ananas 13) c - vannmelon 14) c - valnøtt 15) a - bringebær 16) d - sviske 17) a - eple 18) c - bjørnebær 19) b - aprikos 20) b - grapefrukt 21) a - banan 22) a - blåbær 23) c - peanøtt 24) b - daddel

#115 - 1) b - bjørnebær 2) c - valnøtt 3) d - lime 4) b - mandarin 5) b - banan 6) a - mandel 7) b - kirsebær 8) c - peanøtt 9) c - kastanje 10) d - fersken 11) a - melon 12) d - plomme 13) c - hasselnøtt 14) a - grapefrukt 15) d - appelsin 16) b - jordbær 17) b - sviske 18) d - ananas 19) b - eple 20) d - frukt 21) a - rosiner 22) c - rabarbra 23) d - daddel 24) b - bringebær

#116 - 1) d - eple 2) b - vannmelon 3) b - ananas 4) b - melon 5) d - aprikos 6) b - valnøtt 7) b - hasselnøtt 8) c - rosiner 9) b - banan 10) c - grapefrukt 11) d - daddel 12) c - rabarbra 13) c - kokosnøtt 14) a - kirsebær 15) a - peanøtt 16) d - bjørnebær 17) d - mandel 18) c - jordbær 19) c - lime 20) d - mandarin 21) d - frukt 22) d - blåbær 23) d - plomme 24) d - pære

#117 - 1) c - bringebær 2) a - valnøtt 3) d - rabarbra 4) b - appelsin 5) d - aprikos 6) c - frukt 7) d - fersken 8) b - peanøtt 9) a - hasselnøtt 10) d - vannmelon 11) b - ananas 12) d - banan 13) b - plomme 14) c - eple 15) d - grapefrukt 16) d - kokosnøtt 17) a - fiken 18) b - sitron 19) d - mandarin 20) d - lime 21) b - mandel 22) a - drue 23) c - bjørnebær 24) c - sviske

#118 - 1) b - rosiner 2) a - sviske 3) a - blåbær 4) d - mandarin 5) a - lime 6) d - plomme 7) d - daddel 8) a - sitron 9) d - grapefrukt 10) d - kokosnøtt 11) d - banan 12) a - ananas 13) b - bjørnebær 14) c - jordbær 15) b - drue 16) b - kirsebær 17) c - eple 18) a - kastanje 19) a - valnøtt 20) c - fersken 21) c - hasselnøtt 22) c - aprikos 23) c - bringebær 24) a - frukt

#119 - 1) b - daddel 2) a - aprikos 3) d - banan 4) a - hasselnøtt 5) a - sviske 6) a - grapefrukt 7) c - bringebær 8) d - peanøtt 9) d - kastanje 10) d - kokosnøtt 11) b - lime 12) b - drue 13) a - pære 14) d - bjørnebær 15) d - frukt 16) c - ananas 17) a - fersken 18) a - mandarin 19) a - blåbær 20) d - rosiner 21) d - kirsebær 22) b - fiken 23) c - plomme 24) d - valnøtt

#120 - 1) a - aprikos 2) d - hasselnøtt 3) d - kokosnøtt 4) c - pære 5) d - grapefrukt 6) a - rabarbra 7) c - kastanje 8) b - fersken 9) d - jordbær 10) c - banan 11) a - bjørnebær 12) d - vannmelon 13) c - rosiner 14) a - mandel 15) a - appelsin 16) c - fiken 17) c - frukt 18) b - plomme 19) a - melon 20) a - sitron 21) b - daddel 22) c - peanøtt 23) b - lime 24) d - mandarin

Solutions

#121 - 1) c - entrance 2) c - recreation 3) c - ground floor 4) a - living room 5) d - ice 6) c - swimming pool 7) c - view 8) d - garage 9) a - balcony 10) c - lobby 11) a - receptionist 12) a - internet 13) d - breakfast 14) b - message 15) b - taxi 16) a - dining room 17) d - doorman 18) b - complaint 19) b - air conditioning 20) b - suite 21) c - maid 22) b - booking 23) d - room 24) c - lift

#122 - 1) b - hotel 2) b - receipt 3) c - message 4) a - room 5) c - balcony 6) a - air conditioning 7) c - to pay 8) b - taxi 9) a - manager 10) d - internet 11) b - garage 12) d - bill 13) c - suite 14) d - entrance 15) a - recreation 16) d - booking 17) d - living room 18) d - doorman 19) b - price 20) d - lift 21) c - breakfast 22) d - bellboy 23) a - maid 24) d - ice

#123 - 1) d - maid 2) b - suite 3) c - internet 4) d - garage 5) a - bellboy 6) d - hotel 7) c - message 8) c - dining room 9) a - price 10) a - check-out 11) a - entrance 12) c - taxi 13) d - breakfast 14) a - lobby 15) a - bill 16) b - balcony 17) a - view 18) d - doorman 19) b - manager 20) d - receipt 21) a - lift 22) b - swimming pool 23) c - reception desk 24) c - room

#124 - 1) b - living room 2) b - garage 3) c - internet 4) d - ground floor 5) c - dining room 6) a - reception desk 7) d - check-out 8) a - manager 9) a - booking 10) c - taxi 11) b - maid 12) a - receipt 13) d - complaint 14) d - lobby 15) d - receptionist 16) a - breakfast 17) b - doorman 18) d - price 19) d - view 20) b - message 21) d - hotel 22) c - to pay 23) a - bellboy 24) d - bill

#125 - 1) a - bellboy 2) d - reception desk 3) b - garage 4) b - swimming pool 5) a - booking 6) b - entrance 7) d - message 8) d - internet 9) c - maid 10) c - room 11) d - lift 12) b - check-out 13) c - taxi 14) a - receptionist 15) b - living room 16) a - complaint 17) a - ice 18) b - recreation 19) b - air conditioning 20) d - dining room 21) d - hotel 22) d - price 23) d - balcony 24) d - lobby

#126 - 1) a - reception desk 2) a - living room 3) d - garage 4) a - ground floor 5) a - maid 6) b - price 7) b - booking 8) d - breakfast 9) b - ice 10) b - air conditioning 11) d - room 12) a - internet 13) c - bill 14) d - view 15) a - to pay 16) c - balcony 17) a - recreation 18) c - manager 19) b - taxi 20) a - bellboy 21) b - suite 22) b - entrance 23) c - hotel 24) d - swimming pool

#127 - 1) d - room 2) b - taxi 3) b - living room 4) a - breakfast 5) b - air conditioning 6) a - bill 7) b - ground floor 8) b - dining room 9) c - receipt 10) b - complaint 11) d - recreation 12) c - to pay 13) b - price 14) a - manager 15) a - garage 16) a - internet 17) c - swimming pool 18) d - reception desk 19) c - entrance 20) c - suite 21) b - lobby 22) a - receptionist 23) d - doorman 24) b - check-out

#128 - 1) d - balcony 2) d - bill 3) b - ground floor 4) a - doorman 5) c - entrance 6) c - lobby 7) a - maid 8) a - garage 9) a - lift 10) a - ice 11) c - bellboy 12) c - dining room 13) d - to pay 14) d - swimming pool 15) b - price 16) d - message 17) b - view 18) b - manager 19) b - check-out 20) a - breakfast 21) a - complaint 22) d - reception desk 23) b - receptionist 24) c - recreation

Solutions

#129 - 1) b - pris 2) b - hotell 3) b - rom 4) d - kvittering 5) c - bestilling 6) b - heis 7) a - internett 8) c - dørvakt 9) c - utsjekking 10) a - is 11) a - spisestue 12) a - stuepike 13) c - regning 14) b - frokost 15) b - direktør 16) d - utsikt 17) d - drosje 18) a - svømmebasseng 19) d - balkong 20) a - første etasje 21) c - lobby 22) a - resepsjonist 23) b - gang 24) d - stue

#130 - 1) b - direktør 2) d - luftkondisjonering 3) d - utsjekking 4) c - resepsjonen 5) b - kvittering 6) b - stue 7) c - gang 8) d - regning 9) d - rekreasjon 10) c - lobby 11) c - utsikt 12) a - klage 13) d - is 14) b - stuepike 15) a - suite 16) b - svømmebasseng 17) a - bestilling 18) a - frokost 19) a - drosje 20) a - beskjed 21) c - balkong 22) c - heis 23) c - å betale 24) b - rom

#131 - 1) d - bestilling 2) c - rom 3) b - klage 4) d - direktør 5) a - rekreasjon 6) b - spisestue 7) c - å betale 8) c - stuepike 9) b - heis 10) b - garasje 11) a - is 12) d - pris 13) d - gang 14) c - resepsjonen 15) a - drosje 16) a - svømmebasseng 17) d - pikkoloen 18) d - regning 19) a - internett 20) d - beskjed 21) a - resepsjonist 22) d - luftkondisjonering 23) c - suite 24) c - hotell

#132 - 1) b - spisestue 2) b - dørvakt 3) c - rekreasjon 4) c - suite 5) a - internett 6) b - resepsjonen 7) c - å betale 8) c - utsjekking 9) d - svømmebasseng 10) a - luftkondisjonering 11) c - balkong 12) c - drosje 13) c - regning 14) a - stue 15) b - direktør 16) c - utsikt 17) d - klage 18) d - rom 19) b - stuepike 20) d - heis 21) c - bestilling 22) c - lobby 23) a - resepsjonist 24) a - pikkoloen

#133 - 1) a - suite 2) b - klage 3) d - internett 4) d - stuepike 5) c - drosje 6) c - rom 7) b - gang 8) d - regning 9) c - bestilling 10) a - resepsjonen 11) b - pris 12) a - stue 13) a - direktør 14) b - pikkoloen 15) a - svømmebasseng 16) a - utsjekking 17) a - første etasje 18) b - spisestue 19) c - hotell 20) d - is 21) b - utsikt 22) d - balkong 23) d - rekreasjon 24) a - luftkondisjonering

#134 - 1) b - første etasje 2) c - stue 3) d - dørvakt 4) c - klage 5) d - garasje 6) d - resepsjonen 7) a - utsjekking 8) a - pikkoloen 9) a - is 10) d - beskjed 11) c - bestilling 12) b - spisestue 13) d - lobby 14) d - å betale 15) d - rekreasjon 16) d - balkong 17) a - frokost 18) d - utsikt 19) b - suite 20) c - gang 21) c - heis 22) c - luftkondisjonering 23) d - svømmebasseng 24) c - drosje

#135 - 1) b - bestilling 2) c - hotell 3) b - pikkoloen 4) d - første etasje 5) b - luftkondisjonering 6) c - kvittering 7) a - direktør 8) a - rekreasjon 9) a - heis 10) c - drosje 11) a - stue 12) d - lobby 13) a - gang 14) c - dørvakt 15) c - internett 16) a - regning 17) d - rom 18) d - å betale 19) a - utsikt 20) c - suite 21) b - is 22) a - resepsjonist 23) a - spisestue 24) c - garasje

#136 - 1) d - ear 2) d - tonsils 3) a - thigh 4) d - heart 5) a - moustache 6) d - liver 7) a - beard 8) d - backbone 9) d - body 10) b - hair 11) a - ankle 12) a - brain 13) c - appendix 14) b - elbow 15) d - knee 16) a - lip 17) c - teeth 18) b - cheek 19) a - rib 20) c - belly 21) a - eyelid 22) c - vein 23) c - parts of the body 24) a - calf

Solutions

#137 - 1) a - nerve 2) d - head 3) d - eye 4) b - elbow 5) c - freckles 6) a - eyelid 7) b - toe 8) a - moustache 9) c - tongue 10) b - lip 11) b - parts of the body 12) a - shoulder 13) b - tendon 14) d - vein 15) a - blood 16) a - mouth 17) a - eyelash 18) c - thumb 19) a - lung 20) c - ear 21) d - rib 22) c - heart 23) a - neck 24) c - chin

#138 - 1) b - thorax 2) d - fingernail 3) d - brain 4) b - body 5) a - jaw 6) c - teeth 7) c - artery 8) a - joint 9) b - waist 10) d - knee 11) b - muscle 12) d - hand 13) b - shoulder 14) d - vein 15) d - nerve 16) d - tongue 17) d - back 18) b - forehead 19) d - bladder 20) c - belly 21) c - kidney 22) b - nose 23) c - freckles 24) d - chin

#139 - 1) a - kidney 2) a - nerve 3) a - finger 4) c - cheek 5) b - beard 6) b - freckles 7) b - parts of the body 8) a - vein 9) d - throat 10) c - shoulder 11) a - waist 12) d - foot 13) c - elbow 14) b - thorax 15) b - body 16) a - lip 17) c - moustache 18) a - tendon 19) d - ankle 20) b - knuckle 21) c - back 22) b - neck 23) c - brain 24) b - knee

#140 - 1) c - iris 2) d - artery 3) a - muscle 4) a - tongue 5) c - hip 6) d - chin 7) a - moustache 8) c - nerve 9) a - tooth 10) d - heart 11) c - tonsils 12) b - ear 13) a - joint 14) d - bone 15) a - throat 16) b - beard 17) b - toe 18) b - elbow 19) c - feet 20) a - mouth 21) b - thumb 22) c - appendix 23) d - knee 24) b - fingernail

#141 - 1) d - foot 2) a - gland 3) a - beard 4) d - belly 5) d - finger 6) c - elbow 7) a - skin 8) a - heart 9) d - throat 10) b - forehead 11) b - joint 12) d - body 13) a - eye 14) d - thigh 15) b - eyebrow 16) d - face 17) c - shoulder 18) b - knee 19) c - mouth 20) d - wrist 21) a - chin 22) b - knuckle 23) b - tendon 24) c - liver

#142 - 1) b - heart 2) b - liver 3) a - iris 4) d - face 5) a - finger 6) d - tendon 7) d - arm 8) b - bladder 9) a - elbow 10) c - eyebrow 11) a - hip 12) d - thigh 13) b - ear 14) c - beard 15) c - jaw 16) d - kidney 17) d - waist 18) b - body 19) a - chin 20) d - parts of the body 21) c - calf 22) c - artery 23) c - gland 24) c - mouth

#143 - 1) d - blood 2) a - moustache 3) a - skin 4) b - face 5) b - fist 6) b - joint 7) b - back 8) d - liver 9) c - beard 10) d - belly 11) a - tendon 12) a - tonsils 13) a - hair 14) d - forehead 15) b - toe 16) b - fingernail 17) a - heart 18) a - hip 19) b - ear 20) a - tooth 21) b - bladder 22) d - knuckle 23) c - neck 24) a - lung

#144 - 1) d - tå 2) c - ryggrad 3) c - kinn 4) c - ledd 5) a - iris 6) a - vene 7) b - blod 8) d - muskel 9) c - ansikt 10) d - ankel 11) c - ben 12) d - kroppsdeler 13) c - nyre 14) b - fregner 15) d - hals 16) a - tann 17) b - sene 18) c - pulsåre 19) d - bart 20) b - hud 21) b - kne 22) c - hake 23) b - håndledd 24) d - tenner

Solutions

#145 - 1) c - tommel 2) a - hånd 3) c - ryggrad 4) d - blod 5) b - lunge 6) c - legg 7) d - iris 8) a - ankel 9) a - leppe 10) d - nyre 11) b - øyevipp 12) b - kne 13) a - hals 14) b - brystkasse 15) d - ledd 16) b - blære 17) a - rygg 18) a - hjerte 19) b - midje 20) a - knyttneve 21) b - håndledd 22) d - nakke 23) d - hud 24) d - muskel

#146 - 1) c - skulder 2) b - kjeve 3) b - tunge 4) a - bart 5) b - sene 6) a - håndledd 7) b - ben 8) a - øyelokk 9) c - hår 10) d - munn 11) a - tann 12) a - arm 13) d - hånd 14) d - tå 15) c - pulsåre 16) c - nyre 17) a - lunge 18) c - nakke 19) a - kinn 20) b - hals 21) b - panne 22) d - albue 23) a - mandler 24) c - kroppen

#147 - 1) a - ribbein 2) b - hode 3) b - brystkasse 4) d - hjerne 5) a - tå 6) a - hals 7) d - blindtarm 8) d - kroppen 9) b - øye 10) a - ansikt 11) c - hjerte 12) a - blære 13) c - munn 14) a - tunge 15) a - nakke 16) b - blod 17) d - ben 18) a - tommel 19) a - fregner 20) a - øre 21) b - nese 22) d - hofte 23) c - kjeve 24) b - negl

#148 - 1) b - nakke 2) a - øye 3) d - hofte 4) a - blindtarm 5) b - tommel 6) a - ribbein 7) c - muskel 8) a - kjertel 9) b - hjerte 10) a - midje 11) b - hake 12) d - ben 13) a - bart 14) b - skulder 15) a - kinn 16) b - hode 17) d - knyttneve 18) a - tann 19) c - nese 20) c - ansikt 21) b - mage 22) d - ankel 23) a - finger 24) b - iris

#149 - 1) c - tommel 2) c - ansikt 3) d - kne 4) d - nyre 5) d - tann 6) b - iris 7) a - kroppen 8) c - sene 9) a - øre 10) d - ribbein 11) a - øyenbryn 12) a - føtter 13) d - øye 14) c - kroppsdeler 15) b - fregner 16) a - midje 17) c - hode 18) d - skulder 19) d - ledd 20) a - vene 21) c - kinn 22) d - hår 23) c - mage 24) b - tå

#150 - 1) a - nyre 2) d - tunge 3) c - fregner 4) c - føtter 5) a - håndledd 6) b - nerve 7) c - kne 8) b - kjertel 9) a - hår 10) a - ryggrad 11) a - finger 12) c - fot 13) b - mage 14) b - hofte 15) c - arm 16) d - brystkasse 17) b - hjerte 18) b - pulsåre 19) c - ansikt 20) c - knyttneve 21) b - legg 22) d - albue 23) d - lever 24) c - lunge

#151 - 1) b - to eat 2) d - tablecloth 3) c - main course 4) b - menu 5) c - dinner 6) d - to order 7) b - thirsty 8) a - cheap 9) d - hungry 10) c - salad bowl 11) b - dessert 12) c - waiter 13) d - setting 14) d - to reserve 15) b - to drink 16) c - lunch 17) a - beverage 18) c - salad fork 19) c - wine list 20) d - meal 21) c - waitress 22) c - restaurant 23) d - setting 24) d - waitress

#152 - 1) b - dessert 2) b - waitress 3) c - salad bowl 4) c - menu 5) a - to reserve 6) a - cheap 7) a - thirsty 8) a - wine list 9) a - tablecloth 10) a - hungry 11) d - setting 12) a - dinner 13) d - restaurant 14) a - waiter 15) d - beverage 16) b - to eat 17) a - to order 18) b - main course 19) a - to drink 20) d - meal 21) d - salad fork 22) a - lunch 23) c - waiter 24) c - tablecloth

Solutions

#153 - 1) c - hungry 2) c - dinner 3) a - meal 4) b - main course 5) d - tablecloth 6) d - to eat 7) d - salad fork 8) d - wine list 9) d - to order 10) b - waitress 11) b - setting 12) b - menu 13) b - beverage 14) b - dessert 15) d - to drink 16) c - lunch 17) d - cheap 18) a - restaurant 19) a - to reserve 20) b - thirsty 21) d - salad bowl 22) c - waiter 23) c - thirsty 24) c - salad bowl

#154 - 1) b - dinner 2) d - to order 3) a - setting 4) a - meal 5) d - cheap 6) b - waiter 7) d - waitress 8) a - salad bowl 9) a - restaurant 10) b - dessert 11) d - to drink 12) b - lunch 13) d - salad fork 14) c - tablecloth 15) b - thirsty 16) b - main course 17) a - wine list 18) c - menu 19) a - beverage 20) c - to eat 21) a - hungry 22) a - to reserve 23) c - beverage 24) d - salad fork

#155 - 1) c - to eat 2) b - hungry 3) c - wine list 4) d - waiter 5) b - tablecloth 6) d - to reserve 7) c - main course 8) d - dessert 9) d - salad fork 10) a - to drink 11) b - to order 12) c - waitress 13) a - restaurant 14) b - menu 15) a - beverage 16) b - thirsty 17) c - lunch 18) c - cheap 19) c - salad bowl 20) c - dinner 21) b - setting 22) a - meal 23) d - to drink 24) d - restaurant

#156 - 1) b - thirsty 2) c - to order 3) b - lunch 4) c - to reserve 5) b - wine list 6) c - meal 7) b - salad fork 8) a - hungry 9) b - setting 10) c - restaurant 11) a - dessert 12) c - menu 13) b - waitress 14) a - cheap 15) a - main course 16) c - tablecloth 17) c - to eat 18) a - dinner 19) d - waiter 20) d - beverage 21) b - salad bowl 22) b - to drink 23) a - to reserve 24) d - dessert

#157 - 1) a - waiter 2) a - thirsty 3) b - to reserve 4) d - salad fork 5) b - tablecloth 6) d - salad bowl 7) a - to eat 8) b - to drink 9) c - waitress 10) b - menu 11) d - restaurant 12) c - beverage 13) a - dessert 14) b - wine list 15) d - setting 16) c - cheap 17) b - main course 18) c - meal 19) b - dinner 20) b - hungry 21) c - lunch 22) d - to order 23) a - main course 24) b - dinner

#158 - 1) b - beverage 2) b - to drink 3) b - dessert 4) d - dinner 5) a - lunch 6) c - menu 7) b - to eat 8) d - to order 9) b - setting 10) d - main course 11) c - waiter 12) d - cheap 13) d - salad fork 14) a - restaurant 15) d - hungry 16) a - to reserve 17) d - meal 18) a - salad bowl 19) d - tablecloth 20) a - waitress 21) c - thirsty 22) a - wine list 23) d - lunch 24) b - hungry

#159 - 1) d - reservere 2) b - servitøren 3) d - drikkevare 4) a - salatbolle 5) c - billig 6) d - ete 7) c - middag 8) b - drikke 9) c - bordsetting 10) a - måltid 11) a - lunsj 12) b - servitør 13) d - hovedrett 14) d - duk 15) d - meny 16) d - vinkart 17) d - tørst 18) d - salat gaffel 19) a - sulten 20) d - dessert 21) a - bestille 22) b - restaurant 23) b - billig 24) d - servitøren

#160 - 1) a - servitøren 2) c - lunsj 3) a - bestille 4) d - salatbolle 5) d - billig 6) a - måltid 7) c - salat gaffel 8) b - vinkart 9) a - restaurant 10) b - meny 11) c - drikke 12) a - middag 13) b - sulten 14) b - tørst 15) a - reservere 16) d - bordsetting 17) a - duk 18) c - dessert 19) a - drikkevare 20) d - servitør 21) b - ete 22) b - hovedrett 23) a - drikke 24) d - bordsetting

Solutions

#161 - 1) b - ete 2) d - salatbolle 3) c - reservere 4) b - billig 5) d - måltid 6) d - meny 7) a - bestille 8) a - middag 9) b - bordsetting 10) a - sulten 11) a - salat gaffel 12) c - drikkevare 13) c - hovedrett 14) c - duk 15) b - drikke 16) c - tørst 17) b - vinkart 18) b - dessert 19) a - restaurant 20) d - servitøren 21) d - lunsj 22) d - servitør 23) d - billig 24) a - bordsetting

#162 - 1) d - reservere 2) d - restaurant 3) a - bestille 4) d - lunsj 5) d - middag 6) b - sulten 7) b - tørst 8) a - måltid 9) b - salatbolle 10) b - duk 11) b - billig 12) d - meny 13) d - hovedrett 14) c - bordsetting 15) c - servitøren 16) d - dessert 17) a - salat gaffel 18) c - drikke 19) d - servitør 20) c - ete 21) d - drikkevare 22) a - vinkart 23) a - meny 24) c - reservere

#163 - 1) d - servitør 2) d - duk 3) c - meny 4) d - drikke 5) b - vinkart 6) c - servitøren 7) b - dessert 8) b - tørst 9) a - bordsetting 10) c - restaurant 11) d - salat gaffel 12) b - lunsj 13) b - hovedrett 14) d - ete 15) c - drikkevare 16) b - middag 17) c - billig 18) c - måltid 19) b - reservere 20) d - salatbolle 21) d - sulten 22) d - bestille 23) c - salatbolle 24) a - måltid

#164 - 1) c - måltid 2) a - restaurant 3) c - salat gaffel 4) d - hovedrett 5) d - reservere 6) d - duk 7) c - middag 8) c - bestille 9) d - billig 10) c - bordsetting 11) c - meny 12) b - drikkevare 13) d - sulten 14) a - vinkart 15) c - lunsj 16) b - servitøren 17) b - salatbolle 18) b - dessert 19) a - drikke 20) d - tørst 21) c - servitør 22) a - ete 23) c - måltid 24) c - tørst

#165 - 1) a - salatbolle 2) c - duk 3) c - lunsj 4) b - sulten 5) d - salat gaffel 6) b - måltid 7) d - hovedrett 8) d - bestille 9) b - vinkart 10) a - ete 11) b - meny 12) b - drikke 13) d - restaurant 14) b - servitøren 15) a - tørst 16) a - servitør 17) b - middag 18) c - billig 19) d - dessert 20) c - reservere 21) d - drikkevare 22) a - bordsetting 23) a - servitøren 24) c - dessert

#166 - 1) c - artichoke 2) d - zucchini 3) a - fennel 4) b - garlic 5) b - cucumber 6) b - broccoli 7) b - parsley 8) c - carrot 9) c - gherkins 10) a - aubergine 11) b - beans 12) a - corn 13) c - tomato 14) b - mushroom 15) a - spinach 16) a - potato 17) a - peas 18) b - vegetable 19) d - chick-peas 20) c - onion 21) d - radish 22) d - pepper 23) c - beet 24) d - celery

#167 - 1) b - radish 2) b - tomato 3) b - zucchini 4) a - beet 5) b - cabbage 6) a - broccoli 7) b - asparagus 8) a - onion 9) a - fennel 10) b - spinach 11) a - potato 12) b - parsley 13) b - corn 14) a - vegetable 15) a - garlic 16) b - mushroom 17) a - aubergine 18) d - artichoke 19) b - peas 20) b - pepper 21) d - gherkins 22) c - pumpkin 23) d - celery 24) c - cucumber

#168 - 1) a - parsley 2) d - cabbage 3) c - cucumber 4) b - spinach 5) b - gherkins 6) d - celery 7) c - chick-peas 8) b - pumpkin 9) d - artichoke 10) c - aubergine 11) c - peas 12) d - pepper 13) d - vegetable 14) a - carrot 15) c - tomato 16) d - beans 17) b - corn 18) b - asparagus 19) d - zucchini 20) a - potato 21) b - mushroom 22) a - beet 23) a - garlic 24) c - onion

Solutions

#169 - 1) a - parsley 2) c - aubergine 3) a - cauliflower 4) c - fennel 5) d - celery 6) c - broccoli
7) b - zucchini 8) d - beans 9) c - pepper 10) b - cabbage 11) d - corn 12) b - peas 13) b - cucumber
14) b - tomato 15) a - garlic 16) a - onion 17) c - mushroom 18) b - carrot 19) a - chick-peas
20) b - beet 21) c - artichoke 22) a - asparagus 23) a - spinach 24) c - vegetable

#170 - 1) b - peas 2) c - celery 3) d - broccoli 4) a - spinach 5) a - pepper 6) d - cabbage
7) d - aubergine 8) a - tomato 9) d - zucchini 10) d - beet 11) a - pumpkin 12) c - asparagus
13) b - onion 14) b - garlic 15) d - chick-peas 16) d - cauliflower 17) b - vegetable 18) a - carrot
19) c - fennel 20) d - potato 21) c - gherkins 22) c - parsley 23) c - beans 24) c - cucumber

#171 - 1) a - artichoke 2) d - corn 3) c - pumpkin 4) d - aubergine 5) b - fennel 6) a - spinach
7) a - tomato 8) c - zucchini 9) b - mushroom 10) b - carrot 11) c - asparagus 12) c - cabbage
13) c - celery 14) c - beet 15) c - parsley 16) b - vegetable 17) b - radish 18) b - beans
19) d - cauliflower 20) b - pepper 21) b - peas 22) c - gherkins 23) d - broccoli 24) c - chick-peas

#172 - 1) a - chick-peas 2) a - zucchini 3) c - asparagus 4) b - peas 5) d - broccoli 6) d - onion
7) d - potato 8) b - celery 9) b - beet 10) c - carrot 11) a - cabbage 12) c - cauliflower
13) b - artichoke 14) c - gherkins 15) d - pumpkin 16) c - tomato 17) a - parsley 18) a - beans
19) b - corn 20) a - spinach 21) c - cucumber 22) a - garlic 23) b - fennel 24) c - mushroom

#173 - 1) a - cauliflower 2) a - beet 3) b - pumpkin 4) b - mushroom 5) a - gherkins 6) d - cabbage
7) c - garlic 8) b - aubergine 9) c - potato 10) c - fennel 11) d - asparagus 12) a - spinach
13) c - vegetable 14) c - radish 15) b - beans 16) d - cucumber 17) c - peas 18) c - tomato
19) d - corn 20) a - parsley 21) b - zucchini 22) a - chick-peas 23) d - broccoli 24) c - pepper

#174 - 1) b - kikerter 2) a - asparges 3) a - artisjokk 4) d - pepper 5) d - potet 6) a - selleri
7) a - brokkoli 8) c - rødbete 9) a - kål 10) b - hvitløk 11) c - squash 12) a - sylteagurk 13) d - korn
14) d - grønnsak 15) d - fenikkel 16) a - persille 17) a - aubergin 18) c - gulrot 19) a - sopp
20) d - blomkål 21) a - agurk 22) b - reddik 23) b - løk 24) d - tomat

#175 - 1) d - erter 2) c - squash 3) d - artisjokk 4) c - gulrot 5) b - kål 6) b - gresskar 7) d - rødbete
8) c - grønnsak 9) d - aubergin 10) c - brokkoli 11) a - sylteagurk 12) a - bønner 13) d - blomkål
14) a - fenikkel 15) a - persille 16) d - asparges 17) d - spinat 18) a - reddik 19) c - agurk
20) d - hvitløk 21) a - sopp 22) a - selleri 23) b - pepper 24) b - potet

#176 - 1) b - kikerter 2) c - sopp 3) a - kål 4) b - agurk 5) c - fenikkel 6) d - asparges 7) b - persille
8) b - tomat 9) d - artisjokk 10) b - hvitløk 11) a - aubergin 12) c - bønner 13) c - gulrot
14) c - brokkoli 15) a - squash 16) b - gresskar 17) c - potet 18) a - grønnsak 19) d - blomkål
20) c - erter 21) a - reddik 22) d - rødbete 23) b - pepper 24) d - sylteagurk

Solutions

#177 - 1) d - pepper 2) c - potet 3) b - agurk 4) b - blomkål 5) c - grønnsak 6) a - erter 7) a - korn 8) c - kål 9) b - reddik 10) b - tomat 11) c - rødbete 12) a - spinat 13) d - brokkoli 14) c - løk 15) b - selleri 16) d - asparges 17) d - artisjokk 18) c - bønner 19) b - squash 20) c - hvitløk 21) d - aubergin 22) d - persille 23) b - kikerter 24) d - gulrot

#178 - 1) b - gresskar 2) a - brokkoli 3) b - grønnsak 4) c - sylteagurk 5) a - fenikkel 6) b - erter 7) a - pepper 8) d - korn 9) a - agurk 10) d - potet 11) d - gulrot 12) b - løk 13) b - bønner 14) c - kål 15) d - hvitløk 16) b - reddik 17) a - squash 18) a - spinat 19) a - tomat 20) a - kikerter 21) c - rødbete 22) b - aubergin 23) d - sopp 24) c - blomkål

#179 - 1) c - løk 2) a - squash 3) a - gulrot 4) c - gresskar 5) d - brokkoli 6) a - korn 7) d - erter 8) d - selleri 9) b - artisjokk 10) b - rødbete 11) d - fenikkel 12) b - kål 13) a - sylteagurk 14) c - reddik 15) b - potet 16) b - tomat 17) a - aubergin 18) c - sopp 19) b - bønner 20) d - blomkål 21) d - persille 22) b - spinat 23) c - kikerter 24) c - asparges

#180 - 1) b - agurk 2) a - bønner 3) b - gresskar 4) d - rødbete 5) c - aubergin 6) a - asparges 7) d - korn 8) a - sopp 9) a - pepper 10) d - løk 11) c - artisjokk 12) d - persille 13) d - potet 14) c - selleri 15) b - fenikkel 16) b - sylteagurk 17) a - tomat 18) a - kål 19) a - hvitløk 20) c - reddik 21) b - spinat 22) c - gulrot 23) b - squash 24) b - brokkoli

About the Author

Erik Zidowecki is a computer programmer and language lover. He is a co-founder of UniLang and founder of Parleremo, both web communities dedicated to helping people learn languages. He is also the Editor in Chief of Parrot Time magazine, a magazine devoted to language, linguistics, culture and the Parleremo community.

About Scriveremo

Scriveremo Publishing was founded in 2012, as a division of Parleremo Languages, for the purpose of publishing books and resources on languages, language learning, and language learning aids.

About Parleremo Languages

Parleremo is a language learning web site and online community. Free to any who wish to learn about languages and cultures, Parleremo uses a mixture of static and interactive resources as well as peer to peer sharing of knowledge and experience.

We are devoted to providing language materials and resources to people that want to learn and work with a like minded community.

Connect with Us:

Follow us on Twitter: https://twitter.com/Scriveremo

Follow us on Facebook: https://www.facebook.com/scriveremopublishing

Visit our site: https://www.scriveremo.com

Made in the USA
Las Vegas, NV
24 September 2022